LYCÉE

OU

COURS DE LITTÉRATURE

ANCIENNE ET MODERNE,

PAR J. F. LA HARPE.

Indocti discant, et ament meminisse periti.

TOME PREMIER.
ANCIENS. — POÉSIE.

A PARIS,

CHEZ DEPELAFOL, LIBRAIRE,

RUE DES FOSSÉS-SAINT GERMAIN-DES-PRÉS, N. 18;

MAME ET DELAUNAY-VALLÉE, LIBRAIRES,

RUE GUÉNÉGAUD, N. 25.

M DCCC XXV.

LYCÉE

ou

COURS DE LITTÉRATURE

ANCIENNE ET MODERNE.

TOME I.

Édition publiée avec autorisation de madame Agasse, propriétaire des OEuvres posthumes de La Harpe.

IMPRIMÉ PAR LACHEVARDIERE FILS,
RUE DU COLOMBIER, N. 30, A PARIS.

PRÉFACE.

Quoique cet ouvrage soit le fruit des études de ma vie entière, il est pourtant vrai qu'il fut composé par occasion, et accommodé à des circonstances indépendantes de l'auteur. Jamais peut-être n'y aurais-je pensé, sans cet établissement connu sous le nom de *Lycée*, qui prit naissance au commencement de 1786, et qui doit sa première origine au Musée de cet infortuné Pilâtre du Rozier, que nous avons vu depuis périr dans une de ses expériences aérostatiques, victime de son zèle pour les sciences. Déja ce zèle n'avait pas été aussi heureux qu'il méritait de l'être dans la formation de son Musée. On avait été obligé d'y renoncer, et de vendre le cabinet de physique et la bibliothèque. Quelques amateurs des lettres, et à leur tête MM. de Montmorin et de Montesquiou, dont le premier a péri depuis si malheureusement, et à une époque si affreuse, associés alors avec d'autres actionnaires, firent les fonds du nouvel établissement, dont le plan fut étendu et amélioré, et qui prit le nom de *Lycée*. On sait quel prodigieux succès il eut jusqu'en 1789; ce fut aussi une affaire de mode, comme il arrivait alors à toute espèce de succès, mérité ou non; mais on peut dire que cette fois elle s'y mêla sans y rien gâter. L'esprit *révolutionnaire*, qui fut aussi d'abord une espèce de mode, mais absolument nouvelle, et qui ne ressemblait à aucune autre, porta seul au Lycée une atteinte sensible, commune en général à tout ce qui tenait aux lettres, aux sciences, à tout genre d'instruction et de morale. On se rappellera long-temps à quel excès le Lycée fut défiguré et souillé, et c'était un devoir pour moi de consigner dans ce *Cours* les souvenirs de cette ignominie. Les espérances que fit renaître une époque salutaire à la France, celle qui mit un terme au règne de *la terreur*, ranimèrent un moment le Lycée, et lui rendirent du moins ce degré de liberté qui, sans écarter le danger de parler, ne rend pas cependant le silence indispensable, et permet que le courage de la vérité puisse n'être pas inutile. Mais on conçoit aisément qu'au milieu des secousses politiques, inévitables et multipliées, jamais le Lycée n'ait pu reprendre sa première splendeur; et l'on n'en doit que plus d'éloges aux efforts infatigables de l'administration, qui, depuis quelques années, lutte contre les obstacles de tout genre, et tâche au moins de préserver cet établissement d'une ruine totale.

Cependant, par une suite naturelle de cette vogue étonnante et de cet éclat imprévu qui marquèrent les beaux jours du Lycée, je me vis entraîné rapidement, et presque sans y penser, bien au-delà de mes premières vues; et, des encouragements toujours nouveaux me donnant sans cesse de nouvelles forces pour un travail toujours renaissant, je vis s'ouvrir devant moi une vaste carrière, que jamais je n'aurais osé entreprendre, s'il m'eût été donné d'en mesurer d'abord toute l'étendue, mais qui, s'agrandissant par une progression insensible, me conduisit enfin vers un terme où je n'ai pu parvenir que parceque tout concourait à m'en dérober l'éloignement.

En effet, le premier aveu que je dois faire, c'est qu'une telle entreprise était certainement au-dessus de mes forces, s'il fallait qu'elle fût également remplie dans toutes les parties qu'elle embrasse; et que je n'ai pu également approfondir. J'ose dire même que l'on peut douter qu'un seul homme pût en venir à bout; il faudrait réunir trop de divers talents et de diverses connaissances, dont je suis fort éloigné. Nous avons, il est vrai, une multitude de livres didactiques ou de recueils bibliographiques, dont je contesterai d'autant moins le mérite, que plusieurs ne m'ont pas été inutiles; mais tous traitent d'objets particuliers, ou ne sont, dans les choses générales, que des nomenclatures et des dictionnaires. Mais c'est ici, je crois, la première fois, soit en France, soit même en Europe, qu'on offre au public une histoire raisonnée de tous les arts de l'esprit et de l'imagination, depuis Homère jusqu'à nos jours, qui n'exclut que les sciences exactes et les sciences physiques. Je ne puis trop répéter combien je me sens au-dessous d'un si grand sujet; et si l'on me croyait ici moins modeste que je ne le veux paraître, c'est qu'on me croirait aussi plus ignorant que je ne suis; car il suffit d'avoir étudié, comme je l'ai fait, quelques uns des objets de ce *Cours*, pour sentir comme moi qu'un seul peut-être demanderait toute la vie d'un artiste, et d'un bon artiste, pour avoir toute son intégrité et toute sa perfection. Mais on a vu comment j'ai été amené à ce plan; on verra quels efforts j'ai faits depuis douze ans pour le remplir, au moins selon mes moyens; et sans doute ceux qui sauront le mieux tout ce qui devait s'y trouver, seront aussi ceux qui excuseront le plus volontiers tout ce qui doit encore y manquer.

Ceux-là aussi comprendront qu'il m'en a coûté beaucoup plus pour me resserrer, qu'il ne m'en eût coûté pour m'étendre; et ce n'a pas été une des moindres difficultés de mon travail, de le renfermer en douze volumes (1). S'il y a encore quelque superflu, quelque répétition inévitable dans un si long ouvrage, c'est un léger inconvénient; mais c'en serait un grand s'il y manquait quelque chose d'essentiel; et c'est là-dessus particulièrement que je prie les hommes instruits de vouloir bien m'avertir.

Ce n'est ici, ni un livre élémentaire pour les jeunes étudiants, ni un livre d'érudition pour les savants. C'est, autant que je l'ai pu, la fleur, le suc, la substance de tous les objets d'instruction, qui sont ceux de mon ouvrage; c'est le complément des études pour ceux qui peuvent pousser

___

(1) Sans y compter *la Philosophie du dix-huitième siècle*, qui formera seule un grand objet, traité à part, vu son extrême importance. (Voyez tome xv de cette édition.)

plus loin celles qu'ils ont faites; c'en est le supplément pour les gens du monde qui n'ont pas le temps d'en faire d'autres. Mais j'ai désiré, je l'avoue, que ce pût en être une particulière pour les orateurs et les poètes. Si le livre est utile pour eux, ce sera toujours quelque chose, quand même il ne serait pas pour les autres aussi agréable que je l'aurais voulu.

Ce serait ma faute s'il ne l'était point du tout; car une des principales sources d'agrément est sans doute la variété, et ici le grand nombre d'objets divers la présentait d'elle-même, au point de ne pouvoir plus être un mérite. Il pouvait y en avoir davantage à varier les formes de la critique continuellement appliquées, mais aussi jamais les circonstances locales et les accessoires donnés n'ont fourni plus de ressources. On doit voir que, par la nature même de l'enseignement dans nos séances, j'ai pu prendre à mon gré tous les tons proportionnellement à la matière, et tour à tour m'élever jusqu'au style oratoire, ou descendre à la familiarité décente de la conversation des honnêtes gens.

Cet ouvrage a passé à travers *les jours mauvais*: il a été composé en partie pendant le cours de la révolution, dont les différentes époques doivent naturellement s'y faire reconnaître, sans influer d'ailleurs sur l'esprit général, qui est et devait être partout le même dans un livre qui, par sa nature, est fait pour tous les temps et pour toutes les nations.

INTRODUCTION.

Notions générales sur l'art d'écrire, sur la réalité et la nécessité de cet art, sur la nature des préceptes, sur l'alliance de la philosophie et des arts de l'imagination, sur l'acception des mots de GOUT et de GÉNIE.

Les modèles en tout genre ont devancé les préceptes : le génie a considéré la nature, et l'a embellie en l'imitant : des esprits observateurs ont considéré le génie, et ont dévoilé par l'analyse le secret de ses merveilles. En voyant ce qu'on avait fait, ils ont dit aux autres hommes : Voilà ce qu'il faut faire; ainsi la poésie et l'éloquence ont précédé la poétique et la rhétorique. Euripide et Sophocle avaient fait leurs chefs-d'œuvre, et la Grèce comptait près de deux cents écrivains dramatiques lorsque Aristote traçait les règles de la tragédie ; et Homère avait été sublime bien des siècles avant que Longin essayât de définir le sublime.

Quand l'imagination créatrice eut élevé ses premiers monuments, qu'est-il arrivé ? Le sentiment général fut d'abord, sans doute, celui de l'admiration. Les hommes rassemblés durent concevoir une grande idée de celui qui leur faisait connaître de nouveaux plaisirs. Dès lors pourtant dut commencer à se manifester la diversité naturelle des impressions et des jugements. Si le premier jour fut celui de la reconnaissance, le second dut être celui de la critique. Les différentes parties d'un même ouvrage, différemment goûtées, donnèrent lieu aux comparaisons, aux préférences, aux exclusions. Alors s'établit pour la première fois la distinction du bon et du mauvais, c'est-à-dire de ce qui plaisait ou déplaisait plus ou moins; car la multitude, que l'homme de génie voit à une si grande distance, s'en rapproche cependant par l'inévitable puissance qu'elle exerce sur lui. Telle est la balance qui subsiste éternellement entre l'un et l'autre : il produit, elle juge; elle lui demande des plaisirs, il lui demande des suffrages; c'est lui qui brigue la gloire, c'est elle qui la dispense. Mais si cette même multitude, en n'écoutant que son instinct, en exprimant ses sensations, a pu déjà, au moment dont nous parlons, éclairer le talent, l'avertir de ce qu'il a de plus heureux, et l'inquiéter sur ce qui lui manque, combien ont dû faire davantage ces esprits justes et lumineux qui voulurent se rendre compte de leurs jouissances, et fixer leurs idées sur ce qu'ils pouvaient attendre des artistes? car bientôt ils parurent en foule; les premiers inventeurs trouvèrent des imitateurs sans nombre et quelques rivaux. Déja les idées s'étendent et se propagent : on découvre de nouveaux moyens; on tente de nouveaux procédés; on développe toutes ses ressources pour se varier et se reproduire : c'est le moment où l'esprit philosophique peut faire de l'art un tour régulier, l'assujettir à une méthode, distribuer ses parties, classer ses genres, s'appuyer sur l'expérience des faits pour établir la certitude des principes et porter jusqu'à l'évidence l'opinion des vrais connaisseurs, qui confirme les impressions de la multitude quand elle n'écoute que celles de la nature, les rectifie quand elle s'est égarée par précipitation, ignorance ou séduction, et forme à la longue ces cent voix de la Renommée qui retentissent dans tous les siècles.

Il y a donc un art d'écrire: oui, sans doute. Cet art ne peut exister sans talent; mais il peut manquer au talent: ce qui le prouve, c'est qu'on peut citer des auteurs nés avec de très heureuses dispositions pour la poésie, et qui pourtant n'ont jamais connu l'art d'écrire en vers. Tels étaient sans contredit Brébeuf et Lemoine, l'un traducteur de Lucain, l'autre auteur du poëme de *Saint Louis*. C'est de l'un que Voltaire a dit, en citant un morceau de lui, *Il y a toujours quelques vers heureux dans Brébeuf;* c'est de l'autre qu'il a vanté l'imagination en déplorant son mauvais goût. Tous deux avaient beaucoup de ce qu'on appelle esprit poétique; tous deux ont des passages d'une beauté remarquable, et tous deux ont éprouvé depuis cent ans la réprobation la plus complète, celle de n'avoir point de lecteurs. Combien cet exemple doit frapper ceux qui se persuadent qu'avec quelques vers bien tournés, quelques morceaux frappants, mais perdus dans de très mauvais et de très ennuyeux ouvrages, ils doivent attirer les regards de leur siècle et de la postérité ! Ils ne doivent attendre tout au plus que la place de Brébeuf et de Lemoine, c'est-à-dire d'auteurs dont on sait les noms, mais qu'on ne lit pas. Je dis tout au plus; car, pour ne pas faire beaucoup mieux qu'eux aujourd'hui, il faut être fort au-dessous d'eux.

— Mais cet art, qui l'a révélé aux premiers hommes qui ont écrit ? — Je réponds qu'ils ne l'ont pas connu. Les premiers essais en tout genre ont dû être et ont été très imparfaits. Cet art, comme tous les autres, s'est formé par la succession et la comparaison des idées, par l'expérience, par l'imitation, par l'émulation. Combien de poètes que nous ne connaissons pas avaient écrit avant qu'Homère fît une Iliade ! Combien d'orateurs et de rhéteurs avant qu'on eût un Démosthènes, un Périclès ! et les Grecs n'ont-ils pas tout appris aux Romains ? et les uns et les autres ne nous ont-ils pas tout enseigné ? Voilà les faits ; c'est la meilleure réponse à ceux qui s'imaginent honorer le génie en niant l'existence de l'art, et qui font voir seulement qu'ils ne connaissent ni l'un ni l'autre.

Il n'y a point de sophismes que l'on n'ait accumulés de nos jours à l'appui de ce paradoxe insensé. On a cité des écrivains qui ont réussi, dit-on, sans connaître ou sans observer les règles de l'art, tels que le Dante, Shakespeare, Milton et autres. C'est s'exprimer d'une manière très fausse. Le Dante et Milton connaissaient les anciens, et s'ils se sont fait un nom avec des ouvrages monstrueux, c'est parcequ'il y a dans ces monstres quelques belles parties exécutées selon les principes. Ils ont manqué de la conception d'un ensemble, mais leur génie leur a fourni ces détails où règne le sentiment du beau; et les règles ne sont autre chose que ce sentiment réduit en méthode. Ils ont donc connu et observé des règles, soit par instinct, soit par réflexion, dans les parties de leurs ouvrages où ils ont produit de l'effet. Shakespeare lui-même, tout grossier qu'il était, n'était pas sans lecture et sans connaissances : ses œuvres en fournissent la preuve. On allègue encore, dans de grands écrivains, la violation de certaines règles qu'ils ne pouvaient pas ignorer, et les beautés qu'ils ont tirées de cette violation même; et l'on ne voit pas qu'ils n'ont négligé quelques unes de ces règles que pour suivre la première de toutes, celle de sacrifier le moins pour obtenir le plus. Quand il y a tel ordre de beautés où l'on ne peut atteindre qu'en commettant telle faute, quel est alors le calcul de la raison et du goût? C'est de voir si les beautés sont de nature à faire oublier la faute; et dans ce cas il n'y a pas à balancer. Cela est si peu contraire aux principes, que les législateurs les plus sévères l'ont prévu et prescrit. C'est le sens de ces vers de Despréaux :

> Quelquefois dans sa course un esprit vigoureux,
> Trop resserré par l'art, sort des règles prescrites,
> Et de l'art même apprend à franchir les limites.

Il en est de même dans tous les genres. Combien de fois un grand général n'a-t-il pas manqué sciemment à quelqu'un des principes reçus, quand il a cru voir un moyen de succès dans un cas d'exception! Dira-t-on pour cela qu'il n'y a point d'art militaire et qu'il ne faut pas l'étudier?

Une autre erreur, qui est la suite de celle-là, c'est de prétendre justifier ses fautes en alléguant celles des meilleurs écrivains : on a même été plus loin, et l'on a dit qu'il était de l'essence du génie de faire des fautes. Cela n'est vrai que dans le sens de Quintilien, quand il dit, *Ils sont grands, mais pourtant ils sont hommes* (1); et dans le sens d'Horace, quand il dit qu'Homère, tout Homère qu'il est, sommeille quelquefois. Mais ce qui caractérise véritablement le génie, c'est d'avoir assez de beautés pour faire pardonner les fautes ; et de plus, l'indulgence se mesure encore sur le temps où l'on a écrit, et sur le plus ou moins de modèles que l'on avait. Quand une fois ils sont en grand nombre, les fautes ne sont plus rachetables qu'à force de beautés. C'est donc là-dessus qu'il faut s'examiner sérieusement, et se demander si l'on n'est point dans le cas de dire comme Hippolyte, quand il se compare à Thésée :

Aucuns monstres par moi domptés jusqu'aujourd'hui
Ne m'ont acquis le droit de faillir comme lui.

Les ennemis des règles de l'art, ne sachant à qui s'en prendre, en ont fait un crime à la philosophie ; et parceque les meilleurs critiques ont été de bons philosophes, on leur a reproché d'avoir mêlé la sécheresse de leurs procédés aux mouvements libres de l'imagination. Pour tout dire en un mot, on a prétendu de nos jours que la philosophie nuit aux beaux-arts et contribue à leur décadence. Ce reproche bien examiné se trouve faux sous tous les rapports. D'abord, à considérer les choses en général, il est impossible que la philosophie, qui n'est que l'étude du vrai, nuise aux beaux-arts, qui sont l'imitation du vrai. Et que font le philosophe moraliste et le poète ? L'un et l'autre observent le cœur humain ; l'un pour

---

(1) *Summi sunt, homines tamen.*

l'analyser, l'autre pour le peindre et l'émouvoir. Le but est différent, mais l'objet considéré est le même. L'historien, l'orateur, peuvent-ils se passer de cette science du raisonnement, de cette logique qui est la première leçon que donne la philosophie ? Les études de la raison doivent donc nécessairement éclairer les travaux de l'imagination. Aussi n'est-ce que dans ce siècle qu'on a voulu séparer ce que toute l'antiquité regardait comme inséparable. L'esprit le plus vaste et le plus éclairé qu'elle ait eu, Aristote, de la même main dont il traçait les principes de la logique, de la politique et de la morale, a gravé pour l'immortalité les règles essentielles de la poétique et de la rhétorique ; et son ouvrage, après tant de siècles révolus, est encore celui qui contient les meilleurs éléments de ces deux arts. Cicéron fut à la fois le plus grand orateur et le meilleur philosophe dont l'ancienne Rome se glorifie ; et il est à remarquer que ses livres didactiques sur l'éloquence sont tous, ainsi que ceux du sage de Stagyre, fondés sur des idées philosophiques, quoique traités avec plus d'agrément et une dialectique moins sévère.

Quintilien, regardé encore aujourd'hui comme le précepteur du goût, a consacré un chapitre de ses *Institutions oratoires* à prouver l'alliance nécessaire de la philosophie et de l'éloquence ; et Plutarque et Tacite sont distingués par le titre d'écrivains philosophes. Boileau est appelé le poète de la raison, et la philosophie d'Horace est celle de tous les honnêtes gens. Le morceau le plus éloquent de la poésie anglaise est celui où Pope a développé les idées de Leibnitz et de Shaftesbury, comme Lucrèce celles d'Épicure. On sait combien Voltaire a semé d'idées philosophiques jusque dans ses ouvrages d'imagination. Ce n'est pas que ses passions n'aient égaré souvent sa philosophie. Mais ce n'est pas ici le lieu d'examiner l'influence que cet homme extraordinaire a eue sur son siècle, soit en bien, soit en mal.

Pourquoi donc a-t-on dit que la philosophie avait corrompu le goût? Pourquoi a-t-on cité à ce sujet l'exemple de Fontenelle et de Sénèque? C'est qu'on ne s'est pas entendu ; c'est qu'on a pris l'abus pour la chose, et les défauts de l'homme pour ceux du genre. Ce n'est pas la philosophie qui a gâté le style de Sénèque ; au contraire, ce qui fait le mérite de ses ouvrages, c'est une foule de pensées ingénieuses, fortes et vraiment philosophiques, rendues plus piquantes par la tournure et l'expression. Son défaut capital, c'est la malheureuse facilité de retourner sa pensée sous toutes les formes possibles, jusqu'à ce qu'il l'ait épuisée. Il ne sait ni s'arrêter ni choisir ; il vous rassasie d'esprit, et cette stérile abondance n'a rien de commun avec la philosophie. Ce n'est pas elle non plus qui a mêlé aux agréments de Fontenelle l'affectation, la subtilité, la recherche, qui nuisent un peu au mérite de ses *Mondes*, et rendent fatigante la lecture de ses *Dialogues*, mais dont heureusement on retrouve peu de traces dans ses excellents *Éloges des académiciens*, dans son *Histoire des oracles* ; et la vraie philosophie qui se montre dans ces deux ouvrages, embellie des graces du style, ne peut en aucune façon avoir produit les travers du faux bel-esprit que l'on reproche à ses autres productions.

Si, depuis qu'il est de mode de paraître penser, on a voulu être penseur à toute force et à tout propos ; si l'on s'est cru obligé de s'appesantir sur les matières délicates, et d'approfondir ce qui était simple ; si l'on a vu des pièces de théâtre n'être qu'une suite de moralités triviales et de lieux communs emphatiques, ce n'est pas une raison, ce me semble, pour en accuser la philosophie, comme il ne faut pas s'en prendre à la poésie et à l'éloquence de ce qu'aujourd'hui l'on veut être poète dans une dissertation, et orateur dans une affiche.

Mais, dit-on, le siècle de la philosophie a succédé chez

les Romains à celui de l'imagination, et cette époque a été celle de la corruption du goût et de la décadence des lettres. Il est vrai ; mais l'on tombe ici dans un sophisme très commun, et que l'on emploie souvent faute de réflexion ou de bonne foi : de ce que deux choses sont ensemble, on conclut que l'une est la cause, et l'autre l'effet. Rien n'est moins conséquent. Après qu'à Rome la poésie et l'éloquence eurent été portées à la perfection, il arriva ce qui doit toujours arriver par la nature des choses et le caractère de l'esprit humain, ce qui nous est arrivé à nous-mêmes après le siècle de Louis XIV, mais pourtant, quoi qu'on en dise, avec beaucoup plus de dédommagements et de gloire qu'il n'en resta aux Romains après le siècle d'Auguste. En effet, au moment où le génie s'éveille chez une nation, les premiers qui en ressentent l'inspiration puissante s'emparent nécessairement de ce que l'art a de plus heureux, de ce que la nature a de plus beau. Ceux qui viennent après eux, même avec un talent égal, ont déjà moins d'avantages : la difficulté devient plus grande en même temps que les juges deviennent plus exigeants ; car l'opulence est superbe, et la satiété dédaigneuse. Quelques hommes supérieurs, assez éclairés pour sentir que le beau est le même dans tous les temps, luttent encore contre les premiers maîtres ; et, puisant à la même source, cherchent à en tirer de nouvelles richesses ; mais les autres, ne se sentant pas la même force, se jettent en foule dans toutes les innovations bizarres et monstrueuses que le mauvais goût peut inspirer, et que le caprice et la nouveauté font quelquefois réussir. Alors, l'art, les artistes et les juges sont également corrompus ; c'est l'époque de la décadence. Mais dans ce même moment les esprits, en général plus exercés et plus raffinés, se sont tournés vers les sciences physiques et spéculatives : on cherche une gloire plus nouvelle à mesure que celle des beaux-arts s'use par l'habitude. Ainsi s'établit le règne de la philosophie après celui des lettres et du génie : ce sont deux puissances qui se succèdent, mais dont l'une n'a ni combattu ni détrôné l'autre.

Laissons donc ceux qui se trompent ou qui veulent tromper, confondre sans cesse l'usage et l'abus, et ne voir dans les meilleures choses que l'excès qui les dénature. Le moyen de se défendre de leurs erreurs, c'est d'en bien démêler le principe. On le retrouve très bien exprimé dans un vers d'Horace, traduit par Boileau :

In vitium ducit culpæ fuga.
C'est la crainte d'un mal qui conduit dans un pire.

Dans le siècle dernier, des pédants, qui ne savaient que des mots, injuriaient Corneille et Racine au nom d'Aristote, qui, assurément n'y étaient pour rien; censuraient des beautés qu'ils n'étaient pas capables de sentir, en citant des règles qu'ils n'étaient pas à portée de bien appliquer; prenaient en main les intérêts du goût, qui ne les aurait pas avoués pour ses apôtres. C'était un travers sans doute : de nos jours, on s'en est servi pour accréditer un travers tout opposé. On a rejeté toutes les règles comme les tyrans du génie, quoiqu'elles ne soient en effet que ses guides; on a prêché le néologisme, en soutenant que chacun avait droit de se faire une langue pour ses pensées, quoique avec ce système on courût risque, au bout de quelque temps, de ne plus s'entendre du tout. On a décrié le goût comme timide et pusillanime, quoique ce soit lui seul qui enseigne à oser heureusement. Ces nouvelles doctrines ont germé pendant quelque temps dans une foule de têtes, surtout dans celles des jeunes gens : il semblait que le talent et le goût ne pussent désormais se rencontrer ensemble : on vantait avec une sorte de fanatisme ceux qui avaient, disait-on, *dédaigné d'avoir du goût* (1). N'en est-ce pas assez pour que de jeunes têtes, faciles à exalter, aient aussitôt la prétention d'être de moitié dans ce noble orgueil et dans ce dédain sublime, et se persuadent que, dès que l'on manque de goût, on a infailliblement du génie ? N'est-on pas trop heureux de pouvoir leur citer les Sophocle, les Démosthènes, les Cicéron, les Virgile, les Horace, les Fénélon, les Racine, les Despréaux, les Voltaire, qui ont bien voulu s'abaisser jusqu'à avoir du goût, et qui n'ont pas cru se compromettre ?

Au reste, dans ce moment où mon but est surtout d'établir quelques notions préliminaires et de combattre quelques erreurs plus ou moins générales, je m'arrête sur une remarque essentielle, et dont l'application pourra souvent avoir lieu dans le cours de nos séances. Elle porte sur l'inconvénient attaché à ces mots de *génie* et de *goût*, aujourd'hui si souvent et si mal à propos répétés. Ce sont, ainsi que quelques autres termes particuliers à notre langue, des expressions abstraites en elles-mêmes, vagues et indéfinies dans leur acception, susceptibles d'équivoque et d'arbitraire ; de manière que celui qui les emploie leur donne à peu près la valeur qui lui plaît. Ces sortes de mots, et beaucoup d'autres du même genre, qui se sont établis depuis qu'on a porté jusqu'à l'excès l'envie de généraliser ses idées, semblent donner aux formes du style une tournure philosophique et une apparence de précision ; mais, dans le fait, elles y répandent des nuages, si elles ne sont pas employées avec beaucoup de réserve et de justesse. Aussi l'accumulation des termes abstraits, qui couvrent souvent le défaut de pensées et favorisent l'erreur et le sophisme, est un des vices dominants dans les écrivains de nos jours, même dans plusieurs de ceux qui ont d'ailleurs un mérite réel. Ce vice est particulièrement de notre siècle,

---

(1) Expressions ridicules de Letourneur, en parlant de Shakespeare.

et de là vient l'habitude d'écrire et de parler sans s'entendre. Des exemples rendront cette observation sensible. Il n'y a rien de si commun aujourd'hui que de disputer sur le génie, de voir des hommes instruits mettre en question si tel ou tel auteur (et il s'agit des plus célèbres) en avait ou non : on entend demander encore tous les jours si Racine, si Voltaire étaient des hommes de génie ; et remarquez que ceux qui élèvent ce singulier doute conviennent qu'ils ont fait de très beaux ouvrages, des ouvrages qui peuvent servir de modèles ; mais, au mot de *génie*, la dispute s'élève, et l'on ne peut plus s'accorder. N'est-il pas très probable qu'une pareille discussion ne peut venir que de la différence des significations qu'on attache à ce mot, et même de la difficulté qu'on éprouve à le définir clairement ; car la plupart de ceux qui s'en servent sont très embarrassés quand il faut l'expliquer, et c'est encore un nouveau sujet de controverse. A la faveur de cet abus de mots, on trouve le moyen de refuser le génie aux plus grands écrivains et de l'accorder aux plus mauvais, et l'on conçoit qu'il y a bien des gens qui s'accommodent de cet arrangement. Mais que l'on s'arrête à des idées nettes et précises ; qu'on examine, par exemple, quand il est question d'un poète tragique, si les sujets de ses pièces sont bien choisis, les plans bien conçus, les situations intéressantes et vraisemblables, les caractères conformes à la nature ; si le dialogue est raisonnable, si le style est l'expression juste des sentiments et des passions, s'il est toujours en proportion avec le sujet et les personnages, si la diction est pure et harmonieuse, si les scènes sont liées les unes aux autres, si tout est clair et motivé : tout cela peut se réduire en démonstration. Je suppose que, cet examen fait, l'on demande encore si celui qui a rempli toutes ces conditions a du génie (et Racine et Voltaire les ont remplies toutes); je crois qu'alors la question pourra paraître un peu étrange. Aussi, pour se sauver de l'évidence, on se cache encore dans les ténèbres d'un mot abstrait. Tout ce que vous venez de détailler, dit-on, c'est l'affaire du goût. Le goût est le sentiment des convenances, et c'est lui qui enseigne tout ce que vous venez de dire. Oui, j'avoue que le goût est le sentiment des convenances; mais si son partage est si beau et si étendu, qu'il contienne tout ce que je viens d'exposer, je demande ce qui restera au génie. On répond que le génie c'est la *création*, et nous voilà retombés encore dans un de ces termes abstraits qu'il faut définir. Qu'est-ce que créer? Ce ne peut être ici faire quelque chose de rien; car cela n'est donné qu'à Dieu: encore faut-il avouer que cette création est pour nous aussi incompréhensible qu'évidente. C'est donc simplement produire. — Oui, dit-on encore; mais le génie seul produit des choses neuves; en un mot, il invente, et l'invention est son caractère distinctif. — Expliquons-nous encore. Qu'est-ce qu'on entend par invention? Est-ce celle d'un art? Le premier qui en ait eu l'idée est-il le seul inventeur? L'arrêt serait dur; car enfin Raphaël n'a pas inventé la peinture, ni Sophocle la tragédie, ni Homère lui-même l'épopée, ni Molière la comédie, et il me semble qu'on ne leur conteste pas le génie.

Il faut donc en revenir à n'exiger d'autre invention que celle des ouvrages, et toute la difficulté sera d'assigner le degré de génie, selon qu'ils seront plus ou moins heureusement inventés. Nous sommes donc parvenus, de définition en définition, à nous rapprocher de la vérité; car, indépendamment des ouvrages où Racine et Voltaire ont été imitateurs, on ne peut nier qu'il n'y en ait qui leur appartiennent en toute propriété; et les voilà, non pas sans quelque peine, rentrés dans la classe des hommes de génie, depuis qu'on est convenu de s'entendre sur ce mot.

En relisant les ouvrages de Boileau, j'y rencontre deux passages, dont le dernier surtout est très remarquable, et qui tous deux achèvent de prouver que ce mot de génie, qui dans l'usage universel désigne aujourd'hui la plus grande supériorité en fait d'esprit et de talent, et qui est devenu le titre qu'on prend le plus exclusivement pour soi, et qu'on dispute le plus aux autres, ne voulait dire, dans tous les écrivains du siècle de Louis XIV, que la disposition à telle ou telle chose.

> On a vu le vin et le hasard
> Inspirer quelquefois une muse grossière,
> Et fournir *sans génie* un couplet à Linière.

Génie est là bien évidemment pour aptitude naturelle, pour ce que nous appelons *talent*, dans le sens même le plus restreint. Il n'exprime aucune idée de prééminence, au lieu que lorsque nous disons, c'est un homme de génie, il y a du génie dans cet ouvrage, nous croyons dire ce qu'il y a de plus fort. Écoutons maintenant Boileau dans une de ses préfaces.

« Je me contenterai d'avertir d'une chose dont il est bon
» qu'on soit instruit; c'est qu'en attaquant dans mes sati-
» res les défauts de quantité d'écrivains de notre siècle, je
» n'ai pas prétendu pour cela ôter à ces écrivains le mérite et
» les bonnes qualités qu'ils peuvent avoir d'ailleurs. Je n'ai
» pas prétendu, dis-je, que Chapelain, par exemple, quoique
» assez méchant poète, n'ait pas fait autrefois, je ne sais
» comment, une assez belle ode, et qu'il n'y eût point d'es-
» prit ni d'agrément dans les ouvrages de M. Quinault, quoi-
» que si éloignés de la perfection de Virgile. J'ajouterai même,
» sur ce dernier, que, dans le temps où j'écrivis contre lui,
» nous étions tous deux fort jeunes, et qu'il n'avait pas fait
» alors beaucoup d'ouvrages qui lui ont dans la suite acquis
» une juste réputation. Je veux bien aussi avouer qu'il y a
» du *génie* dans les écrits de Saint-Amand, de Brébeuf, de

».Scudéri, de Cotin, et de plusieurs autres que j'ai critiqués.»

Ainsi donc, de l'aveu de Boileau, voilà Scudéri, Saint-Amand, Brébeuf et Cotin qui ont du *génie*. J'ai peur qu'il n'y ait là de quoi dégoûter un peu ceux qui ont tant d'envie d'en avoir; car il est clair qu'avec du *génie* on peut se trouver, au moins chez Despréaux, en assez mauvaise compagnie. Avouons que, pour les philosophes qui se sont amusés à observer les différentes valeurs des termes en différents temps, ce n'est pas une chose peu curieuse que de voir Despréaux accorder à Cotin ce qu'aujourd'hui bien des gens refusent à Voltaire.

Je suis loin de conclure qu'il faille condamner l'usage où l'on est d'employer ces termes dans un sens absolu : cet usage est universel, et l'on doit parler la langue de tout le monde. J'ai voulu faire voir seulement qu'il ne fallait s'en servir qu'en y attachant une idée claire et déterminée. Commençons donc par les considérer en grammairiens; car la grammaire est le fondement de toutes nos connaissances, puisqu'elle rend compte des mots, qui sont les signes nécessaires des idées. *Génie* vient d'un mot latin *genius*, qui signifie, dans les fictions de l'ancienne mythologie, l'être imaginaire que l'on supposait présider à la naissance de chaque homme, influer sur sa destinée et sur son caractère, et faire son bonheur ou son malheur, sa force ou sa faiblesse. De là viennent, chez les anciens, ces idées de bon et de mauvais génie, qui sous différents noms ont fait le tour du monde. C'est dans ce sens que Racine, qui savait si bien adapter le style aux mœurs et aux personnages, fait dire à Néron, en parlant d'Agrippine :

Mon génie étonné tremble devant le sien.

Les Latins l'appliquèrent par extension au caractère et à l'humeur; ils avaient même une manière de parler qui nous paraîtrait bien singulière en français : *se livrer à son génie* (1) voulait dire chez eux, se réjouir, s'abandonner à tous ses goûts. En empruntant d'eux ce mot de génie, on l'a d'abord employé, comme eux, pour bon et mauvais génie, et pour synonyme de caractère, perfide *génie*, farouche *génie*; ensuite on l'a étendu à la disposition naturelle, aux sciences et aux arts de l'esprit et de l'imagination, et alors on le modifiait en bien ou en mal par une épithète :

Dans son génie *étroit* il est toujours captif...
Je mesure mon vol à mon *faible* génie...
Et les moindres défauts de ce *maigre* génie...

car on le personnifiait aussi, et l'on disait un *génie* pour un homme de génie.

Et par des envieux *un génie* excité
Au comble de son art est mille fois monté.

Mais ce qui pourra surprendre, c'est que ces deux mots, le *génie*, le *goût*, pris abstractivement, ne se trouvent jamais ni dans les vers de Boileau ni dans la prose de Racine, ni dans les dissertations de Corneille, ni dans les pièces de Molière. Cette façon de parler, comme je l'ai déjà dit, est de notre siècle. Que signifie donc ce mot, le *génie*, pris ainsi éminemment, et dans le sens le plus étendu? Ce ne peut être autre chose que la supériorité d'esprit et de talent, et conséquemment elle admet le plus et le moins, et peut s'appliquer à tout ce qui dépend des facultés intellectuelles. Ainsi l'on peut dire, en politique, le génie de Richelieu; en mathématiques, le génie de Newton; dans l'art militaire, le génie de Turenne, et ainsi des autres. En s'attachant à cette définition, l'on est sûr au moins de savoir de

---

(1) *Genio indulgere.*

quoi l'on parle. Demande-t-on si l'écrivain a du génie ? examinez ses ouvrages. A-t-il atteint le but de son art ? a-t-il de ces beautés qu'il est donné à peu d'hommes de produire ? Cet examen peut se porter jusqu'à l'évidence, en partant des principes et considérant les effets. Si le résultat est en sa faveur, c'est donc un homme supérieur : il a donc du génie. Mais en a-t-il plus ou moins que tel ou tel ? C'est ici que la discussion n'a plus de terme, et que la réunion des avis est comme impossible. On est encore partagé entre Démosthènes et Cicéron, entre Homère et Virgile : on le sera encore long-temps entre Corneille et Racine. C'est que chacun voit avec ses yeux, et sent avec ses organes. Tel tableau est plus ou moins beau, selon l'œil qui le regarde; telle pièce plus ou moins belle, selon les connaissances et le caractère de ceux qui l'entendent. Chacun choisit ses auteurs comme on choisit ses plaisirs et ses sociétés. Ces sortes de questions aiguisent l'esprit des hommes éclairés, et amusent le loisir des ignorants. Nos jugements d'ailleurs sont en proportion de nos lumières. Plus un auteur est près de la perfection, moins il a de vrais juges; en un mot, après le talent, rien n'est plus rare que le goût.

Ce mot, plus facile à définir que le génie, n'est employé, dans Despréaux et dans Molière qu'avec une épithète qui le modifie :

Le mauvais goût du siècle en cela me fait peur,

dit le Misanthrope; et quant à ce même Despréaux, qui a été l'oracle du goût, le mot de goût ne se trouve que deux fois dans ses ouvrages.

Il rit du mauvais goût de tant d'esprits divers...
Au mauvais goût public la belle fait la guerre.

Ce mot, en passant du propre au figuré, peut se définir connaissance du beau et du vrai, sentiment des convenances. Voltaire en a fait une divinité, et l'on sent qu'elle l'inspirait quand il lui a élevé un temple. C'est depuis lui surtout que l'on a employé si souvent ce mot dans un sens absolu; mais on en a abusé beaucoup en voulant trop le séparer du génie et du talent, dont il est cependant une partie essentielle et nécessaire. Il est aussi impossible qu'un auteur écrive avec beaucoup de goût sans avoir quelque talent, qu'il le serait qu'un homme montrât un grand talent sans aucun goût. Seulement il en est de cette qualité comme de toutes les autres qui constituent l'artiste : on en a plus ou moins, comme on a plus ou moins de facilité, de fécondité, d'énergie, de sensibilité, de grace, d'harmonie. Croit-on, par exemple, que Corneille n'ait pas montré quelquefois un excellent goût dans ses beaux ouvrages? Et sans cela comment aurait-il purgé le théâtre de tous les vices qui l'infectaient avant lui? Comment aurait-il fait les premiers vers vraiment beaux, vraiment tragiques qu'on ait entendus sur la scène? Il eut sans doute moins de goût que Racine et Voltaire, et infiniment moins, mais il succédait de bien près à la barbarie, et c'est ce qu'oublient sans cesse ou ce qu'affectent d'oublier ceux qui veulent s'autoriser de son exemple pour justifier leurs fautes. Ils ne songent pas que ces fautes ne sont plus excusables quand l'art et la langue sont formés et perfectionnés. Ce n'est pas qu'ils ne sentent cette vérité, mais ils voudraient y échapper. C'est pour cela qu'ils appellent défaut de goût ce qui est défaut de talent, qu'ils s'efforcent de persuader que les préceptes du bon sens et du goût intimident, énervent, rétrécissent le génie. Pour leur répondre on est obligé de révéler leur secret : c'est celui de l'amour-propre et de l'impuissance. En effet, quand on leur a démontré toutes les fautes qu'ils ont commises, quelle ressource leur reste-t-il, si ce ce n'est d'affecter un mépris aussi faux que ridicule pour tous ces principes sur lesquels on les juge? Mais la dernière réponse à leur faire (et cette réponse est péremptoire), c'est que tout ce qu'il y a eu de grands hommes depuis la naissance des arts jusqu'à nos jours a suivi ces règles qu'ils dédaignent, et qu'en les suivant on s'est élevé aux plus grandes beautés, et on a su éviter les fautes. Alors comment disconvenir qu'il n'y ait plus de faiblesse que de force à ne pas faire de même? Et si, parmi ceux qui ont du génie, on cite quelqu'un dont les ouvrages offrent pourtant beaucoup de très grands défauts, tel qu'a été parmi nous Crébillon, tout ce qu'on en peut conclure, c'est qu'il avait un génie moins heureux et moins parfait, et qu'en conséquence il ne peut être mis au premier rang ni placé dans la classe des maîtres et des modèles.

J'ai dit que ces deux mots, *le génie* et *le goût*, pris ainsi dans un sens absolu, étaient particuliers à notre langue, et cela me conduit à une dernière remarque sur ces abstractions, qui ont été aussi nuisibles en littérature qu'en métaphysique, parcequ'elles ont donné lieu à une foule de mauvais raisonnements. Ces deux mots, employés abstractivement, n'ont point de synonyme exact, point d'équivalent dans les langues anciennes. En grec et en latin, le *goût* ne pourrait guère se traduire que par jugement, et ce n'est pas à beaucoup près toute l'étendue que nous donnons à ce terme. Quant à celui de *génie*, le mot grec ou latin (1) qui pourrait mieux y répondre n'exprime que l'esprit, l'intelligence dans tous ses sens, et, comme on voit, ne rendrait pas notre idée. Ils n'auraient pas pu exprimer en un seul mot la différence que nous mettons entre l'esprit et le génie : il leur faudrait des épithètes et des périphrases. Ces deux vers de Voltaire, par exemple,

---

(1) Νοῦς, *ingenium*.

> Ils sont encore au rang des beaux-esprits,
> Mais exclus du rang des génies,

seraient impossibles à traduire en grec ou en latin, autrement qu'en spécifiant les différences que les anciens spécifiaient toujours, qu'en disant : Ils sont encore au rang des esprits agréables, mais exclus du rang des esprits sublimes. Quant à la question proposée ci-dessus, Si un homme qui a fait de beaux ouvrages a du génie, comme, dans les termes correspondants de leur langue, on aurait l'air de demander si cet homme a la qualité sans laquelle il n'a pu faire ce qu'il a fait; il faudrait, je crois, bien du temps et des phrases pour la leur faire entendre; et, quand ils l'auraient comprise, ils pourraient bien n'y trouver aucun sens.

Les deux vers de Voltaire que je viens de citer nous rappellent encore un autre changement assez remarquable arrivé dans notre langue, relativement à la signification de ce mot de *bel-esprit*. Il ne se prenait autrefois que dans un sens très favorable : c'était le titre le plus honorifique de ceux qui cultivaient les lettres; Boileau lui-même, au commencement de son *Art poétique*, s'exprime ainsi :

> O vous donc qui, brûlant d'une ardeur périlleuse,
> Courez du bel-esprit la carrière épineuse...

On dirait aujourd'hui la carrière du talent, la carrière du génie, parceque le mot de bel-esprit ne nous présente plus que l'idée d'un mérite secondaire. Ce changement a dû s'opérer quand le nombre des écrivains qui pouvaient mériter d'être qualifiés de beaux-esprits est venu à se multiplier davantage. Alors ce qui appartenait à tant de gens n'a plus paru une distinction assez honorable, et l'on a cherché d'autres termes pour exprimer la supériorité.

En vous arrêtant, messieurs, sur l'analyse que je viens de

détailler, mon dessein a été de faire sentir combien il était important, surtout dans les matières délicates que nous aurons à traiter, de s'assurer, avec la plus grande précision possible, du rapport des mots avec les idées, et j'ai cru que ce devait être l'objet de mon premier travail. Avant de passer en revue les siècles mémorables que l'on a nommés par excellence les siècles du génie et du goût, il fallait commencer par bien entendre ces deux mots, objets de tant de vénération, et sujets de tant de méprises. J'ai parlé de la connexion qui existe nécessairement entre la philosophie et les beaux-arts, parceque nous aurons souvent occasion d'en observer les effets, les avantages et les abus, et qu'une poétique faite par un philosophe sera le premier ouvrage qui nous occupera. Les *Institutions oratoires* de Quintilien, les *Dialogues* de Cicéron sur l'éloquence, précèderont la lecture des orateurs, et, en étudiant ces éléments des arts, ces lois du bon goût, en les appliquant ensuite à l'examen des modèles, vous reconnaîtrez avec plaisir que le beau est le même dans tous les temps, parceque la nature et la raison ne sauraient changer. Des ennemis de tout bien ont voulu tirer avantage de cette vérité pour taxer d'inutilité les discussions littéraires. A les entendre, tout a été dit; et remarquez que ces gens à qui on ne peut rien apprendre ne sont pas ceux qui savent le plus. Je n'ignore pas que la raison, qui est très moderne en philosophie, est très ancienne en fait de goût; mais, d'un autre côté, ce goût se compose de tant d'idées mixtes, l'art est si étendu et si varié, le beau a tant de nuances délicates et fugitives, qu'on peut encore, ce me semble, ajouter aux principes généraux une foule d'observations neuves, aussi utiles qu'agréables, sur l'application de ces mêmes principes; et ce genre de travail (si l'on peut donner ce nom à l'exercice le plus piquant pour l'esprit, le plus intéressant pour l'ame) ne peut avoir lieu que dans la lecture et l'analyse des écrivains de tous les rangs. Les cinq siècles qui ont marqué dans l'histoire de l'esprit humain passeront successivement sous nos yeux. On peut les caractériser sans doute par des traits généraux ; mais, dans ces aperçus rapides, il y a plus d'éclat que d'utilité. Ce qui est vraiment instructif, c'est l'examen raisonné de chaque auteur, c'est l'exact résumé des beautés et des défauts, c'est cet emploi continuel du jugement et de la sensibilité ; et ne craignons pas de revenir sur des auteurs trop connus. Que de choses à connaître encore dans ce que nous croyons savoir le mieux ! Qui de nous, en relisant nos classiques, n'est pas souvent étonné d'y voir ce qu'il n'avait pas encore vu ? Et combien nous verrions davantage, s'il se pouvait qu'un Racine, un Voltaire, nous révélât lui-même les secrets de son génie ! Malheureusement c'est une sorte de confidence que le génie ne fait pas. Tâchons au moins de la lui dérober, autant qu'il est possible, par une étude attentive, et surprenons des secrets où nous n'étions pas initiés. Hélas ! le malheur des grands artistes, celui qui n'est connu que d'eux seuls, et dont ils ne se plaignent qu'entre eux, c'est de n'être pas assez sentis. Il y a, je l'avoue, un effet total qui constate le succès, et qui suffit à leur gloire ; mais ces détails de la perfection, mais cette foule de traits précieux, ou par tout ce qu'ils ont coûté, ou même parcequ'ils n'ont rien coûté du tout, voilà ce dont quelques connaisseurs jouissent seuls et dans le secret, ce que les applaudissements publics ne disent pas, ce que l'envie dissimule toujours, ce que l'ignorance ne peut jamais entendre, et ce qui, s'il était bien connu, serait la première récompense des vrais talents.

Eh bien ! imaginons-nous (car ce n'est pas dans ce temple des arts qu'on nous défendra les illusions heureuses de l'imagination), imaginons-nous que les ombres de ces grands hommes sont présentes à nos assemblées, et tâchons de leur rendre, au moins après leur mort, la seule jouissance peut-être qui leur ait manqué pendant leur vie, et que le génie consolé puisse se dire, pendant nos séances : Ils m'ont entendu.

Mais s'ils veulent avoir en nous des admirateurs, il faut qu'ils nous permettent d'oser être leurs juges; et c'est en ce moment qu'il convient de justifier par avance ce qu'il peut y avoir de témérité apparente à relever des fautes dans des auteurs consacrés par une longue renommée et par l'admiration générale. C'est pourtant cette admiration même qui autorise en nous cette liberté, parceque c'est cette même liberté qui fonde l'admiration. Il en résulte que celle-ci n'est ni aveugle ni superstitieuse, et que l'autre n'est ni injurieuse ni maligne. D'ailleurs, ce qu'il faut voir ici, ce n'est pas seulement un homme de lettres parlant des maîtres de l'art, c'est un siècle entier d'observations et d'expérience, dont les lumières, se réfléchissant sur tout ce qui l'a précédé, en éclairent également les beautés et les défauts. Qu'il soit donc, une fois pour toutes, bien statué, bien reconnu, quelque sujet que nous traitions, quelque auteur dont nous parlions, que nous n'avons ni ne pouvons avoir d'autre dessein, d'autre objet que le désir très innocent et très raisonnable de nous instruire en nous amusant; je dis nous, messieurs, car vous me permettrez, sans doute, de vous mettre tous en commun dans ces discussions littéraires, où je me flatte de n'être le plus souvent que votre interprète, et que, sans cette confiance, je n'aurais jamais eu le courage d'entreprendre, ni la force de poursuivre.

Évoquons sans crainte ces ombres illustres : que l'éclat qui les environne offusque et importune l'ignorance et l'envie; mais nous, qui ne cherchons que l'instruction, rassemblons, s'il est possible, tous les rayons de leur gloire pour en former le jour de la vérité, et faisons de tant de clartés réunies un foyer de lumière qui repousse les ténèbres dont la barbarie menace de nous envelopper.

En vous invitant à ce lycée, on a voulu y réunir tous les genres d'instruction et d'amusement. En est-il un plus noble, plus intéressant que celui qu'on vous y propose ? C'est de vivre et de converser avec les grands hommes de tous les âges, depuis Homère jusqu'à Voltaire, et depuis Archimède jusqu'à Buffon. Ce ne sera donc pas en vain que notre nation se glorifiera d'avoir mieux connu que les autres les avantages de la sociabilité, et tous les plaisirs des âmes honnêtes et des esprits cultivés. Il existera chez elle un lieu d'assemblée où les amateurs se réuniront pour étudier les chefs-d'œuvre de l'esprit humain, et dont heureusement ne sera point exclu ce sexe qui, par sa seule présence, avertit de donner à l'instruction des formes plus douces et plus attirantes, commande à tout ce qui a reçu quelque éducation la décence et la réserve si nécessaires dans les assemblées littéraires, et, par un tact sûr, et une sensibilité prompte, répand sur toutes les impressions qu'il partage plus de charme et plus d'effet. Ici paraîtront ces auteurs immortels que le temps a consacrés, non plus, comme dans les écoles, hérissés de tout l'appareil du pédantisme; non plus, comme sur nos théâtres, entourés d'illusions et de prestiges, mais avec la grandeur qui leur est propre et la simple majesté de leur génie. Ici leurs noms ne seront prononcés qu'avec les témoignages d'une vénération que n'affaiblira point l'aveu de quelques fautes mêlées à tant de beautés. C'est auprès de vous que viendra se réfugier leur gloire outragée, et que reposeront entiers, au milieu de vos hommages, leurs monuments que l'on voudrait mutiler. Nous sommes tous également leurs admirateurs et leurs disciples. Ce n'est point ma faible voix qui fera leur éloge; c'est votre admiration qui marquera leurs beautés, et je croirai avoir atteint le but le plus desirable pour moi, si mes pensées ne vous paraissent autre chose que vos propres souvenirs. Peut-être aussi pourrai-je me flatter de n'avoir pas été tout-à-fait inutile, si le peu de moments que vous passerez ici vous porte à en consacrer quelques autres à l'étude de ces écrivains classiques, mal connus dans la première jeunesse, faits pour être sentis dans un âge plus mûr, mais trop souvent négligés dans les distractions d'une vie dissipée. L'on ne s'instruit bien que par ses propres réflexions : c'est l'habitude, c'est le choix de la lecture qui entretient le goût du beau et l'amour du vrai; et pour finir par un précepte du grand homme qui a mis si souvent des vérités utiles dans des vers charmants :

> S'occuper, c'est savoir jouir;
> L'oisiveté pèse et tourmente.
> L'ame est un feu qu'il faut nourrir,
> Et qui s'éteint s'il ne s'augmente.

N. B. On a justifié ici la philosophie des reproches qui ne doivent en effet tomber que sur l'abus qu'on en a fait; et c'est cet abus qui a si malheureusement influé sur les lettres comme sur la morale, sur le goût comme sur les mœurs. On ne peut trop se garantir de cette erreur commune, de confondre l'abus avec la chose; et ce qui prouve que c'est seulement l'abus qu'il faut accuser, c'est que l'examen fera voir que ce ne sont point les véritables philosophes qui ont corrompu le goût, comme tout le reste, mais des hommes qui usurpaient ce titre et le déshonoraient : c'est ce qui sera développé dans la partie de cet ouvrage où je traiterai de la philosophie du dix-huitième siècle.

PREMIÈRE PARTIE.

ANCIENS.

COURS DE LITTÉRATURE ANCIENNE ET MODERNE.

PREMIÈRE PARTIE.
ANCIENS.

LIVRE PREMIER.
POÉSIE.

CHAPITRE PREMIER.
Analyse de la Poétique d'Aristote.

Il ne fallait rien moins que tout le pédantisme et tout le fanatisme des siècles qui ont précédé la renaissance des lettres, pour exposer à une sorte de ridicule un nom tel que celui d'Aristote. On l'a presque rendu responsable de l'extravagance de ses enthousiastes. Mais celui qui disait, en parlant de son maître, *Je suis ami de Platon, mais encore plus de la vérité*, n'avait pas enseigné aux hommes à préférer l'autorité à l'évidence; et celui qui leur avait appris le premier à soumettre toutes leurs idées aux formes du raisonnement n'aurait pas avoué pour disciples des hommes qui croyaient répondre à tout par ce seul mot : *Le maître l'a dit*. Sa dialectique, étant devenue le fondement de la théologie, rendit sa doctrine pour ainsi dire sacrée, en la liant à celle de l'église : de là ces arrêts des tribunaux, qui, jusque dans le siècle dernier, défendaient d'enseigner dans les écoles une autre philosophie que la sienne. Le sage paisible qui conversait dans le lycée d'Athènes sur les éléments de la logique ne pouvait pas prévoir qu'un jour la rage de l'argumentation se joignant à la frénésie de l'esprit de secte, produirait des meurtres et des crimes, et qu'on s'égorgerait au nom d'Aristote. Mais ce nom, quoiqu'on en ait fait un si funeste abus, n'en est pas moins respectable. Aujourd'hui même que les progrès de la raison ont comme anéanti une partie de ses ouvrages, ce qui lui reste suffit encore pour en faire un homme prodigieux. Ce fut certainement une des têtes les plus fortes et les plus pensantes que la nature ait organisées. Il embrassa tout ce qui est du ressort de l'esprit humain, si l'on excepte les talents de l'imagination ; encore, s'il ne fut ni orateur ni poète, il dicta du moins d'excellents préceptes à l'éloquence et à la poésie. Son ouvrage le plus étonnant est sans contredit sa *Logique*. Il fut le créateur de cette science, qui est le fondement de toutes les autres ; et pour peu qu'on y réfléchisse, on ne peut voir qu'avec admiration ce qu'il a fallu de sagacité et de travail pour réduire tous les raisonnements possibles à un petit nombre de formes précises, à l'aide desquelles ils sont nécessairement conséquents, et hors desquelles ils ne peuvent jamais l'être. Il paraît avoir senti quel honneur cet ouvrage pouvait lui faire; car, à la fin de ses *Analytiques*, où ce chef-d'œuvre de méthode est contenu, il a soin d'avertir que les autres sujets qu'il a traités lui sont communs avec beaucoup d'auteurs, mais que cette matière est toute neuve, et que tout ce qu'il en a dit n'avait jamais été dit avant lui. *Il m'en a coûté*, ajoute-t-il, *bien du temps et bien de la peine. On me doit donc de l'indulgence pour ce que j'ai pu omettre, et de la reconnaissance pour ce que j'ai su découvrir.*

Un de ses plus grands monuments est son *Histoire des animaux*, et c'est aussi un des plus beaux de l'antiquité. Pour composer cet ouvrage, son disciple Alexandre lui fournit huit cents talents, environ cinq millions d'aujourd'hui, et donna des ordres pour faire chercher les animaux les plus rares dans toutes les parties de la terre. Un pareil présent et de pareils ordres ne pouvaient être donnés que par Alexandre. C'étaient de grands secours, il est vrai; mais ce qu'Aristote tira de son génie est encore au-dessus, si l'on s'en rapporte à un juge dont personne ne niera la compétence en ces matières, à Buffon. Voici comme il en parle dans le premier des discours qui précèdent son *Histoire naturelle*, et j'ai cru qu'on entendrait avec quelque plaisir Buffon parlant d'Aris-

tote. « Son *Histoire des animaux*, dit-il, est peut-
» être encore aujourd'hui ce que nous avons de
» mieux fait en ce genre... Il les connut peut-être
» mieux et sous des vues plus générales qu'on ne
» les connaît aujourd'hui... Il accumule les faits, et
» n'écrit pas un mot qui soit inutile. Aussi a-t-il
» compris dans un petit volume un nombre infini
» de différents faits; et je ne crois pas qu'il soit pos-
» sible de réduire à de moindres termes tout ce
» qu'il avait à dire sur cette matière, qui paraît si
» peu susceptible de précision, qu'il fallait un génie
» comme le sien pour y conserver en même temps
» de l'ordre et de la netteté. Cet ouvrage d'Aris-
» tote s'est présenté à mes yeux comme une table
» des matières qu'on aurait extraite, avec le plus
» grand soin, de plusieurs milliers de volumes
» remplis de descriptions et d'observations de toute
» espèce; c'est l'abrégé le plus savant qui ait jamais
» été fait, si la science est en effet l'histoire des
» faits; et quand même on supposerait qu'Aristote
» aurait tiré de tous les livres de son temps ce qu'il
» a mis dans le sien, le plan de l'ouvrage, sa distri-
» bution, le choix des exemples, la justesse des
» comparaisons, une certaine tournure dans les
» idées, que j'appellerais volontiers le caractère phi-
» losophique, ne laissent pas douter qu'il ne fût
» lui-même beaucoup plus riche que ceux dont il
» aurait emprunté. »

Voilà quel a été cet Aristote que l'on a presque
voulu envelopper dans le mépris que, depuis
Descartes, on a conçu pour la scolastique. Cette

prétendue science n'est en effet qu'un tissu d'abstractions chimériques et de généralités illusoires, sur lesquelles on peut disputer à l'infini sans rien apprendre et sans rien comprendre; et il faut convenir qu'elle est fondée tout entière sur la métaphysique d'Aristote, qui ne vaut pas mieux. C'est pourtant à lui qu'on est redevable de cet axiome célèbre dans l'ancienne philosophie, et adopté dans la nôtre, que les idées, qui sont les représentations des objets, arrivent à notre esprit par l'organe des sens. C'est le principe fondamental de la métaphysique de Locke et de Condillac; c'était peut-être la seule vérité essentielle qu'il y eût dans celle d'Aristote, et c'est la seule qu'on ait rejetée dans les écoles, parcequ'elle était contraire aux idées innées, regardées long-temps comme une croyance religieuse, et abandonnées généralement depuis les grandes découvertes des modernes, qui sont les vrais fondateurs de la saine métaphysique. Au reste, s'il s'est égaré dans cette carrière à l'époque où la philosophie venait de l'ouvrir, il semble que ses erreurs excusables tiennent à la nature même de l'esprit humain. En effet, il doit arriver dans les sciences naturelles et spéculatives le contraire de ce qu'on a toujours observé dans les arts et dans les lettres : ici le progrès est toujours rapide, la perfection prompte; on vole au but dès qu'il est indiqué, parceque ce but est certain, et que la route est bientôt connue : aussi la belle poésie et la vraie éloquence remontent aux époques les plus reculées; mais les deux choses qui contribuent le plus à avancer le succès en ce genre, c'est-à-dire la promptitude à saisir les objets et la disposition à imiter, sont précisément ce qui retarde la marche de l'homme dans la recherche de la vérité. Celle-ci ne se laisse pas approcher aisément : on n'arrive jusqu'à elle que par le chemin de l'expérience, qui est long et pénible. L'esprit humain est impatient, et l'expérience est tardive : de là vient qu'il s'attache à ces fantômes séduisants qu'on appelle systèmes, qui le flattent d'ailleurs par ce qu'il y a chez lui de plus aisé à séduire, l'imagination et l'amour-propre. Il y a plus : c'est que les plus grands esprits sont les plus susceptibles de l'illusion des systèmes. Leur vaste intelligence ne peut souffrir ce qui l'arrête ; le doute est pour eux un état violent, et c'est ainsi qu'un Descartes, un Leibnitz, en cherchant les premiers principes des choses, rencontrent, l'un des tourbillons, l'autre des monades. Quand de pareils guides ont marché en avant, le reste des hommes, naturellement imitateur, suit comme un troupeau, et l'on emploie à étudier les erreurs le temps qu'on aurait pu mettre à chercher la vérité. Les bornes de l'esprit d'Aristote ont été en philosophie, pendant vingt siècles, les bornes de l'esprit humain. Ce n'est qu'au temps des Galilée, des Copernic, des Bâcon, qu'enfin l'on a compris qu'il valait mieux observer notre monde que d'en faire un, et qu'une bonne expérience qui apprenait un fait valait mieux que le plus ingénieux système qui ne prouve rien. Alors est tombée la philosophie d'Aristote, mais non pas sa gloire avec elle, puisque cette gloire est fondée, comme nous l'avons vu, sur des titres que le temps a consacrés.

Ce n'est pas que, dans ses meilleurs ouvrages, sa manière d'écrire n'ait des défauts très marqués. Il pousse jusqu'à l'excès l'austérité du style philosophique et l'affectation de la méthode : de là naissent la sécheresse et la diffusion. Il semble qu'il ait voulu être en tout l'opposé de son maître Platon, et que, non content d'enseigner une autre doctrine, il ait voulu aussi se faire un autre style. On reprochait à Platon trop d'ornements : Aristote n'en a point du tout. Pour se résoudre à le lire, il faut être déterminé à s'instruire. Il tombe aussi de temps en temps dans l'obscurité ; de sorte qu'après avoir paru, dans ses longueurs et ses répétitions, se défier trop de l'intelligence de ses lecteurs, il semble ensuite y compter beaucoup trop. On a su de nos jours réduire à un petit espace toute la substance de sa *Logique*, qui est très étendue. Sa *Poétique*, dont nous n'avons qu'une partie, qui fait beaucoup regretter le reste, a embarrassé en plus d'un endroit et divisé les plus habiles interprètes. Sa *Rhétorique*, dont Quintilien a emprunté toutes ses idées principales, ses divisions, ses définitions, est abstraite et prolixe dans les premières parties, mais pour le fond des choses c'est un modèle d'analyse. Ces deux écrits sont, avec ses traités de *Politique*, ce qu'il a produit de plus parfait. On se souvient avec plaisir qu'Aristote les a composés pour Alexandre, et ces deux noms forment, après tant de siècles, une belle association de gloire. C'est une exception de plus (car il y en a encore quelques autres) à ce principe si énergiquement établi par Thomas, sur le peu d'accord qui se trouve ordinairement entre les rois et les philosophes. *Leur grandeur*, dit-il, *se choque et se repousse.* Ce n'était pas là ce que pensait Philippe, roi de Macédoine, lorsqu'il écrivit à Aristote cette lettre fameuse si souvent citée, et qui ne saurait trop l'être : *Je vous apprends qu'il m'est né un fils. Je remercie les dieux, non pas tant de me l'avoir donné, que de l'avoir fait naître du temps d'Aristote.* Le précepteur d'Alexandre ne se sépara de lui qu'au moment où ce prince partit pour la conquête de la Perse. Il obtint du père de son élève les plus grands priviléges pour la ville de Stagyre sa patrie, et pour Athènes, qui était déja celle des arts. C'est aussi à Athènes qu'il se retira pour philosopher dans une république, après avoir élevé un roi. Les Athéniens lui donnèrent le Lycée pour y ouvrir son école, et ce nom seul vous avertit que ce peu de mots que je viens de dire à sa louange n'était pas déplacé dans cette assemblée. Ce sera peut-être un fait assez remarquable dans l'histoire de l'esprit humain, que, plus de deux mille ans après qu'Aristote eut ouvert le Lycée d'Athènes, son éloge et ses ouvrages aient été lus à l'ouverture du Lycée français.

Passons à l'analyse de sa *Poétique.*

Quand nous lisons un poème ou que nous assistons à la représentation d'un drame, nous som-

mes tous portés à nous rendre compte de ce qui nous a plus ou moins affectés, soit dans l'ensemble, soit dans les détails de l'ouvrage. C'est là l'espèce de critique qui semble appartenir à tout le monde, et qui est aussi la plus amusante; mais quand il s'agit de remonter aux premiers principes des arts, et de suivre dans cette recherche un philosophe législateur, il faut une attention plus particulière et plus soutenue. C'est pour cela qu'on ne fait lire à la première jeunesse aucun ouvrage de ce genre: on croit cette étude trop forte pour cet âge; mais elle est attachante pour un âge plus mûr, et l'on voit alors avec plaisir toute la justesse et toute l'étendue de ces vues générales et de ces idées primitives, dont l'application se trouve la même dans tous les temps. Ainsi donc, ayant à parler de la poésie, le plus ancien de tous les arts de l'esprit chez tous les peuples connus, et qui paraît le plus naturel à l'homme, cherchons d'abord, avec le guide que nous avons choisi, pourquoi cet art a été cultivé le premier, et sur quoi est fondé le plaisir qu'il nous procure. Aristote en donne deux raisons. « La poésie semble devoir sa naissance à
» deux choses que la nature a mises en nous. Nous
» avons tous pour l'imitation un penchant qui se
» manifeste dès notre enfance. L'homme est le plus
» imitatif des animaux : c'est même une des pro-
» priétés qui nous distinguent d'eux. C'est par l'imi-
» tation que nous prenons nos premières leçons;
» enfin tout ce qui est imité nous plaît. Des objets
» que nous ne verrions qu'avec peine s'ils étaient

» réels, des bêtes hideuses, des cadavres, nous les
» voyons avec plaisir dans un tableau. »

Toutes ces idées vous paraissent sans doute justes et incontestables, et vous avez dû reconnaître dans la dernière phrase la source où Despréaux a puisé ce morceau de son *Art poétique* :

Il n'est point de serpent ni de monstre odieux
Qui, par l'art imité, ne puisse plaire aux yeux, etc.

Mais en reconnaissant la vérité du principe, remarquons qu'il est susceptible de quelque restriction, et qu'il en est de même de presque tous ceux que nous avons à établir. Le même bon sens qui les a dictés enseigne à ne pas les prendre dans une généralité rigoureuse, qui n'est faite que pour les axiomes mathématiques. Ainsi, quoique l'imitation soit une source de plaisir, il ne faut pas croire que tout soit également imitable. Dans la peinture même, dont le principal objet est l'imitation matérielle, il y a un choix à faire, et bien des choses ne seraient pas bonnes à peindre ; à plus forte raison dans la poésie, qui doit surtout imiter avec choix, et embellir en imitant. Ce précepte paraît bien simple. Horace et Despréaux ont tous deux fait une loi de cette restriction judicieuse qu'Aristote lui-même a mise en principe général, comme nous le verrons tout à l'heure en suivant la marche qu'il a tenue. Cependant rien n'est si commun que de l'oublier, même depuis que l'art est perfectionné ; et si quelque chose peut faire voir combien l'esprit humain est sujet à s'égarer, c'est que, dès le premier pas que nous faisons, venant à peine de poser une vérité fondamentale, nous rencontrons aussitôt l'abus qu'on en a fait. Je ne parle pas seulement des Anglais, à qui l'auteur du *Temple du Goût* a dit avec tant de raison :

> Sur votre théâtre infecté
> D'horreurs, de gibets, de carnages,
> Mettez donc plus de vérité,
> Avec de plus nobles images!

Mais nous-mêmes, à qui l'exemple de Corneille et de Racine apprit dans le siècle dernier à être plus délicats, nous commençons à revenir, depuis quelques années, aux horreurs révoltantes ou dégoûtantes qui appartiennent à l'enfance de l'art. Les exemples en sont si nombreux et si connus, qu'il serait inutile de les citer ici; nous aurons assez souvent l'occasion d'en parler ailleurs.

Quand Voltaire donna *Tancrède*, le bruit se répandit que l'on verrait sur la scène l'échafaud où devait périr Aménaïde. Rien n'était plus faux, et jamais l'auteur n'y avait pensé. Quelqu'un lui écrivit à ce sujet : *Gardez-vous bien de donner cet exemple; car si le génie élève un échafaud sur la scène, les imitateurs y attacheront le roué.*

Au reste, il est également dans l'ordre des choses que la médiocrité produise ces sortes de monstres à l'époque où l'on se tourmente pour trouver le mieux, faute de connaître la limite du bien, que l'amour de la nouveauté les fasse applaudir, et que la raison s'en moque. Mais ce qui n'est pas juste, c'est de prétendre aux honneurs de la sensibilité quand on a besoin de pareilles émotions, car la sensibilité est encore un de ces mots parasites qui composent le dictionnaire du jour. On en abuse avec une si ridicule profusion, qu'il faut aujourd'hui qu'une personne sensée prenne bien garde où elle place ce mot, si elle ne veut pas tomber dans le ridicule à la mode. C'est l'expression favorite des gens blasés, qui, ne pouvant plus être émus de rien, veulent pourtant qu'on parvienne à les émouvoir, et se plaignent toujours d'un manque de sensibilité, qui, dans le fait, n'est que chez eux. C'est pour eux qu'il faut des spectacles atroces, comme il faut des exécutions à la populace; c'est pour eux que les auteurs ont le transport au cerveau, et que les acteurs ont des convulsions; en un mot, c'est la manie des extrêmes, si fatale à toute espèce de jouissance; c'est là ce qu'on appelle aujourd'hui la sensibilité. Quel est pourtant celui qui en a? C'est l'homme qui laisse échapper une larme quand par hasard il entend au théâtre quelques vers de Racine prononcés avec l'accent de la vérité, et non pas celui qui crie *bravo* lorsque... Je laisse à chacun de vous à finir une phrase qui, en vérité, n'est embarrassante que pour moi.

Les réflexions sur la première proposition d'Aristote nous ont menés un peu loin. Revenons à cette espèce de charme que l'imitation a pour tous les hommes, et dont ensuite Aristote veut assigner la cause. « C'est, dit-il, que non seulement les sa-
» ges, mais tous les hommes en général, ont du
» plaisir à apprendre, et que pour apprendre il

» n'est point de voie plus courte que l'image. » Cette idée est aussi juste que profonde; mais il me semble qu'on pourrait lui donner plus d'étendue, en faisant entrer notre imagination pour beaucoup dans ce que l'auteur attribue ici à la seule raison. Toute imitation, en effet, exerce agréablement notre imagination, qui n'est que la faculté de nous représenter les objets comme s'ils étaient présents, et c'est toujours un plaisir pour nous de comparer les images que l'art nous présente avec celles que nous avons déjà dans l'esprit.

La seconde cause originelle de la poésie est, suivant Aristote, le goût que nous avons pour le rhythme et le chant, goût qui ne nous est pas moins naturel que celui de l'imitation. Pour sentir combien cette observation est juste, il faut se souvenir que les premiers vers ont été chantés, et de plus, que, dans toutes les langues connues, on ne chante guère que des paroles mesurées; ce qui prouve l'affinité du chant et du rhythme. Comme ce dernier mot, tiré du grec, est devenu en français d'un usage très commun, il est à propos d'en donner une explication précise; car lorsque les mots techniques deviennent usuels, il arrive souvent aux gens peu instruits de les appliquer mal à propos quand ils s'en servent, ou de les entendre mal quand ils les lisent. On définit le rhythme un espace déterminé, fait pour symétriser avec un autre du même genre (1). Cette définition générale

---

(1) Le Batteux. *Les Quatre Poétiques.*

est nécessairement un peu abstraite : elle va devenir beaucoup plus claire en l'appliquant aux trois choses qui sont principalement susceptibles du rhythme, au discours, au chant et à la danse. Dans le discours, le rhythme est une suite déterminée de syllabes ou de mots qui symétrise avec une autre suite pareille, comme, par exemple, le rhythme de notre vers alexandrin est composé de douze syllabes, qui donnent à tous les vers du même genre une égale durée, par leurs intervalles et par leurs combinaisons. Dans la danse, le rhythme est une suite de mouvements qui symétrisent entre eux par leur forme, par leur nombre, par leur durée. Il est reconnu que rien n'est si naturel à l'homme que le rhythme. Les forgerons frappent le fer en cadence, comme Virgile l'a remarqué des Cyclopes, et même la plupart de nos mouvements sont à peu près rhythmiques, c'est-à-dire ont une sorte de régularité. Cette disposition au rhythme a conduit à mesurer les paroles, ce qui a donné le vers ; et à mesurer les sons, ce qui a produit la musique. On fit d'abord, dit Aristote, des essais spontanés, des impromptus ; car le mot dont il se sert emporte cette idée. Ces essais, en se développant peu à peu, donnèrent naissance à la poésie, qui se partagea d'abord en deux genres, suivant le caractère des auteurs : l'héroïque, qui était consacré à la louange des dieux et des héros ; le satirique, qui peignait les hommes méchants et vicieux. Dans la suite, l'épopée, menant du récit à l'action, produisit la tragédie ; et la satire, par le même

moyen, fit naître la comédie. Aristote ajoute : « La
» tragédie et la comédie s'étant une fois montrées,
» tous ceux que leur génie portait à l'un ou à l'autre
» de ces deux genres préférèrent, les uns, de faire
» des comédies au lieu de satires ; les autres, des
» tragédies au lieu de poèmes héroïques, parceque
» ces nouvelles compositions avaient plus d'éclat,
» et donnaient aux poètes plus de célébrité. » Cette
remarque prouve que, chez les Grecs comme
parmi nous, la poésie dramatique fut toujours
mise au premier rang. L'on peut observer aussi
que, parmi les différents genres de poésie grecque,
dont Aristote promet de parler dans cette partie
de son Traité qui a été perdue, il y en a dont il ne
nous reste aucun monument, le dithyrambe, le
nome, la satire et les mimes. Les mimes étaient,
à ce qu'on croit, d'après quelques passages des
anciens, une sorte de poésie très licencieuse. Le
nome était un poème religieux, fait pour les
solennités. Le dithyrambe était destiné originairement à célébrer les exploits de Bacchus, et
par la suite s'étendit à des sujets analogues, c'est-
à-dire à l'éloge des hommes fameux. Il ne reste
rien de tout cela que le nom. On sait qu'Archilo-
que, Hipponax et beaucoup d'autres ont fait des
satires personnelles ; mais les Grecs appelaient
aussi du nom de satire des drames d'une licence
et d'une gaieté burlesque. *Le Cyclope* d'Euripide
est le seul drame de cette espèce qui soit parvenu
jusqu'à nous : il ne fait pas regretter beaucoup
les autres.

Aristote dit peu de choses de la comédie et de l'épopée, parcequ'il se réservait d'en parler dans la suite de son Traité. Selon lui, l'épopée est, comme la tragédie, une imitation du beau par le discours : elle en diffère en ce qu'elle imite par le récit, au lieu que l'autre imite par l'action. A cette différence de forme il joint celle de l'étendue, qui est indéterminée dans l'épopée, au lieu que la tragédie tâche de se renfermer (ce sont les termes de l'auteur) dans un tour de soleil, ou s'étend peu au-delà. On voit qu'Aristote est ici fort éloigné de ce rigorisme pédantesque que l'on a voulu reprocher à ses principes. Il laisse à ce que nous appelons la règle des vingt-quatre heures cette latitude raisonnable sans laquelle il faudrait se priver de plusieurs sujets intéressants, et il ne donne pas au calcul de quelques heures de plus ou de moins plus d'importance qu'il n'en faut. Quant à l'épopée comparée à la tragédie, il dit très judicieusement : « Tout » ce qui est dans l'épopée est aussi dans la tragédie ; » mais tout ce qui est dans la tragédie n'est pas dans » l'épopée. » Il regarde celle-ci comme susceptible indifféremment de recevoir la prose ou les vers, opinion qui n'est pas celle des modernes : quelques uns se sont efforcés de la soutenir ; mais elle est en général regardée comme un paradoxe ; et le *Télémaque*, tout admirable qu'il est, n'a pas pu obtenir parmi nous le titre de poème, que l'auteur lui-même n'avait jamais songé à lui donner. Si l'on cherche la raison de cette différence d'avis entre les anciens et nous, je crois qu'elle peut tenir à la haute idée que nous attachons avec justice au mérite si rare d'écrire bien en vers dans une langue où la versification est si prodigieusement difficile. Nous n'avons pas voulu séparer ce mérite d'un aussi grand ouvrage que le poème épique, et en tout il n'entre guère dans nos idées de séparer la poésie de la versification. Je crois qu'en cela nous avons très grande raison. La difficulté à vaincre, non seulement ajoute aux beaux-arts un charme de plus quand elle est vaincue, mais elle ouvre une source abondante de nouvelles beautés. Il ne faut pas prostituer les honneurs d'un aussi bel art que la poésie. Si l'on pouvait être poète en prose, trop de gens voudraient l'être, et l'on conviendra qu'il y en a déjà bien assez. Au reste, il ne paraît pas que les Latins aient pensé là-dessus autrement que nous, ni qu'ils aient eu l'idée d'un poème qui ne fût pas en vers. On peut croire que chez les Grecs même l'opinion générale avait prévalu sur celle d'Aristote, puisqu'on ne connaît aucun passage des anciens d'où l'on puisse inférer qu'un prosateur ait été regardé comme un poète. Je crois pouvoir rappeler à cette occasion une expression plaisante de Voltaire, que sans doute il ne faut pas prendre plus sérieusement qu'il ne l'entendait lui-même, mais qui peint assez bien l'enthousiasme qu'il voulait qu'un poète eût pour son art. Un de ses amis, entrant chez lui comme il travaillait, voulut se retirer de peur de le déranger. *Entrez, entrez,* lui dit gaiement Voltaire, *je ne fais que de la vile prose.* Quand on songe au mérite de la sienne, on conçoit aisément quelle valeur il faut donner à cette plaisanterie.

A l'égard de la comédie, voici le peu qu'en dit Aristote : « On sait par quels degrés et par quels au- » teurs la tragédie s'est perfectionnée. Il n'en est pas » de même de la comédie, parceque celle-ci n'attira » pas dans ses commencements la même attention. » Ce ne fut même qu'assez tard que les archontes » en donnèrent le divertissement au peuple. On y » voyait figurer des acteurs volontaires qui n'étaient » ni aux gages ni aux ordres du gouvernement. » Mais quand une fois elle eut pris une certaine » forme, elle eut aussi ses auteurs qui sont renom- » més. On sait que ce fut Épicharme et Phormis » qui commencèrent à y mettre une action. Tous » deux étaient Siciliens ; ainsi la comédie est origi- » naire de Sicile. Chez les Athéniens, Cratès fut le » premier qui abandonna l'espèce de comédie nom- » mée personnelle, parcequ'elle nommait les per- » sonnes et représentait des actions réelles. Ce genre » d'ouvrage ayant été défendu par les magistrats, » Cratès fut le premier qui prit pour sujets de ses » pièces des noms inventés et des actions imagi- » naires. »

Tout ce que l'on peut observer ici, c'est l'usage des anciens, de faire des représentations théâtrales une solennité publique. Parmi les archontes, premiers magistrats d'Athènes, il y en avait un chargé spécialement de la direction des spectacles. Il achetait les pièces des auteurs, et les faisait jouer aux dépens de l'état. Cet établissement dut produire deux effets : il empêcha que l'art ne fût perfectionné dans toutes ses parties comme il l'a été parmi nous, où l'habitude d'un spectacle journalier a exercé davantage l'esprit des juges, et les a rendus plus difficiles ; mais, d'un autre côté, cet établissement prévint la satiété, et s'opposa plus long-temps à la corruption de l'art ; du moins ne voyons-nous pas que les Grecs, après Euripide et Sophocle, soient tombés, comme nous, dans l'oubli total de toutes les règles du bon sens. C'est au temps de ces deux grands hommes, et surtout par leurs ouvrages, que la tragédie fut portée à son plus haut point de splendeur. « Après divers chan- » gements, dit Aristote, elle s'est fixée à la forme » qu'elle a maintenant, et qui est sa véritable forme ; » mais d'examiner si elle a atteint ou non toute sa » perfection, soit relativement au théâtre, soit con- » sidérée en elle-même, c'est une autre question. » Il ne juge point à propos d'entrer dans cette question, que peut-être il traitait dans ce que nous avons perdu. Au reste, cette réserve à prononcer marque un esprit très sage, qui ne veut poser ni les bornes de l'art ni celles du génie.

Il définit la comédie *une imitation du mauvais, non du mauvais pris dans toute son étendue, mais de celui qui cause la honte et produit le ridicule.* C'est avoir, ce me semble, très bien saisi l'objet principal et le caractère distinctif de la comédie. L'expérience a justifié le législateur toutes les fois qu'on a voulu attaquer dans la comédie des vices odieux, plutôt que des travers et des ridicules.

L'auteur du *Glorieux* a échoué dans l'*Ingrat*. Ce n'est pas que *Tartufe* ne le soit, et d'une manière horrible; mais les grimaces de son hypocrisie et ses expressions dévotes, mêlées à ses entreprises amoureuses, donnent à son rôle une tournure comique, qui en tempère l'atrocité et la bassesse, et c'est le chef-d'œuvre de l'art de l'avoir rendu théâtral.

Après ces vues générales, Aristote commence à considérer la tragédie, qu'il paraît avoir regardée comme l'effort le plus grand et le plus difficile de tous les arts de l'imagination. Il la définit « l'imita-
» tion d'une action grave, entière, d'une certaine
» étendue; imitation qui se fait par le discours,
» dont les ornements concourent à l'objet du
» poëme, qui doit, par la terreur et la pitié, corri-
» ger en nous les mêmes passions. »

Je m'arrêterai d'abord sur le dernier article de cette définition, parcequ'il a été mal interprété, et qu'en effet il était susceptible de l'être. Il n'y a personne qui ne demande d'abord ce que veut dire *corriger* (purger, car c'est le mot du texte grec) la terreur et la pitié en les inspirant. Dans le siècle dernier, où tous les critiques s'étaient accordés à vouloir qu'il fût de l'essence de tous les ouvrages d'imagination d'avoir avant tout un but moral, on crut retrouver cette prétendue règle dans le passage dont il s'agit. Toutes les explications se firent en conséquence. Voici celle de Corneille, qui est la plus plausible dans ce sens et la mieux énoncée : « La pitié d'un malheur où nous voyons tomber

» nos semblables nous porte à la crainte d'un pa-
» reil pour nous, cette crainte au désir de l'éviter,
» et ce désir à purger, modérer, rectifier et même
» déraciner en nous la passion qui plonge, à nos
» yeux, dans ce malheur, les personnes que nous
» plaignons, par cette raison commune, mais na-
» turelle et indubitable, que, pour ôter l'effet, il
» faut retrancher la cause. » Cette logique est fort
bonne; mais si c'était là ce qu'Aristote voulait dire,
il se serait fort mal expliqué dans la chose du
monde la plus simple ; car alors il n'y avait qu'à
dire que la tragédie corrige en nous, par la terreur
et la pitié, les passions qui causent les malheurs
dont la représentation produit cette terreur et cette
pitié ; mais ce n'est point du tout ce qu'il dit : il
dit en propres termes, purger, tempérer, modi-
fier (car le mot grec présente ces idées analogues)
la terreur et la pitié ; et c'est précisément pour
n'avoir pas voulu le suivre mot à mot qu'on s'est
écarté de son idée. Il veut dire, comme on l'a très
bien démontré de nos jours, que l'objet de toute
imitation théâtrale, au moment même où elle excite
la pitié et la terreur en nous montrant des actions
feintes, est d'adoucir, de modérer en nous ce que
cette pitié et cette terreur auraient de trop pénible,
si les actions que l'on nous représente étaient
réelles. L'idée d'Aristote, ainsi entendue, est aussi
juste qu'elle est claire ; car qui pourrait supporter,
par exemple, la vue des malheurs d'OEdipe ou
d'Andromaque, ou d'Hécube, si ces malheurs exis-
taient sous nos yeux en réalité? Ce spectacle, loin

de nous être agréable, nous ferait mal ; et voilà le charme, le prodige de l'imitation, qui sait vous faire un plaisir de ce qui partout ailleurs vous ferait une peine véritable. Voilà le secret de la nature et de l'art combinés ensemble, et qu'un philosophe tel qu'Aristote était digne de deviner.

Je me crois obligé de déclarer ici qu'entraîné par l'autorité de tous les interprètes les plus habiles, j'ai moi-même, dans un *Essai sur les tragiques grecs*, adopté l'ancienne explication que je viens de combattre, quoiqu'en la restreignant beaucoup, et rejetant toutes les conséquences qu'on en voulait tirer, et qui m'ont paru très fausses. C'est dans la traduction de la *Poétique d'Aristote*, par l'abbé Le Batteux, que j'ai trouvé l'explication nouvelle que je crois devoir préférer. Il s'étend fort au long sur les raisons qui l'ont déterminé : il serait hors de propos de les rappeler ici ; mais elles m'ont paru décisives, et je me suis rendu à l'évidence.

L'ignorance a voulu quelquefois tirer avantage de ces contradictions que l'on trouve entre ceux qui s'occupent de l'étude de l'antiquité. Quelle foi peut-on avoir en eux, a-t-elle dit, puisque eux-mêmes ne sont pas toujours d'accord? On peut en appeler là-dessus au témoignage de quiconque a étudié une autre langue que la sienne, même une langue vivante. C'en est assez pour savoir qu'il n'en est aucune dont les écrivains n'offrent quelques passages susceptibles de discussion pour un étranger qui les lit. A plus forte raison doit-on s'attendre aux mêmes difficultés dans les langues mortes, dont les monuments très anciens ont pu et ont dû même être fort altérés ; ce qui n'empêche pas que, sur la plus grande partie de ces mêmes écrits, il ne soit comme impossible de ne pas s'accorder, parceque le plus souvent il n'y a pas le moindre nuage, à moins qu'on ne veuille en chercher.

Reprenons les autres parties de la définition. *La tragédie est l'imitation d'une action grave.* Oui, sans doute. Il n'y a que les modernes qui se soient écartés de ce principe. C'est ce mélange du sérieux et du bouffon, du grave et du burlesque, qui défigure si grossièrement les pièces anglaises et espagnoles, et c'est un reste de barbarie. Aristote ajoute que cette action doit être *entière et d'une certaine étendue.* Il s'explique : « J'appelle » entier, dit-il, ce qui a un commencement, un » milieu et une fin. » Quant à l'étendue, voici ses idées, qui sont d'un grand sens : « Tout composé, » pour mériter le nom de beau, soit animal, soit » artificiel, doit être ordonné dans ses parties, » et avoir une étendue convenable à leur propor- » tion ; car la beauté réunit les idées de grandeur » et d'ordre. Un animal très petit ne peut être beau, » parcequ'il faut le voir de près, et que les parties » trop réunies se confondent. D'un autre côté, un » objet trop vaste, un animal qui serait, je suppose, » de mille stades de longueur, ne pourrait être vu » que par parties : on ne pourrait en saisir la pro- » portion ni l'ensemble : il ne serait donc pas beau.

» Ainsi, de même que, dans les animaux et dans
» les autres corps naturels, on veut une certaine
» grandeur qui puisse être saisie d'un coup d'œil,
» de même dans l'action d'un poème on veut une
» certaine étendue qui puisse être embrassée tout
» à la fois, et faire un tableau dans l'esprit.
» Mais quelle sera la mesure de cette étendue?
» C'est ce que l'art ne saurait déterminer rigoureu-
» sement. Il suffit qu'il y ait l'étendue nécessaire
» pour que les incidents naissent les uns des autres
» vraisemblablement, amènent la révolution du
» bonheur au malheur, ou du malheur au bon-
» heur. »

Plus on réfléchira sur ces principes, plus on sentira combien ils sont fondés sur la connaissance de la nature. Qui peut douter, par exemple, que les pièces de Lopez de Vega et de Shakespeare, qui contiennent tant d'évènements, que la meilleure mémoire pourrait à peine s'en rendre compte après la représentation; qui peut douter que de pareilles pièces ne soient hors de la mesure convenable, et qu'en violant le précepte d'Aristote, on n'ait blessé le bon sens? Car enfin nous ne sommes susceptibles que d'un certain degré d'attention, d'une certaine durée d'amusement, d'instruction, de plaisir. Le goût consiste donc à saisir cette mesure juste et nécessaire, et là-dessus le législateur s'en rapporte aux poètes. Combien, d'ailleurs, ce qu'il dit sur l'essence du beau, sur la nécessité de n'offrir à l'esprit que ce qu'il peut embrasser quand on veut inspirer l'intérêt et l'admiration, est profond et lumineux! Avouons-le : éblouir un moment la multitude par des pensées hardies, qui ne paraissent nouvelles que parcequ'elles sont hasardées et paradoxales, c'est ce qui est donné à beaucoup d'hommes; mais instruire la postérité par des vues sûres et universelles, trouvées toujours plus vraies à mesure qu'elles sont plus souvent appliquées; devancer par le jugement l'expérience des siècles, c'est ce qui n'est donné qu'aux hommes supérieurs.

Poursuivons. Aristote fait entrer encore dans sa définition les ornements du discours qui doivent concourir à l'effet du poème. Ces ornements se réduisent pour nous à ceux de la versification et de la déclamation : pour les anciens, c'était de plus la mélopée ou le récit noté, et la musique du chœur et les mouvements rhythmiques qu'il exécutait. « Il » y a donc (conclut-il) six choses dans une tragédie, » la fable ou l'action, les mœurs et les caractères » (ici ces expressions sont synonymes), les paroles » ou la diction, les pensées, le spectacle et le chant. » Substituez au chant la déclamation, et tout cela convient également à la tragédie des anciens et à la nôtre. Mais écoutons ce qui suit, et nous jugerons si Aristote avait connu la tragédie. « De tou- » tes ses parties, la plus importante est la compo- » sition de la fable, ou l'action. C'est la fin de la » tragédie; et la fin est en tout ce qu'il y a de plus » essentiel. Sans action, point de tragédie. On peut » coudre ensemble de belles maximes, des pensées » ou des expressions brillantes, sans produire l'effet » de la tragédie; et on le produira, si, sans rien de

« tout cela, sans peindre des mœurs, sans tracer des
» caractères, on a une fable bien composée. Aussi
» ceux qui commencent réussissent-ils bien mieux
» dans la diction et dans les mœurs que dans la
» composition de la fable. »

Tout cela est aussi vrai aujourd'hui que du temps où l'auteur écrivait. Que le mérite de l'action ou de l'intérêt soit le premier et le plus essentiel au théâtre, c'est ce qui est prouvé par un assez grand nombre de pièces que l'on voit jouer avec plaisir, et qu'on ne s'avise guère de lire. Mais il faut observer ici une différence entre les Grecs et nous : c'est qu'il paraît que chez eux le mérite le plus rare de tous (à en juger par ce que vient de dire Aristote), c'était celui du sujet et du plan : parmi nous, au contraire, c'est celui du style. Nous avons vingt auteurs dont il est resté des ouvrages au théâtre, et même des ouvrages d'un grand effet, et nous n'en avons encore que deux (je ne parle que des morts; la postérité jugera la génération présente), nous n'en avons que deux qui aient été continuellement éloquents en vers, et qui aient atteint la perfection du style tragique, Racine et Voltaire. Le grand Corneille est hors de comparaison, parcequ'étant venu le premier, il n'a pas pu tout faire; aussi, quoiqu'il ait donné des modèles presque dans tous les genres de beautés dramatiques, il ne peut pas être mis pour le style au rang des classiques. D'où vient cette différence entre les Grecs et nous? Elle tient, je crois, à la nature de la langue et de leur tragédie. L'idiome grec, le plus harmonieux, de tous ceux que l'on connaît, donnait beaucoup de facilité à la versification, et la musique y joignait encore un charme de plus. On ne peut douter que cette réunion ne flattât beaucoup les Grecs, puisque Aristote dit en propres termes : *La mélopée est ce qui fait le plus de plaisir dans la tragédie.* Nous en pouvons juger par nos opéra, où les impressions les plus fortes que nous éprouvons sont dues principalement à la musique. L'autre raison de la différence que nous examinons, c'est la nature même de la tragédie chez les Grecs, toujours renfermée dans leur propre histoire, et même, comme le dit expressément Aristote, dans un petit nombre de familles. Parmi nous, le génie du théâtre peut chercher des sujets dans toutes les parties du monde connu. Il existe même pour lui un monde de plus, que les anciens ne connaissaient pas; et pour comprendre tout ce qu'on en a pu tirer, il suffit de se rappeler *Alzire*.

Il n'est donc pas étonnant qu'il soit plus commun parmi nous de rencontrer des sujets convenables au théâtre que d'écrire la tragédie en vrai poète. Mais un trait remarquable et heureux dans notre histoire littéraire, c'est que ceux de nos auteurs dramatiques qui ont le mieux écrit sont aussi ceux qui ont le plus intéressé; c'est que nos pièces les mieux faites sont aussi les plus éloquentes, et c'est l'ensemble de tous les genres de perfection qui a mis notre théâtre au-dessus de tous les théâtres du monde.

Aristote continue à tracer les règles de la tra-

gédie. « La fable sera une, non par l'unité de héros,
» mais par l'unité du fait. Car ce n'est pas l'imita-
» tion de la vie d'un homme, mais d'une seule
» action de cet homme... que les parties soient
» tellement liées entre elles, qu'une seule transpo-
» sée ou retranchée, ce ne soit plus un tout ou le
» même tout; car ce qui peut être dans un tout, ou
» n'y être pas sans qu'il y paraisse, n'est point par-
» tie de ce tout. »

Voilà l'idée la plus complète et la plus juste qu'on puisse se former de la contexture d'un drame : voilà la condamnation de tous ces épisodes étrangers, de ces morceaux de rapport dont il est si commun de remplir les pièces, quand on n'en sait pas assez pour tirer tout de son sujet. Aristote reprend :
« L'objet du poète n'est pas de traiter le vrai
» comme il est arrivé, mais comme il a dû arriver,
» et de traiter le possible suivant la vraisemblance. »
De là le vers de Boileau :

Le vrai peut quelquefois n'être pas vraisemblable.

« La différence essentielle du poète et de l'his-
» torien n'est pas en ce que l'un parle en vers et
» l'autre en prose; car les écrits d'Hérodote mis en
» vers ne seraient encore qu'une histoire; ils diffè-
» rent en ce que l'un dit ce qui a été fait; l'autre, ce
» qui a pu ou dû être fait. C'est pour cela que la
» poésie est plus philosophique et plus instructive
» que l'histoire. Celle-ci ne peint que les individus,
» l'autre peint l'homme. »

Peut-être cette disparité n'est-elle pas absolument exacte, car il est difficile de peindre bien les personnages de l'histoire sans qu'il en résulte quelque connaissance de l'homme en général. Mais ce passage sert à faire voir que les anciens considéraient la poésie sous un point de vue plus sérieux et plus imposant que nous ne faisons aujourd'hui, et cependant *Mahomet* et *la Henriade* ont pu nous apprendre ce que la poésie pouvait faire en morale.

Aristote distingue la tragédie fondée sur l'histoire, et celle qui est de pure invention, et il approuve l'une et l'autre; mais il ne nous reste point de tragédies grecques de ce dernier genre. Celui qu'il blâme formellement, c'est le genre épisodique. « J'entends, dit-il, par pièces épisodiques, celles » dont les parties ne sont liées entre elles, ni néces- » sairement, ni vraisemblablement; ce qui arrive » aux poètes médiocres par leur faute, et aux bons » par celle des comédiens. Pour faire à ceux-ci des » rôles qui leur plaisent, on étend une fable au-delà » de sa portée; les liaisons se rompent, et la con- » tinuité n'y est plus. »

On voit que ce n'est pas d'aujourd'hui que l'on s'est plaint de l'inévitable tyrannie qu'exercent sur un artiste ceux qui sont les instruments uniques et nécessaires de son art.

A l'égard de la suite et de la chaîne des évènements qui doivent naître les uns des autres, il en donne une excellente raison : « C'est, dit-il, que » tout ce qui paraît avoir un dessein produit plus » d'effet que ce qui semble l'effet du hasard. Lors-

» que, dans Argos, la statue de Mytis tomba sur ce-
» lui qui avait tué ce même Mytis, et l'écrasa au
» moment qu'il la considérait, cela fit une grande
» impression, parceque cela semblait renfermer un
» dessein. » Je demande si l'on peut choisir un
exemple d'une manière plus ingénieuse et plus
frappante.

Il distingue les pièces simples et les pièces im-
plexes. Il faut entendre par les premières, celles
où tous les personnages sont connus les uns des
autres; par les secondes, celles où il y a reconnaissance. Il y met une autre différence : *celles*, dit-il,
dont l'action est continue, et celles où il y a péripétie.
Ce mot signifie révolution, changement de situation dans les principaux personnages. Mais comme
je ne conçois pas qu'une pièce de théâtre puisse
se passer d'une péripétie quelconque, il m'est impossible d'admettre cette distinction.

Il indique avec raison les reconnaissances et les
péripéties, comme deux grands moyens pour exciter la pitié ou la terreur. Il cite, comme des modèles en ce genre, la situation d'Iphigénie reconnaissant son frère au moment où elle va le sacrifier,
et celle de Mérope prête à tuer son propre fils en
croyant le venger. De ces deux sujets, Voltaire a
rejeté l'un, parcequ'il croyait le dénoûment impossible, et Guimond de La Touche, moins frappé
de la difficulté que du pathétique de ce sujet, l'a
traité d'une manière si intéressante, qu'on lui a
pardonné le défaut inévitable du dénoûment.
Quant à *Mérope*, on sait quel parti Voltaire a tiré

de celle de Maffei, combien il l'a surpassé dans l'ensemble, en lui empruntant ses traits les plus heureux; enfin, comme il est parvenu à en faire la plus irréprochable, la plus classique de ses pièces, celle qui peut le mieux soutenir le parallèle avec la perfection de Racine.

À ces deux moyens d'intérêt, tirés du fond de l'action même, Aristote en ajoute un troisième, le spectacle, c'est-à-dire tout ce qui frappe les yeux, comme les meurtres, les poignards, les combats, l'appareil de la scène; mais il remarque très judicieusement que ce moyen est inférieur aux deux autres, et demande moins de talent poétique. « Car; dit-il, il faut que la fable soit tellement » composée, qu'à n'en juger que par l'oreille, on » soit ému, comme on l'est dans l'OEdipe de So- » phocle. Mais ceux qui nous offrent l'horrible et le » révoltant au lieu du terrible et du touchant, ne » sont plus dans le genre, car la tragédie ne doit » pas donner toutes sortes d'émotions, mais celles- » là seulement qui lui sont propres. »

Nous le retrouvons donc ici, ce grand principe qui nous occupait tout à l'heure, et par lequel Aristote a répondu d'avance, il y a deux mille ans, à ceux qui croient avoir tout dit par ce seul mot, *cela est dans la nature;* comme si toute nature était bonne à montrer aux hommes rassemblés, comme si les spectacles et les beaux-arts étaient l'imitation de la nature commune, et non pas de la nature choisie. Au reste, nous aurons occasion de revenir à ce sujet, quand nous réfuterons spécialement quelques unes des principales erreurs contenues dans les poétiques modernes.

Nous voilà déja bien avancés dans celle d'Aristote, dont je ne vous ai présenté que les idées sommaires, en écartant tout ce qui est particulier aux accessoires de la tragédie grecque, et m'arrêtant à tout ce qui peut s'appliquer à la nôtre. J'ose même quelquefois n'être pas tout-à-fait de son avis; ce qui pourtant est infiniment rare. Il dit, par exemple : « Ne présentez point de personnages ver- » tueux, qui d'heureux deviendraient malheureux; » car cela ne serait ni touchant ni terrible, mais » odieux. » Je crois que cette règle est démentie par beaucoup d'exemples. Hippolyte est vertueux, et cependant sa mort excite la pitié et ne révolte point. Britannicus est dans le même cas. On en pourrait citer plusieurs autres; mais ce qui suit ne saurait se contester : « Des personnages méchants » qui deviennent heureux sont ce qu'il y a de moins » tragique. » C'est un des grands défauts de la tragédie d'*Atrée*, où ce monstre, à la fin de la pièce, insulte, avec une joie barbare, à l'horrible situation où il a mis le malheureux Thyeste, et finit par ce vers :

Et je jouis enfin du fruit de mes forfaits.

Jamais les hommes n'aimeront à remporter d'un spectacle une pareille impression. Il est vrai que dans *Mahomet* le crime triomphe; mais du moins ce scélérat est-il puni en perdant ce qu'il aime; il a des regrets et des remords; et cependant, malgré tout l'art de l'auteur, on sent le vice de ce dénoûment, et c'est la seule tache de ce grand ouvrage. « Si un homme très méchant, d'heureux, devient » malheureux, il peut y avoir un exemple, mais il » n'y a ni pitié ni terreur ; car la pitié naît du mal-» heur qui n'est pas mérité, et la terreur du mal-» heur voisin de nous ; et tel n'est pas pour nous » celui du méchant. » Cette remarque très juste n'empêche pas qu'il ne soit très bon de punir le méchant dans un drame ; mais Aristote veut dire seulement que ce n'est pas là ce qui produit la terreur et la pitié, et qu'il faut les tirer d'ailleurs. Il a raison ; car, lorsque le méchant, l'oppresseur, le tyran, sont punis sur la scène, ce n'est pas leur châtiment qui produit la terreur ou la pitié : l'une et l'autre sont le résultat du danger ou du malheur où sont les personnages à qui l'on s'intéresse ; et comme la punition du méchant les tire de ce malheur ou de ce danger, c'est là ce qui produit l'effet dramatique. Ainsi, dans cette *Iphigénie* dont nous parlions tout à l'heure, que Thoas soit égorgé par Pylade, qui vient on ne sait d'où, ce n'est pas ce qui rend le dénoûment tragique ; mais cette mort délivre Oreste et Iphigénie, qui étaient les objets de l'intérêt, et le spectateur est content. Ainsi dans *Rodogune*, le moment de la terreur et de la pitié n'est point celui où Cléopâtre boit elle-même le poison qu'elle a préparé pour son fils ; c'est le moment où ce fils, dans la situation la plus affreuse où un homme puisse se trouver, entre une mère et une amante qu'il peut soupçonner également, porte à ses lèvres la coupe empoisonnée; c'est cet instant qui fait frémir, qui demande et obtient grace pour toutes les invraisemblances qui précèdent.

« Il y a un milieu à prendre ; c'est que le person-
» nage ne soit ni absolument bon, ni absolument mé-
» chant, et qu'il tombe dans le malheur, non par un
» crime ou une méchanceté noire, mais par quel-
» que faute ou erreur humaine qui le précipite du
» faîte des grandeurs et de la prospérité. »

Il faut toujours se souvenir qu'Aristote ne parlait que des personnages qui doivent produire l'intérêt; et ce qu'il dit ici de cette sorte de caractères que Corneille, dans ses dissertations, appelle *mixtes*, a paru à ce grand homme un trait de lumière qui jette un grand jour sur la connaissance du théâtre, et en général de toute grande poésie imitative. En effet, on a observé que rien n'était plus intéressant que ce mélange si naturel au cœur humain. C'est sous ce point de vue que le caractère d'Achille paraît si dramatique dans l'*Iliade*, et que Phèdre ne l'est pas moins au théâtre par ses passions et par ses remords. Rien ne fait mieux voir combien se trompent et combien sont injustes tous ceux qui se sont fait, pour ainsi dire, un point de morale de ne s'intéresser au théâtre qu'à des personnages irréprochables, et qui jugent une tragédie sur les principes de la société. Qu'un personnage passionné fasse une belle action par des motifs qui tiennent à sa passion même : cela serait plus beau, disent-ils, si l'action était faite par des motifs purs. C'est une grande erreur ; cela serait plus beau en morale, mais fort mauvais au théâtre. Vous n'éprouveriez qu'une admiration froide, au lieu que le personnage mû par la passion, même dans ce qu'il fait de louable, vous émeut et vous entraîne.

A toutes ces sources du pathétique il en faut joindre une, la plus abondante de toutes, et dont Aristote ne parle pas, parceque les Grecs n'y ont puisé qu'une fois : c'est l'amour malheureux ; c'est cette passion dont les modernes ont tiré un si grand parti, et dont les anciens n'ont point fait usage dans la tragédie, si l'on excepte le rôle de Phèdre, dont l'aventure était célèbre dans la Grèce, et qui, même dans Euripide, n'est pas, à beaucoup près, aussi intéressante que dans Racine. Cette seule différence entre le théâtre des Grecs et le nôtre, dont l'un a employé l'amour comme ressort tragique, et dont l'autre l'a négligé, suffirait pour rendre l'art beaucoup plus riche et plus étendu pour nous, qu'il ne pouvait l'être chez eux. Quel trésor pour le théâtre, qu'une passion à qui nous devons *Zaïre*, *Tancrède*, *Inès*, *Ariane*, et quelques autres encore consacrées par ce mérite particulier qui en supplée tant d'autres, et fait pardonner tant de fautes, le mérite de faire répandre des larmes !

Pour ce qui est du dénoûment, Aristote préfère les pièces *dont la péripétie*, dit-il, *se fait du bonheur au malheur.* Voici comme il s'exprime sur Euripide à ce sujet : « C'est à tort qu'on blâme

» Euripide de ce que la plupart de ses pièces se
» terminent par le malheur. Il est dans les princi-
» pes. La preuve est que sur la scène les pièces de
» ce genre paraissent toujours, toutes choses éga-
» les d'ailleurs, plus tragiques que les autres. Aussi
» Euripide, quoiqu'il ne soit pas toujours heureux
» dans la conduite de ses pièces, est-il regardé
» comme le plus tragique des poètes. »

N'oublions pas ce qui a été dit ci-dessus, qu'en fait de goût il n'est pas nécessaire que tous les principes soient d'une vérité absolue, mais seulement d'une vérité suffisante, c'est-à-dire applicable dans un grand nombre d'occasions. Tel est ce principe d'Aristote sur les dénoûments : il est généralement vrai. Les quatre pièces que je viens de citer en sont la preuve; elles sont toutes quatre dans le cas dont parle Aristote, et sont au nombre des pièces les plus intéressantes. Il est cependant d'autres dénoûments d'une espèce toute contraire, et qui produisent aussi un grand effet; ce sont ceux qui tirent tout-à-coup d'un grand péril des personnages que le spectateur desire vivement de voir heureux, et qui opèrent cette révolution par des moyens naturels et inattendus. Tel est au théâtre Français le dénoûment d'*Adélaïde*. J'avoue que j'en connais peu d'aussi beaux. J'aurai occasion d'en parler dans la suite. Il suffit aujourd'hui de l'avoir indiqué comme une exception, ainsi que quelques autres, au principe d'Aristote; mais quand il dit que les dénoûments doivent toujours sortir du fond du sujet, je n'y connais point d'exception.

Il s'étend beaucoup moins sur les mœurs et les caractères, parceque cette partie de l'art est moins compliquée. Il veut, et tous les législateurs l'ont dit après lui, qu'un personnage soit tel à la fin qu'il est au commencement. Ce précepte est général pour toute espèce de drame, et jamais peut-être il n'a été rempli d'une manière plus frappante et plus heureuse que dans une pièce, d'ailleurs médiocre, l'*Irrésolu*, de Destouches. Cet *Irrésolu*, après avoir balancé pendant toute la pièce entre deux femmes qu'il veut épouser, se détermine enfin, car il faut finir; mais à peine est-il marié, qu'il se dit à lui-même, en quittant la scène, ce vers, qui est le dernier de l'ouvrage.

J'aurais mieux fait, je crois, d'épouser Célimène.

On ne peut sur ce même sujet adresser aux poètes une leçon plus utile, et qui mérite d'être plus méditée que celle-ci, qui contient tout : « Dans la peinture des mœurs et des caractères, » le poète doit toujours avoir devant les yeux, » ainsi que dans la composition de la fable, ce qui » est vraisemblable et nécessaire dans l'ordre mo- » ral, et se dire à tout moment à lui-même : Est-il » vraisemblable que tel personnage agisse ou parle » ainsi? » Il ne faut pas s'étonner si ce principe est si souvent violé, c'est que, pour le mettre en pratique, il faut une raison supérieure, qui n'est guère plus commune qu'une belle imagination, et toutes les deux sont nécessaires pour faire une bonne tragédie. Que sera-ce si l'on ajoute « que le

» public est devenu très difficile; que, comme on
» a eu des poètes qui excellaient chacun dans leur
» genre, on voudrait aujourd'hui que chaque poète
» eût à lui seul ce qu'ont tous les autres ensemble.»
C'est Aristote qui parlait ainsi il y a plus de deux
mille ans. Que dirait-il donc aujourd'hui?

Il a traité l'article du style en grammairien qui
parlait à des Grecs de leur propre langue, et renvoyé à sa *Rhétorique* l'article des pensées, parceque sur cet objet les règles sont les mêmes en prose
comme en vers. Ce qui regardait le chant, dernière partie de l'imitation dramatique chez les
anciens, a été perdu, et ne servirait d'ailleurs qu'à
nous donner sur leur musique des notions qui
nous manquent, mais étrangères à notre tragédie.
Je me bornerai donc à ce qu'il prescrit de plus
général pour la diction. Il veut qu'elle soit élevée
au-dessus du langage vulgaire, c'est-à-dire ornée de
métaphores et de figures, mais cependant très claires. « L'usage trop fréquent des figures, dit-il, fait
» du discours une énigme, et la quantité de ter-
» mes empruntés des autres langues devient bar-
» barie. » Il recommande donc beaucoup de réserve
sur ces deux articles. Nous verrons dans la suite
combien nous avons besoin d'une semblable leçon.
« C'est un grand talent, dit-il, de savoir bien em-
» ployer la métaphore; c'est la production d'un
» heureux naturel, le coup d'œil d'un esprit qui
» voit les rapports. »

Tout ce qui regarde l'épopée est contenu dans
deux chapitres, parceque beaucoup de principes

généraux lui sont communs avec la tragédie. Je remets à examiner le peu qu'Aristote en a dit dans un discours sur l'épopée, qui précèdera la lecture d'Homère, qu'Aristote cite partout comme l'unique modèle en ce genre.

Le dernier des vingt-cinq chapitres qui nous restent de la *Poétique* d'Aristote roule sur une de ces questions assez oiseuses dont il paraît que les Grecs s'occupaient ainsi que nous. Il s'agit de savoir laquelle des deux l'emporte sur l'autre, de la tragédie ou de l'épopée. Qu'importe, pourvu que l'une et l'autre soient bonnes? Au reste, la discussion n'est pas fort longue. Il propose les raisons pour et contre, et décide en faveur de la tragédie. Il ne me conviendrait pas d'être d'un avis différent du sien.

CHAPITRE II.

Analyse du TRAITÉ DU SUBLIME *de Longin.*

Si quelque chose semble se refuser à toute analyse, et même à toute définition, c'est sans doute le sublime. En effet, comment définir ce qui ne peut jamais être préparé par le poète ou l'orateur, ni prévu par ceux qui lisent ou qui écoutent, ce qu'on ne produit que par une espèce de transport, ce qu'on ne sent qu'avec enthousiasme, enfin ce qui met également hors d'eux-mêmes, et l'artiste qui compose, et la multitude qui admire ? Comment rendre compte d'une impression qui est à la fois la plus vive et la plus rapide de toutes ? et quelle explication n'est pas aussi froide qu'insuffisante, lorsqu'il s'agit de développer aux hommes ce qui a si fortement ébranlé toutes les puissances de leur ame ? Qui ne sait que dans tous les sentiments extrêmes il y a quelque chose au-dessus de toute expression, et que, quand notre ame est émue à un certain degré, c'est pour elle une espèce de tourment de ne plus trouver de langage ? S'il est reconnu que la faculté de sentir s'étend fort loin au-delà de celle d'exprimer, cette vérité est surtout applicable au sublime, qui émeut en nous tout ce qu'il est possible d'émouvoir, et nous donne le plus grand plaisir que nous puissions éprouver, c'est-à-dire la jouissance intime de tout ce que la nature a mis en nous de sensibilité.

Lorsque nous venons d'entendre une belle scène, un beau discours, un beau morceau de poésie, si quelqu'un venait nous demander pourquoi cela nous a fait plaisir, pourquoi nous avons applaudi, chacun de nous, suivant ses connaissances, pourrait rendre compte de son jugement, et louer plus ou moins dans l'ouvrage l'ensemble ou les détails, les pensées, la diction, l'harmonie, enfin tout ce que l'art enseigne à bien connaître, et le goût à bien apprécier. Mais lorsque le vieil Horace a prononcé le fameux *qu'il mourût*, lorsqu'à ce mot les spectateurs ont jeté tous ensemble le même cri d'admiration, si quelqu'un venait leur demander pourquoi ils trouvent cela si beau, qui est-ce qui voudrait répondre à cette étrange question ? et que pourrait-on répondre, si ce n'est : Cela est beau, parceque nous sommes transportés; cela est beau, parceque nous sommes hors de nous-mêmes? Quand le grand Scipion, accusé par les tribuns, parut dans l'assemblée du peuple, et que, pour toute défense, il dit: *Romains! il y a vingt ans qu'à pareil jour je vainquis Annibal et soumis Carthage. Allons au Capitole en rendre graces aux Dieux*, un cri général s'éleva, et tout le monde le suivit. C'est que Scipion avait été sublime, et qu'il a été donné au sublime de subjuguer tous les hommes.

Le sublime dont je parle ici est nécessairement rare et instantané ; car rien de ce qui est extrême ne peut être commun ni durable. C'est un mot, un trait, un mouvement, un geste, et son effet est celui de l'éclair ou de la foudre. Il est tellement indépendant de l'art, qu'il peut se rencontrer dans des personnes qui n'ont aucune idée de l'art. Quiconque est fortement passionné, quiconque a l'ame élevée, peut trouver un mot sublime. On en connaît des exemples. C'est une femme d'une condition commune, qui répondit à un prêtre, à propos du sacrifice d'Isaac, ordonné à son père Abraham : *Dieu n'aurait jamais ordonné ce sacrifice à une mère.*

Ce mot est le sublime du sentiment maternel. Il y a plus : le sublime peut se rencontrer même dans le silence. Ce fameux ligueur, Bussi Leclerc, se présente au parlement, suivi de ses satellites. Il ordonne aux magistrats de rendre un arrêt contre les droits de la maison de Bourbon, ou de le suivre à la Bastille. Personne ne lui répond, et tous se lèvent pour le suivre. Voilà le sublime de la vertu. Pourquoi? C'est que nulle réponse ne pouvait en dire autant que ce silence; car sans prétendre définir exactement le sublime (ce que je crois impossible), s'il y a un caractère distinctif auquel on puisse le reconnaître, c'est que le sublime, soit de pensée, soit de sentiment, soit d'image, est tel en lui-même, que l'imagination, l'esprit, l'ame, ne conçoivent rien au-delà. Appliquez ce principe à tous les exemples, et il se trouvera vrai. Ce qui est beau, ce qui est grand, ce qui est fort, admet le plus ou le moins. Il n'y en a pas dans le sublime.

Essayez d'imaginer quelque chose que Scipion eût pu dire au lieu de ce qu'il a dit; substituez quelque discours que ce soit au silence des magistrats, et toujours vous resterez au-dessous. Mettez-vous dans la situation du vieil Horace, et cherchez ce que peut imaginer le sentiment le plus exalté du patriotisme et de l'honneur, et vous ne concevrez rien au-dessus du *qu'il mourût*. Rappelez-vous une autre situation, celle d'Ajax qui, dans le moment où les Grecs plient devant les Troyens que Jupiter protège, se trouve enveloppé d'une obscurité affreuse, qui ne lui permet pas même de combattre, et cherchez ce que l'audace orgueilleuse d'un guerrier au désespoir peut lui suggérer de plus fort; l'imagination même, qui est si vaste, ne vous fournira rien au-dessus de ce vers si souvent cité :

Grand Dieu ! rends-nous le jour et combats contre nous (1).

Observons, en passant, que c'est Lamotte qui a resserré ainsi en un seul vers les trois vers de l'*Iliade*, que Boileau a traduits plus littéralement par ces deux-ci :

Grand Dieu! chasse la nuit qui nous couvre les yeux,
Et combats contre nous à la clarté des cieux.

J'ai parlé de ces mouvements produits par un instinct sublime. En voici un exemple singulier, arrivé dans le dernier siècle. Un lion s'était échappé

---

(1) Le grec dit : « Et fais-nous périr même, si tu veux,
» pourvu que ce soit au grand jour. »

de la ménagerie du grand-duc de Florence, et courait dans les rues de la ville. L'épouvante se répand de tous côtés, tout fuit devant lui. Une femme qui emportait son enfant dans ses bras le laisse tomber en courant. Le lion le prend dans sa gueule. La mère, éperdue, se jette à genoux devant l'animal terrible, et lui redemande son enfant avec des cris déchirants. Il n'y a personne qui ne sente que cette action extraordinaire, qui est le dernier degré de l'égarement et du désespoir; cet oubli de la raison, si supérieur à la raison même; cet instinct d'une grande douleur, qui ne se persuade pas que rien puisse être inflexible, est véritablement ce que nous appelons ici le sublime. Mais ce qui suit est susceptible de plus d'une explication. Le lion s'arrête, la regarde fixement, remet l'enfant à terre sans lui avoir fait aucun mal, et s'éloigne. Le malheur et le désespoir ont-ils donc une expression qui se fait entendre même aux bêtes farouches? On les connaît capables des sentiments qui tiennent à l'habitude, et l'on cite beaucoup de traits de leur attachement et de leur reconnaissance. Mais ici cette mère, pour arrêter la dent de l'animal féroce, n'avait qu'un moment et qu'un cri. Il fallait qu'il entendît ce qu'elle demandait, et qu'il fût touché de sa prière; et il l'entendit, et il en fut touché! Comment? C'est ce qui peut fournir plusieurs réflexions sur la correspondance naturelle entre tous les êtres animés, mais qui ne sont pas de mon sujet. J'y reviens.

Sur tout ce que j'ai dit du sublime, la première

question qui se présente est celle-ci : puisqu'il ne peut être ni défini ni analysé, qu'est-ce donc qu'a fait Longin dans son *Traité du Sublime?* C'est qu'il n'a pas voulu traiter de celui-là, mais de ce que les rhéteurs appellent le style sublime, par opposition au style simple et au style tempéré, qui tient le milieu entre les deux; le style qui convient aux grands sujets, aux sujets élevés, à la poésie épique, dramatique, lyrique; à l'éloquence judiciaire, délibérative ou démonstrative, quand le sujet est susceptible de grandeur, d'élévation, de force, de pathétique. C'est ce que l'examen même du Traité de Longin peut prouver avec évidence : ce n'est pourtant pas l'opinion de Boileau; mais il a été réfuté sur cet article par de savants philologues, entre autres, par Gibert, dans le *Journal des Savants.* Ce qui a pu l'induire en erreur, c'est qu'en effet il y a quelques endroits de Longin qui peuvent s'appliquer à l'espèce de sublime dont je viens de parler, et quelques exemples qui s'y rapportent; mais la suite et l'ensemble du Traité font voir que ces exemples ne sont cités que comme appartenants au style sublime, dans lequel ils entrent naturellement. On pourra demander encore comment l'objet de ce Traité peut donner matière au doute et à la discussion, puisqu'il semble que l'auteur a dû commencer par déterminer d'une manière précise ce dont il allait parler. Le commencement de l'ouvrage va répondre à cette question. Il suffit d'avertir auparavant qu'il existait du temps de Longin un Traité du sublime, d'un autre rhéteur nommé *Cécilius*; Traité qui a été entièrement perdu, et qui ne nous est connu que par ce qu'en dit Longin. Voici comme s'exprime celui-ci dans l'exorde de son ouvrage, qu'il adresse au jeune Térentianus, son disciple et son ami.

« Vous savez, mon cher Térentianus, qu'en
» examinant ensemble le livre de Cécilius sur le
» sublime, nous avons trouvé que son style était
» au-dessous de son sujet, qu'il n'en touchait pas
» les points principaux, qu'enfin il n'atteignait pas
» le but que doit avoir tout ouvrage, celui d'être
» utile à ses lecteurs. Dans tout Traité sur l'art, il y
» a deux objets à se proposer : de faire connaître
» d'abord la chose dont on parle; c'est le premier
» article : le second pour l'ordre, mais le premier,
» pour l'importance, c'est de faire voir les moyens de
» réussir dans la chose dont on traite. Cécilius s'est
» étendu fort au long sur le premier, comme s'il
» eût été inconnu avant lui, et n'a rien dit du se-
» cond. Il a expliqué ce que c'était que le sublime,
» et a négligé de nous apprendre comment on
» peut y parvenir. »

Longin part de là pour s'autoriser à passer très légèrement sur la nature du sublime; et, parlant à Térentianus comme à un jeune homme très instruit : « Je me crois dispensé, continue-t-il, de
» vous montrer que le sublime est ce qu'il y a de
» plus élevé et de plus grand dans les écrits, et que
» c'est principalement ce qui a immortalisé les
» meilleurs écrivains. » Il prouve ensuite, suivant

la méthode des philosophes et des rhéteurs, qu'il y a un art du sublime; il spécifie les vices du style qui lui sont le plus opposés; et, après cette espèce d'avant-propos, il entre en matière, et assigne les sources principales du sublime, qui sont, selon lui, au nombre de cinq. Mais avant de le suivre dans le cours de son ouvrage, il convient de dire un mot de l'auteur.

Longin était né à Athènes, et florissait vers la fin du troisième siècle de notre ère. C'était l'homme le plus célèbre de son temps pour le goût et l'éloquence, et la seule lecture du Traité qui nous reste de lui suffit pour justifier cette réputation. Il y règne un jugement sain, un style animé et un ton d'éloquence convenable au sujet. La fameuse Zénobie, reine de Palmyre, qui lutta si malheureusement contre la fortune d'Aurélien, avait fait venir Longin à sa cour, pour prendre de lui des leçons de langue grecque et de philosophie. Découvrant dans son maître des talents supérieurs, elle en avait fait son principal ministre. Lorsque après la perte d'une grande bataille qu'elle livra aux Romains, elle fut obligée de se renfermer dans sa capitale, et reçut d'Aurélien une lettre qui l'invitait à se rendre, ce fut Longin qui l'encouragea à se défendre jusqu'à l'extrémité, et qui lui dicta la réponse noble et fière que l'historien Vopiscus nous a conservée. Cette réponse coûta la vie à Longin. Aurélien, vainqueur, maître de la ville de Palmyre et de Zénobie, réserva cette reine pour son triomphe, et envoya Longin au supplice. Il y porta le même courage qu'il avait su inspirer à sa reine, et sa mort fit autant d'honneur à sa philosophie que de honte à la cruauté d'Aurélien. Il avait fait quantité d'ouvrages dont nous n'avons plus que les titres. Ils roulaient tous sur des objets de critique et de goût. La traduction de son *Traité du Sublime* par Boileau n'est pas digne de cet illustre auteur. Elle manque d'exactitude, de précision et d'élégance, et je n'ai pu en faire que peu d'usage. Ce n'est pas qu'il ne sût bien le grec ; mais s'étant mépris sur le but principal de l'ouvrage, il est obligé souvent de faire violence au texte de l'auteur pour le ramener à son sens : on sait d'ailleurs que sa prose est en général fort au-dessous de ses vers ; elle est lâche, négligée et incorrecte, quoique dans plusieurs préfaces, et dans les réflexions qui suivent sa traduction, il y ait encore des endroits où l'on retrouve le sel de la satire et ce sens droit qui le caractérisait partout.

Ce que nous avons vu de l'exorde de Longin fait apercevoir déjà qu'il ne s'agit point de ce sublime proprement dit, dont j'ai parlé jusqu'ici. Comment pourrait-il dire, en ce sens, qu'il y a un art du sublime ? Cela ne saurait se supposer d'un homme aussi judicieux qu'il le paraît dans tout le reste. On peut, avec du talent, apprendre à bien écrire ; mais certes, on n'apprend point à être sublime. Le titre littéral de son ouvrage est *De la Sublimité*; ce qui doit s'entendre naturellement de la perfection du genre sublime. Voici les cinq choses principales qui, selon lui, peuvent y conduire : une audace heureuse dans les pensées, l'enthousiasme de la passion, l'usage des figures, le choix des mots ou l'élocution, et ce que les anciens appelaient la composition, c'est-à-dire l'arrangement des paroles, relativement au nombre et à l'harmonie. Qui ne voit que ce sont là les cinq choses qui forment la perfection d'un ouvrage, mais qu'elles peuvent s'y réunir toutes sans qu'il y ait un trait de ce sublime qui transporte tous les hommes avec un seul mot, tandis qu'au contraire ce seul mot peut se trouver dans un ouvrage qui n'aura d'ailleurs aucun mérite? Citons des exemples : *Britannicus* est assurément un des plus beaux monuments de notre langue. Il y a des morceaux d'un style sublime, entre autres, le discours de Burrhus à Néron. Il n'y a rien cependant qui produise le même effet d'admiration, que cet endroit de la *Médée* de Corneille (pièce très mauvaise de tout point), que l'on a toujours cité parmi les traits sublimes de ce grand homme :

Voyez en quel état le sort vous a réduite !
Votre pays vous hait, votre époux est sans foi.
Dans un si grand revers, que vous reste-t-il ?
                                            Moi.
Moi, dis-je, et c'est assez.

Des gens difficiles ont prétendu que ce dernier hémistiche affaiblissait la beauté du *moi* : c'est se tromper étrangement : bien loin de diminuer le sublime, il l'achève, car le premier *moi* pouvait n'être qu'un élan d'audace désespérée; mais le second est de réflexion : elle y a pensé, et elle insiste; *moi, dis-je, et c'est assez.* Le premier étonne, le second fait trembler quand on songe que c'est Médée qui le prononce.

Et dans *Nicomède*, tragédie d'ailleurs si défectueuse et si souvent au-dessous du tragique, quand le timide Prusias dit à son fils :

Je veux mettre d'accord l'amour et la nature,
Être père et mari dans cette conjoncture :

Nicomède lui répond :

Seigneur, voulez-vous bien vous en fier à moi ?
Ne soyez l'un ni l'autre...
PRUSIAS.
Et que dois-je être ?
NICOMÈDE.
Roi.

Ce mot seul de *roi*, dans la situation, dit tout ce qu'il est possible de dire. On ne peut rien concevoir au-delà : c'est le sublime de la pensée. Celui de l'expression s'offre encore dans une de ces productions du grand Corneille, où il n'est grand que dans un seul endroit : je veux dire *Othon*. Il est question de trois ministres pervers qui se disputaient les dépouilles de l'Empire romain sous le règne passager du vieux Galba.

On les voyait tous trois s'empresser sous un maître
Qui, chargé d'un long âge, a peu de temps à l'être;
Et tous trois à l'envi s'empresser ardemment
A qui dévorerait ce règne d'un moment.

Dévorer un règne! Quelle effrayante énergie d'expression! et cependant elle est claire, juste et naturelle : c'est le sublime.

Longin ne prend guère ses exemples que dans les meilleurs écrivains, dans Homère, dans Sophocle, dans Euripide, dans Démosthènes, parcequ'il cherche des modèles de style. S'il eût voulu ne citer que ces traits sublimes qui se présentent quelquefois, même dans les auteurs du second rang, il en eût trouvé plus d'un dans les tragédies de Sénèque; par exemple, ce vers de son *Thyeste*, vers traduit littéralement par Crébillon. Atrée, au moment où Thyeste tient la coupe remplie du sang de son fils, lui dit avec une joie féroce :

Méconnais-tu ce sang?
Je reconnais mon frère,

répond ce père infortuné; et il ne peut rien dire de plus fort. Dans ses autres ouvrages ce même Sénèque, si rempli d'esprit et de mauvais goût, et qu'il est si juste d'admirer quelquefois, et si difficile de lire de suite, n'a-t-il pas de temps en temps des traits frappants, et plus fréquemment que Cicéron? Celui-ci a des morceaux sublimes, c'est-à-dire, d'une élévation et d'une force soutenues : Sénèque a des traits de ce sublime qui brille comme l'éclair; et je préfère de beaucoup, quoi qu'on en ait voulu dire, Cicéron à Sénèque, parceque l'éclair le plus brillant me plaît beaucoup moins qu'un beau jour, et parceque j'aime les plaisirs qui durent.

Ne cherchons donc point à soumettre à aucun

art, à aucune recherche, ce qui ne peut être qu'une rencontre heureuse, et pour ainsi dire une bonne fortune du génie, laquelle même arrive quelquefois à d'autres qu'à lui. Cependant plusieurs écrivains ont cherché à le définir. Je vais rassembler plusieurs de ces définitions. On jugera.

Voici d'abord celle de Despréaux, dans ses réflexions sur Longin ; car il était juste que dans son système il cherchât à suppléer Longin qui n'a point défini, attendu que, voulant parler du style sublime, de ce qu'il y a, comme il vient de nous le dire, de plus élevé, de plus grand dans le discours, il trouvait inutile de répéter ce que tous les rhéteurs avaient dit avant lui.

« Le sublime est une certaine force du discours
» propre à élever et à ravir l'ame, et qui provient,
» ou de la grandeur de la pensée, ou de la magnifi-
» cence des paroles, ou du tour harmonieux, vif
» et animé de l'expression, c'est-à-dire d'une de
» ces choses regardées séparément, ou, ce qui fait
» le parfait sublime, de ces trois choses jointes
» ensemble. »

Cette définition, quoique assez longue pour s'appeler une description, ne m'en paraît pas meilleure. Je ne saurais me représenter le sublime comme *une certaine force du discours*, ni comme *un tour harmonieux, vif et animé*. Il y a tant de choses où tout cela se trouve, sans qu'on y trouve le sublime ! Ce que je vois de plus clair ici, c'est la distinction des trois genres de sublime, empruntée des trois premiers articles de la division de Longin, celui de pensée, celui de sentiment ou de passion, celui des figures ou images; mais une division n'est pas une définition.

En voici une autre de Lamotte, dans son discours sur l'ode :

« Le sublime n'est autre chose que le vrai et le nouveau réunis dans une grande idée, exprimée avec élégance et précision. »

Ce qui convient à tout ne distingue rien. Le *vrai* doit se trouver partout; le *nouveau* peut très souvent n'être point sublime, et l'élégance n'entre point nécessairement dans l'idée du sublime. Le *moi* de Médée et le *qu'il mourût* du vieil Horace n'ont rien d'élégant; non plus que ce trait de la Genèse, cité par Longin à propos du sublime de pensée : *Dieu dit : Que la lumière soit, et la lumière fut.* Huet a fait une longue dissertation pour prouver que ces paroles n'étaient point sublimes; mais comme il est impossible de donner une plus grande idée de la puissance créatrice, il faut que Huet nous permette d'être de l'avis de Longin.

Troisième définition ou description : celle-ci est de Silvain, qui a fait un *Traité du Sublime*, adressé au traducteur de Longin, et dans lequel il y a beaucoup plus de mots que d'idées.

« Le sublime est un discours d'un tour extraordinaire... » (On serait tenté de s'arrêter là; car de tout ce que nous avons cité jusqu'ici de sublime, il n'y a rien qui soit d'un *tour extraordinaire*, et qui ne soit même d'un tour extrêmement simple, si ce n'est l'expression de *dévorer un règne*; mais

poursuivons), « qui, par les plus nobles images et
» les plus grands sentiments dont il fait sentir toute
» la noblesse par ce tour même d'expression, élève
» l'ame au-dessus de ses idées ordinaires de gran-
» deur, et qui, la portant tout-à-coup à ce qu'il y
» a de plus élevé dans la nature, la ravit et lui donne
» une haute idée d'elle-même. »

Il n'y a de bon dans tout cela que les derniers
mots exactement copiés de Longin, qui marque
avec raison comme un des effets du sublime, de
donner à ceux qui l'entendent une plus grande
idée d'eux-mêmes. Cette pensée, aussi juste qu'heureuse, semble déplacée dans le long verbiage de
Silvain.

Quatrième définition : elle est de M. de Saint-
Marc, homme de lettres fort instruit, qui a commenté utilement Boileau et Longin, mais dont le
goût n'est pas toujours sûr. « Le sublime, dit-il, est
» l'expression courte et vive de tout ce qu'il y a dans
» une ame de plus grand, de plus magnifique et de
» plus superbe. » Cette définition, plus courte et
plus claire que les autres, ne laisse pas d'avoir du
vague et des inutilités; car après avoir dit ce qu'*il
y a de plus grand* dans une ame, ajouter ce qu'*il
y a de plus magnifique*, n'est-ce pas dire deux fois
la même chose, puisque *magnifique*, en cet endroit, ne peut signifier que grand? Au reste, il a
mieux saisi que les autres l'idée du sublime, en ce
qu'il le présente comme le plus haut degré de grandeur ; mais il commet la même faute que Lamotte,
qui, dans sa définition, ne compte pour rien le

pathétique, genre de sublime qui en vaut bien un autre.

Deux écrivains également célèbres, quoique dans des genres bien différents, ont aussi parlé du sublime, Rollin et La Bruyère, et ni l'un ni l'autre n'a cherché à le définir. Le premier, dans son *Traité des études*, composé principalement pour les jeunes gens, mais dont je conseillerais la lecture à tout le monde, est conduit, par son sujet, à parler de cette division des trois genres d'éloquence que j'ai déja indiqués ci-dessus, le simple, le tempéré, le sublime. Quand il en est à celui-ci, il se contente d'extraire de Longin ce qu'il y a de plus propre à marquer les différents caractères du sublime. Quant à l'objet particulier du Traité de Longin, il s'abstient de prononcer, mais de manière à faire entendre qu'il n'est pas de l'avis de Despréaux. Pour lui, regardant ces distinctions délicates comme peu essentielles à son objet, il prend un parti fort sage. « Sans en-
» trer, dit-il, dans un examen qui souffre plu-
» sieurs difficultés, je me contente d'avertir que
» par le sublime j'entends ici également celui qui
» a plus d'étendue, et se trouve dans la suite du
» discours, et celui qui est plus court, et consiste
» dans des traits vifs et frappants, parceque dans
» l'une et l'autre espèce se trouve également une
» manière de penser et de s'exprimer avec noblesse
» et grandeur, qui fait proprement le sublime... Il
» y a dans Démosthènes, dans Cicéron, beaucoup
» d'endroits fort étendus, fort amplifiés, et qui

» sont pourtant très sublimes, quoique la brièveté
» ne s'y rencontre point. »

On peut conclure de ce passage que le judicieux Rollin, sans vouloir contredire ouvertement Despréaux, s'est pourtant rapproché de Longin, en ne voyant dans le sublime que ce qu'il y a de plus relevé et de plus grand dans la poésie et dans l'éloquence.

Écoutons maintenant La Bruyère, mais souvenons-nous que la concision abstraite de son style nous éclairera moins qu'elle ne nous fera penser.

« Qu'est-ce que le sublime? Il ne paraît pas
» qu'on l'ait défini. Est-ce une figure? Naît-il des
» figures, ou du moins de quelques figures? Tout
» genre d'écriture reçoit-il le sublime, ou s'il n'y a
» que les grands sujets qui en soient *capables* (1)?
» Peut-il briller autre chose dans l'églogue (par
» exemple) qu'un beau naturel, et dans les let-
» tres familières, comme dans les conversations,
» qu'une grande délicatesse; ou plutôt le naturel et
» le délicat ne sont-ils pas le sublime des ouvrages
» dont ils sont la perfection. »

Si j'osais prendre sur moi de répondre aux questions de La Bruyère, je dirais : Le sublime n'est point une figure, et n'a nul besoin de figures. Cent exemples le prouvent. A l'égard des genres d'écrire qui peuvent le recevoir, c'est au bon sens à déci-

---

(1) Mot impropre. Il fallait dire qui en soient *susceptibles*. *Capable* signifie qui est en état de faire, et se dit des personnes ; *susceptible* signifie qui peut recevoir, et se dit des choses.

der, en suivant la grande règle des convenances. Il serait facile de dire quels sont les genres où il entre le plus naturellement, mais pas si aisé de dire ceux qui l'excluent absolument. On ne peut pas prévoir toutes les exceptions. Qui empêche que dans la conversation ou dans une lettre on ne place un mot sublime ? Cela dépend du sujet de la lettre et de la conversation. Mais je ne crois pas, pour répondre à la dernière question, que la perfection des petites choses puisse jamais s'appeler le sublime. Il continue :

« Le sublime ne peint que la vérité, mais en un
» sujet noble ; il la peint tout entière dans sa cause
» ou dans son effet ; il est l'expression ou l'image
» la plus digne de cette vérité.... Il n'y a même entre
» les grands génies que les plus élevés qui soient ca-
» pables du sublime. »

Oui, du sublime soutenu, de ce que nous appelons style sublime, tel que celui d'*Athalie* et de *Brutus*; mais pour le sublime de trait, je crois avoir démontré le contraire.

Après avoir fait cette excursion chez les modernes qui ont parlé du sublime, il est temps de retourner à Longin, qui, sans avoir voulu le définir précisément, en expose avec beaucoup de justesse les différents caractères, et en trace vivement les effets.

« La simple persuasion, dit-il, fait sur nous une
» impression agréable, à laquelle nous nous laissons
» aller volontairement ; mais le sublime exerce sur
» nous une puissance irrésistible. Il nous commande

6.

» comme un maître ; il nous terrasse comme la
» foudre. »

« Naturellement notre ame s'élève quand elle
» entend le sublime. Elle est comme transportée
» au-dessus d'elle-même, et se remplit d'une espèce
» de joie orgueilleuse, comme si elle avait produit
» ce qu'elle vient d'entendre. » Voilà sans doute parler dignement du sublime. Il ajoute : « Cela est
» grand, qui laisse à l'esprit beaucoup à penser,
» qui fait sur nous une impression que nous ne
» pouvons pas repousser, et dont nous gardons un
» souvenir profond et ineffaçable. » Remarquons
que l'auteur se sert indifféremment des mots de
grand, de sublime, et de plusieurs autres analogues, pour exprimer la même idée : nouvelle
preuve de la vérité du sens que nous lui donnons
ici. Une plus forte encore, c'est qu'à l'endroit où
il distingue les principales sources du sublime :
« Je suppose (dit-il) pour fondement de tout,
» le talent de l'éloquence, sans lequel il n'y a rien. »
Il en résulte que ce dont il traite ici n'est que la
perfection de ce talent, dont la nécessité lui paraît
indispensable.

Pour ce qui regarde les deux premières sources
du sublime, l'élévation des pensées et l'énergie des
sentiments et des passions, il avoue très judicieusement que ce sont plutôt des dons de la nature
que des acquisitions de l'art. Il reprend avec raison
Cécilius de n'avoir pas fait entrer le pathétique
dans les différentes espèces de sublime. « Il s'est
» bien trompé (dit-il) s'il a cru que l'un était étran-

» ger à l'autre. J'oserais affirmer avec confiance qu'il
» n'y a rien de si grand dans l'éloquence qu'une
» passion fortement exprimée et maniée à propos ;
» c'est alors que le discours monte jusqu'à l'enthou-
» siasme, et ressemble à l'inspiration. »

Il revient sur ce qu'il a dit de cette disposition
au grand qu'il faut tenir de la nature. « On peut
» cependant la fortifier et la nourrir par l'habitude
» de ne remplir son ame que de sentiments hon-
» nêtes et nobles. Il n'est pas possible qu'un esprit
» toujours rabaissé vers de petits objets produise
» quelque chose qui soit digne d'admiration et fait
» pour la postérité. On ne met dans ses écrits que ce
» qu'on puise dans soi-même, et le sublime est,
» pour ainsi dire, le son que rend une grande
» ame. »

J'avoue que, de tout ce qui a été dit sur ce sujet, ce trait me paraît le plus heureux.

C'est dans l'*Iliade* que Longin choisit le plus
volontiers ses exemples des grandes idées et des
grandes images : car il paraît les considérer comme
provenant de la même source, la faculté de concevoir fortement. On n'est pas étonné de cette préférence quand on connaît Homère, de tous les
poètes le plus riche en ce genre, surtout pour qui
peut entendre sa langue ; car, il faut bien en convenir, Boileau lui-même, quoique les différents
morceaux qu'il a traduits en vers soient la partie
la plus estimable de son ouvrage, affaiblit un peu
Homère en le traduisant. C'est pourtant sa version
que je vais mettre sous vos yeux. Qui oserait se

flatter d'en faire une meilleure ? Mais auparavant je donnerai la traduction littérale des vers grecs, afin qu'on puisse mieux la comparer aux vers de Boileau.

Un des passages dont il s'agit dans Longin est tiré du commencement du vingtième livre de l'*Iliade*. C'est le moment où Jupiter a rendu aux dieux la permission de se mêler de la querelle des Grecs et des Troyens, et de descendre dans le champ des combats. Il donne lui-même le signal en faisant retentir son tonnerre du haut des cieux, et Neptune, frappant la terre de son trident, fait trembler les sommets de l'Ida et les tours d'Ilion. Voici maintenant les vers qui suivent, exactement traduits ; il y en a cinq dans le grec : Boileau en a fait huit.

« Pluton lui-même, le roi des Enfers, s'épou-
» vante dans ses demeures souterraines ; il s'élance
» de son trône, et jette un cri, tremblant que Nep-
» tune, dont les coups ébranlent la terre, ne vienne
» enfin à la briser, et que les régions des morts, hi-
» deuses, infectes, dont les dieux mêmes ont hor-
» reur, ne se découvrent aux yeux des mortels et
» des immortels. »

Souvenons-nous que, dans tout grand tableau, dans tout morceau de grand effet, la chose la plus capitale, c'est qu'il n'y ait pas une circonstance inutile, et que toutes soient à leur place ; car alors tout ce qui ne va pas à l'effet l'affaiblit. Il n'y a pas là-dessus le moindre reproche à faire aux vers d'Homère. Le tableau est complet ; il n'y a pas un trait inutile ou faible. Tout est frappant, tout va en croissant. Voyons maintenant les vers de Boileau.

> L'Enfer s'émut au bruit de Neptune en furie.
> Pluton *sort* de son trône : *il pâlit, il s'écrie ;*
> Il a peur que ce dieu, dans cet affreux séjour,
> D'un coup de son trident ne fasse entrer le jour,
> Et, *par le centre ouvert* de la terre ébranlée,
> Ne fasse voir du Styx la rive désolée,
> Ne découvre aux vivants cet empire odieux,
> Abhorré des mortels et craint même des dieux.

Le premier vers est très élégant. *Au bruit de Neptune* est une de ces tournures figurées qui distinguent si heureusement la poésie de la prose : celle-ci n'applique le mot de *bruit* qu'aux choses, et non pas aux personnes. Dans le langage ordinaire, on ne dirait pas *au bruit du roi en colère* ; on dirait *au bruit de la colère du roi.* Ce sont toutes ces figures de la diction, auxquelles on ne prend pas garde ordinairement, qui lui donnent la véritable élégance poétique. Mais dans le second vers, *Pluton sort de son trône* n'est-il pas bien faible en comparaison du mot grec qui est le mot propre, *il s'élance ?* Celui-ci peint le mouvement brusque de la terreur ; l'autre ne peint rien : c'est tout que cette différence ; et si l'on ajoute que dans le grec ces mots, *il s'élance de son trône et jette un cri*, coupent le vers par le milieu, et forment une suspension imitative, au lieu de cet hémistiche uniforme *il pâlit, il s'écrie*, ne pardonnera-t-on pas à ceux qui peuvent jouir de ces beautés originales d'être un peu difficiles sur les traductions qui les affaiblissent ? Au reste, le poète français se relève bien dans les deux vers suivants :

Il a peur que ce dieu, dans cet affreux séjour,
D'un coup de son trident ne fasse entrer le jour.

Ce dernier vers est admirable. Il n'est pas dans Homère ; il est imité de Virgile (1) ; et c'est là ce que Boileau appelait, avec raison, jouter contre son auteur ; c'est dommage que dans ce qui suit il ne se soutienne pas au même niveau.

Et, *par le centre ouvert* de la terre ébranlée,

est un remplissage de mots : rien n'est plus contraire au style sublime.

Ne fasse voir du Styx la rive désolée.

Ne fasse voir, ne fasse entrer en trois vers, c'est une négligence dans un morceau important ; mais *faire voir du Styx la rive désolée* forme-t-il une image aussi forte que *briser la terre en la frappant ?* Et cet hémistiche nombreux, *la rive désolée*, rend-il à l'imagination *ces régions hideuses, infectes ?* C'est là que le redoublement des épithètes pittoresques est d'un effet sûr, et Homère et Virgile en sont pleins. Les deux derniers vers sont beaux et harmonieux ; mais en total il me semble que le tableau d'Homère ne se retrouve pas tout entier dans le traducteur.

---

(1) *Trepidentque immisso lumine Manes.*

« Voyez-vous (dit Longin à propos de cette
» magnifique peinture), voyez-vous la terre ébran-
» lée dans ses fondements, le Tartare à découvert,
» la machine du monde bouleversée, et les cieux,
» les enfers, les mortels et les immortels tous en-
» semble dans le combat et dans le danger ? »

Ce grand admirateur de l'*Iliade* ne l'est pas, à beaucoup près, autant de l'*Odyssée* ; bien différent en cela de plusieurs modernes, qui la mettent à côté ou même au-dessus de l'*Iliade*. Ce n'est pas ici le lieu de comparer ces deux poèmes, ni d'exposer pourquoi mon opinion est entièrement celle de Longin ; mais ce qu'il dit à ce sujet est un morceau trop remarquable pour n'être pas cité.

« L'*Odyssée* est le déclin d'un beau génie qui,
» en vieillissant, commence à aimer les contes.
» L'*Iliade*, ouvrage de sa jeunesse, est toute pleine
» de vigueur et d'action. L'*Odyssée* est presque
» tout entière en récits ; ce qui est le goût de la
» vieillesse. Homère, dans ce dernier ouvrage, est
» comparable au soleil couchant, qui est encore
» grand aux yeux, mais qui ne fait plus sentir sa
» chaleur. Ce n'est plus ce feu qui anime toute
» l'*Iliade*, cette hauteur de génie qui ne s'abaisse
» jamais, cette activité qui ne se repose point, ce
» torrent de passions qui vous entraîne, cette foule
» de fictions heureuses et vraies. Mais comme l'O-
» céan, même au moment du reflux, et lorsqu'il
» abandonne ses rivages, est encore l'Océan, cette
» vieillesse dont je parle est encore la vieillesse
» d'Homère. »

Longin, voulant donner un autre exemple de la vivacité des images, quoique fort inférieur, de son aveu, à tout ce qu'il a cité d'Homère, le choisit dans une tragédie d'Euripide, *Phaéton*, que nous avons perdue, ainsi que tant d'autres. Il avoue qu'Euripide, qui a excellé dans le pathétique, mais que tous les critiques anciens, à commencer par Aristote, ont mis, pour le style, fort au-dessous de Sophocle, ne peut pas soutenir la comparaison avec Homère. « Mais pourtant, ajoute-t-il, son gé-
» nie, sans être porté au grand, ne laisse pas de
» s'animer dans certaines occasions, et de lui four-
» nir des coups de pinceau assez hardis. » Le morceau qui suit a été traduit en vers par Boileau, et l'on s'aperçoit bien que ce n'est plus contre Homère qu'il lutte : autant il était au-dessous de celui-ci, autant il est au-dessus d'Euripide. C'est le Soleil qui parle à son fils :

« Prends garde qu'une ardeur trop funeste à ta vie
» Ne t'emporte au-dessus de l'aride Libye :
» Là, jamais d'aucune eau le sillon arrosé
» Ne rafraîchit mon char dans sa course embrasé.

Et un peu après :

» Aussitôt devant toi s'offriront sept étoiles.
» Dresse par là ta course, et suis le droit chemin. »
Phaéton, à ces mots, prend les rênes en main :
De ses chevaux ailés il bat les flancs agiles.
Les coursiers du Soleil à sa voix sont dociles.
Ils vont : le char s'éloigne, et, plus prompt qu'un éclair,
Pénètre en un moment les vastes champs de l'air.
Le père cependant, plein d'un trouble funeste,

Le voit rouler de loin sur la plaine céleste,
Lui montre encor sa route, et, du plus haut des cieux,
Le suit, autant qu'il peut, de la voix et des yeux.
« Va par là, lui dit-il; reviens, détourne, arrête, etc.

« Ne diriez-vous pas, continue Longin, que l'ame du poète monte sur le char avec Phaéton, qu'elle partage tous ses périls, et vole dans les airs avec les chevaux ? »

A cette peinture si vive, il en oppose une autre d'un caractère différent: c'est celle des sept chefs devant Thèbes, tirée d'Eschyle, et très bien rendue par Boileau :

Sur un bouclier noir, sept chefs impitoyables
Épouvantent les dieux de serments effroyables :
Près d'un taureau mourant qu'ils viennent d'égorger,
Tous, la main dans le sang, jurent de se venger.
Ils en jurent la Peur, le dieu Mars, et Bellone.

On a dit avec raison qu'il ne fallait pas rimer fréquemment par des épithètes, d'abord pour éviter l'uniformité, et ensuite parceque cette ressource est trop facile. Là-dessus, ceux qui veulent toujours enchérir sur la raison et la vérité ont pris le parti de trouver mauvais tous les vers qui finissent par des épithètes ; erreur d'autant plus ridicule, que souvent elles peuvent faire un très bel effet quand elles sont harmonieuses, énergiques, et adaptées aux circonstances. Ici elles sont très bien placées ; mais ce qu'il y a de plus beau dans ce vers, c'est cet hémistiche pittoresque, *tous, la main dans le sang*. Le traducteur l'emporte sur l'original, qui a mis un vers entier pour ce tableau, que la suspension de l'hémistiche rend plus frappant en français, parcequ'elle force de s'y arrêter : c'est un des secrets de notre versification.

J'observerai encore que les deux morceaux qu'on vient d'entendre, l'un d'Euripide, l'autre d'Eschyle, n'ont rien qui soit proprement sublime ; mais que l'un est remarquable par la vivacité, et l'autre par la force des images ; et tous deux, par conséquent, appartiennent à ce style élevé qui est l'objet dont il s'agit.

A l'article des figures oratoires, il cite deux endroits fameux de Démosthènes : je remets à en parler quand nous lirons cet orateur. Mais à propos des figures, il donne un précepte bien sage, et qui peut servir à les bien employer et à les bien juger.

« Il est naturel aux hommes, dit-il, de se défier » de toute espèce d'artifice, et comme les figures » en sont un, la meilleure de toutes est celle qui est » si bien cachée qu'on ne l'aperçoit pas. Il faut » donc que la force de la pensée ou du sentiment » soit telle qu'elle couvre la figure, et ne permette » pas d'y songer. »

Cela est d'un grand sens, et ce qui a tant décrié ces sortes d'ornements qu'on appelle figures de rhétorique, ce n'est pas qu'ils ne soient fort bons en eux-mêmes, c'est le malheureux abus qu'on en a fait. Il fallait se souvenir que les figures doivent toujours être en proportion avec les sentiments ou les idées, sans quoi elles ne peuvent ressembler à la nature, puisqu'il n'est nullement naturel qu'un homme qui n'est pas vivement animé se serve de figures vives dont il n'a nul besoin. Il est reconnu que c'est la passion, la sensibilité, qui a inventé toutes les figures du discours pour s'exprimer avec plus de force. Aussi, quand cet accord existe, l'effet en est sûr, parceque alors, comme dit Longin, la figure est si naturelle, qu'on ne songe pas même qu'il y en a une. Prenons pour exemple cette apostrophe d'Ajax à Jupiter, dont nous parlions tout à l'heure. Le mouvement est si vrai, l'idée est si grande, elle naît si nécessairement de la situation et du caractère, que c'est tout ce qu'on voit, et que personne ne s'avise d'y remarquer une figure de rhétorique que l'on appelle apostrophe. Mais supposons que, dans une situation tranquille, on s'adresse à Jupiter sans avoir rien à lui dire que de fort commun, alors tout le monde verra le rhéteur et sera tenté de lui dire : A quoi bon cette apostrophe? Celle d'Ajax se cache, suivant l'expression de Longin, dans le sublime de la pensée. Sophocle peut nous en offrir une autre, qui est le sublime du sentiment. Je demande, tout intérêt de traducteur mis à part, qu'il me soit permis de la prendre dans sa tragédie de Philoctète. Je ne connais point d'exemple qui rende l'idée de Longin plus sensible. Il se trouve dans la scène où Philoctète, instruit enfin qu'on veut le mener au siége de Troie, conjure Pyrrhus de lui rendre ses flèches :

Rends, mon fils, rends ces traits que je t'ai confiés.
Tu ne peux les garder; c'est mon bien, c'est ma vie,
Et ma crédulité doit-elle être punie?

Rougis d'en abuser... Au nom de tous les dieux...
Tu ne me réponds rien, tu détournes les yeux !...
Je ne puis te fléchir !... ô rochers ! ô rivages !
Vous, mes seuls compagnons, ô vous monstres sauvages
(Car je n'ai plus que vous à qui ma voix, hélas !
Puisse adresser des cris que l'on n'écoute pas),
Témoins accoutumés de ma plainte inutile,
Voyez ce que m'a fait le fils du grand Achille.

Voilà de toutes les figures la plus hardie, l'apostrophe aux êtres qui n'entendent pas. Mais qui pensera jamais à voir une figure dans ce mouvement que la situation de Philoctète rend si naturel ? Qui ne sait que la douleur extrême se prend où elle peut ? Et puisque Pyrrhus ne l'écoute pas, à qui le malheureux s'adressera-t-il, si ce n'est aux rochers, aux rivages, aux bêtes farouches, enfin aux seuls êtres qui ont coutume d'entendre sa plainte ? Mais allez parler aux rochers quand vous n'en aurez nul besoin, et l'on dira : Voilà un écolier à qui l'on a appris que l'apostrophe était une belle figure de rhétorique. Qu'y a-t-il de plus commun dans le discours que l'interrogation ? C'est pourtant aussi une figure, lorsqu'on parle aux hommes rassemblés; car l'interrogation en elle-même suppose le dialogue. « Mais pourquoi, dit » très finement Longin, cette figure est-elle très » oratoire, et produit-elle souvent beaucoup d'ef-» fet? C'est qu'il est naturel, lorsqu'on est interrogé, » de se presser de répondre, et que l'orateur, fai-» sant la demande et la réponse, fait une sorte d'il-» lusion aux auditeurs, à qui cette réponse qu'il a » méditée paraît l'ouvrage du moment. »

En voilà assez sur les figures, dont je n'ai dû parler, ainsi que Longin, que relativement à leur usage dans le style sublime. Elles peuvent être d'ailleurs la matière d'une infinité d'observations qui, dans la suite, trouveront leur place. Ce qu'il dit du choix des mots, et de l'arrangement et du nombre, n'est guère susceptible d'être analysé pour nous, si ce n'est dans le précepte général et commun aux écrivains de toutes les langues, de ne jamais blesser l'oreille, et d'éviter également les expressions recherchées et les termes bas.

Ne présentez jamais de basses circonstances,

a dit Boileau; et Longin reproche à Hésiode d'avoir dit, en parlant de la déesse des ténèbres:

Une puante humeur lui coulait des narines.

Cela fait voir qu'il y a des choses également basses dans toutes les langues, quoique l'usage apprenne qu'il y a beaucoup de mots ignobles dans un idiome, qui ne le sont pas dans un autre.

L'auteur du Traité reproche aussi à Platon trop de luxe dans son style, et l'affectation des ornements; il cite cet endroit où le philosophe dit, en parlant du vin: « qu'il est bouillant et furieux, « mais qu'il entre en société avec une divinité sobre » qui le châtie, et le rend doux et bon à boire. ». Appeler l'eau *une divinité sobre* est aussi ridicule en français qu'en grec, et la critique de Longin est plausible pour tout le monde. Admirateur éclairé des grands écrivains, il ne s'aveugle point sur leurs défauts. On a vu ce qu'il pensait de *l'Odyssée*, et ce qu'il trouve de répréhensible dans Platon, dont il honore d'ailleurs et exalte le beau génie. Il est encore plus épris de Démosthènes, qu'il élève au-dessus de tous les orateurs, et cependant il ne dissimule aucun de ses défauts. « Démosthènes ne » réussit point dans les mouvements modérés : il » a de la dureté, il manque de flexibilité et d'éclat; » il ne sait pas manier la plaisanterie. Hypéride au » contraire (autre orateur grec très célèbre, con- » temporain et rival de Démosthènes), Hypéride a » toutes les qualités qui manquent à Démosthènes; » mais il ne s'élève jamais jusqu'au sublime. C'est » pour le sublime que Démosthènes est né. La » nature et l'étude lui ont donné tout ce qui peut » y conduire. Il réunit tout ce qui fait le grand » orateur, le ton de majesté, la véhémence des » mouvements, la richesse des moyens, l'adresse, » la rapidité, la force dans le plus haut degré. »

Ailleurs, il le compare à Cicéron. « Il est grand » dans son abondance, comme Démosthènes dans » sa précision. Je comparerais celui-ci à la foudre » qui écrase, à la tempête qui ravage; l'autre, à un » vaste incendie qui consume tout, et prend sans » cesse de nouvelles forces. »

Un des chapitres de Longin est employé à traiter cette question, qui a été quelquefois renouvelée depuis lui, et qui, à proprement parler, ne peut pas être une question : si le médiocre qui n'a point de défauts est préférable au sublime qui en a. On peut répondre d'abord qu'il y a une sorte de contradiction dans les termes ; car c'est un défaut très réel que de n'avoir point de grandes beautés dans un sujet qui en est susceptible. Ensuite, avant d'aller plus loin, je citerai cet article de Longin comme une dernière preuve très péremptoire qu'il ne veut point parler des traits sublimes dont l'idée ne suppose aucun défaut, mais des ouvrages dont le sujet et le ton appartiennent au genre sublime. Cela me paraît suffisamment prouvé, et je n'y reviendrai plus. Il oppose donc les ouvrages qui sont à peu près irréprochables dans leur médiocrité, à ceux qui ont des fautes et des inégalités dans leur élévation habituelle, et l'on sent qu'il ne peut pas balancer. « Il faut bien pardonner, dit-il, à ceux » qui sont montés très haut de tomber quelquefois, » et à ceux qui ont une richesse immense d'en né- » gliger quelques parties. Celui qui ne commet point » de fautes ne sera point repris ; mais celui qui pro- » duit de grandes beautés sera admiré. Il n'est pas » étonnant que celui qui ne s'élève pas ne tombe » jamais ; mais nous sommes naturellement portés » à admirer ce qui est grand, et un seul des beaux » endroits de nos écrivains supérieurs suffit pour » racheter toutes leurs fautes. »

Ce peu de mots suffit aussi pour résoudre la question proposée. Mais il y a des esprits faux qui, en outrant un principe vrai, en font un principe d'erreur, et il ne manque pas de gens qui ont voulu nous faire croire qu'un seul endroit heureux pouvait excuser toutes les fautes d'un mauvais ouvrage. Il semble que Longin les ait devinés, et se soit cru obligé de leur répondre d'avance; car il ajoute tout de suite : « Rassemblez toutes les » fautes d'Homère et de Démosthènes, et vous ver-» rez qu'elles ne font qu'une très petite partie de » leurs ouvrages. » C'est dire assez clairement qu'il n'excuse les fautes que là où les beautés prédominent; c'est ce qu'Horace avait déjà dit, et ce qui n'a pu recevoir une interprétation si fausse que de ceux qui avaient intérêt à la faire passer.

Un autre chapitre de Longin est consacré à développer le pouvoir de cette harmonie qui naît de l'arrangement des mots, et qui devait faire une partie si essentielle de la poésie et de l'éloquence, chez un peuple que l'habitude d'un idiome, pour ainsi dire, musical, rendait, en ce genre, si délicate et si sensible. *Le jugement de l'oreille est le plus superbe de tous*, avait déjà dit Quintilien. Mais, quoique notre langue ne soit pas composée d'éléments aussi harmonieux que celle des Grecs ni même des Latins, l'harmonie artificielle qui résulte de l'arrangement des mots, n'en est pas moins sensible pour nous, et même ce qui manque à la langue ne fait que rendre ce travail plus nécessaire et en augmenter le mérite. Et qui n'a pas éprouvé qu'un son désagréable, une construction dure, peut gâter ce qu'il y a de plus beau? Notre auteur avait donc bien raison de traiter cette partie comme une des plus essentielles au sublime, et l'on sait jusqu'où les anciens poussaient à cet égard la délicatesse. « L'harmonie du discours, dit-» il, ne frappe pas seulement l'oreille, mais l'esprit;

» elle y réveille une foule d'idées, de sentiments,
» d'images, et parle de près à notre ame par le rap-
» port des sons avec les pensées.... C'est l'assem-
» blage et la proportion des membres qui fait la
» beauté du corps : séparez-les, et cette beauté
» n'existe plus. Il en est de même des parties de la
» phrase harmonique : détruisez-en l'arrangement,
» rompez ces liens qui les unissent, et tout l'effet
» est détruit. » Cette comparaison est parfaitement
juste.

Longin recommande également de ne pas trop
alonger ses phrases et de ne point trop les resserrer. Ce dernier défaut surtout est directement
contraire au style sublime, non pas au sublime
d'un mot, mais au caractère de majesté qui convient aux grands sujets. Homère est nombreux,
périodique ; il procède volontiers par une suite de
liaisons et de mouvements. Le traduire en style
coupé, comme on l'a fait de nos jours, parceque
cela était plus aisé que de faire sentir dans la version quelque chose de l'harmonie de l'original,
c'est lui ôter un de ses principaux caractères. Cependant, ce principe sur l'espèce d'harmonie nécessaire au style sublime, souffre quelques exceptions ; mais il est généralement bon. Cicéron, Démosthènes, Bossuet, en prouvent la vérité.

Dès le commencement de son Traité, Longin
parle des vices de style les plus opposés au sublime, et j'ai cru, dans cette analyse, devoir suivre
une marche toute contraire, parcequ'il me semble
qu'en tout genre il faut d'abord établir ce qu'on

doit faire, avant de dire ce qu'il faut éviter. Il en marque trois principaux : l'enflure, les ornements recherchés qu'il appelle le style froid et puéril, et la fausse chaleur ; ce sont précisément les trois vices dominants de ce siècle. Et combien d'écrivains qui ont la prétention d'être *grands*, d'être *chauds*, se trouveraient froids et petits au tribunal de Longin, c'est-à-dire, à celui du bon sens, qui n'a pas changé depuis lui ! « L'enflure, dit-il, est ce qu'il
» y a de plus difficile à éviter : on y tombe sans s'en
» apercevoir, en cherchant le sublime et en voulant
» éviter la faiblesse et la sécheresse. On se fonde sur
» cet apophthegme dangereux :

» Dans un noble projet on tombe noblement,

» mais on s'abuse. L'enflure n'est pas moins vi-
» cieuse dans le discours que dans le corps ; elle
» a de l'apparence, mais elle est creuse en dedans,
» et, comme on dit, il n'y a rien de si sec qu'un
» hydropique. » Cette comparaison est empruntée de Quintilien. « Le style froid et puéril est l'abus
» des figures qu'on apprend dans les écoles : c'est le
» défaut de ceux qui veulent toujours dire quelque
» chose d'extraordinaire et de brillant, qui veulent
» surtout être agréables, gracieux, et qui, à force
» de s'éloigner du naturel, tombent dans une ridi-
» cule affectation. La fausse chaleur, qu'un rhé-
» teur, nommé Théodore, appelait fort bien la
» fureur hors de saison, consiste à s'emporter hors
» de propos, à s'échauffer par projet, quand il fau-
» drait être tranquille. De tels écrivains ressem-

» blent à des gens ivres; ils cherchent à exprimer
» des passions qu'ils n'éprouvent point, et il n'y a
» rien de plus froid, de plus ridicule que d'être
» ému tout seul quand on n'émeut personne. »

Cet excellent critique finit son ouvrage par déplorer la perte de la grande éloquence, de celle qui fleurissait dans les beaux jours d'Athènes et de Rome. Il attribue cette perte à celle de la liberté. « Il est impossible, dit-il, qu'un esclave soit un » orateur sublime. Nous ne sommes plus guère que » de magnifiques flatteurs. » Quand nous en serons à la décadence des lettres chez les Grecs et les Romains, nous verrons que Longin avait raison, et que la même corruption des mœurs qui avait entraîné la chute de l'ancien gouvernement, devait aussi entraîner celle des beaux-arts.

CHAPITRE III.

De la langue française, comparée aux langues anciennes.

Du sublime à la grammaire il y a beaucoup à descendre ; mais, pour les bons esprits, tout ce qui est utile à l'instruction est toujours assez intéressant. Dans le plan que je me suis proposé de suivre, une partie considérable de ce *Cours* étant destinée à faire connaître, à faire sentir les anciens, autant qu'il est possible, même à ceux qui ne peuvent pas les lire dans l'original, il m'importe d'avertir des difficultés inévitables que je dois rencontrer, et des bornes étroites et gênantes que m'impose la nécessité de ne jamais montrer ces auteurs dans leur propre langue, par égard pour les personnes qui ne la connaissent point; et puisqu'ils ne peuvent parler ici que la nôtre, il est également juste et nécessaire d'établir d'abord ce que doit leur faire perdre la différence du langage, même en supposant ce qu'il y a de plus rare, c'est-à-dire la traduction aussi bonne qu'elle peut l'être. La grande réputation de ces écrivains est ici un danger pour eux et un écueil pour moi ; car, bien que leur mérite soit de nature à être encore aperçu dans une autre langue que la leur, il est difficile qu'ils n'en perdent pas quelque chose, surtout en poésie ; et si d'après cette disproportion on les jugeait au-dessous de l'idée qu'on en avait, on s'exposerait à être injuste envers eux; et c'est cette injustice que je me crois obligé de prévenir. C'est donc un occasion toute naturelle de mettre en avant quelques notions, quelques principes sur les différences les plus essentielles qui se trouvent entre les idiomes anciens et le nôtre, de discuter ce qui a été dit sur ce sujet, et d'établir des vérités qu'on a souvent obscurcies comme à dessein, faute de lumières ou de bonne foi. Ce détail sera quelquefois purement grammatical : il faut bien s'y résoudre, et d'autant plus que la grammaire doit entrer aussi dans ce plan d'instruction. D'ailleurs, elle a cela de commun avec la géométrie, qu'elle rachète la sécheresse du sujet par la netteté des conceptions.

Il n'est pas inutile d'observer que, dans l'antiquité, le mot *grammatice*, qui avait passé des Grecs aux Latins, et dont nous avons fait celui de grammaire, avait une acception beaucoup plus étendue que parmi nous. On mettait les jeunes gens entre les mains du grammairien avant de les confier au rhéteur et au philosophe ; et Quintilien, qui nous a tracé un plan très complet de l'ancienne éducation, nous apprend que les connaissances et les devoirs des grammairiens s'étendaient à des objets qui paraissent aujourd'hui ne pas appartenir à leur profession. Non seulement un grammairien devait apprendre à ses élèves à écrire et à parler correctement, et à connaître les règles de la versification, ce qui est à peu près la seule chose qui soit aujourd'hui du ressort de la grammaire; mais il devait être encore ce qu'on appelle proprement parmi les gens de lettres un critique ; ce qui ne signifiait pas, comme de nos jours, un homme qui, dans une feuille ou dans une affiche, s'établit juge de tous les ouvrages nouveaux, sans être obligé de savoir un mot de ce qu'il dit, ni même de savoir sa langue. Un critique, un grammairien, un philologue (ces trois mots sont à peu près synonymes), était un homme particulièrement occupé de l'étude des langues et de la lecture des poètes, de la connaissance exacte des manuscrits, qui, avant l'imprimerie, étaient les seuls livres; il devait en offrir aux jeunes gens le texte épuré, les initier dans tous les secrets de la versification et de l'harmonie ; et comme alors la poésie lyrique était toujours accompagnée d'instruments, et la poésie dramatique toujours mêlée au chant, il ne pouvait enseigner le rhythme, si essentiel à la poésie, sans savoir ce qu'on savait alors de musique. Il devait apprendre à ses disciples à réciter des vers sans jamais blesser ni la quantité ni le nombre. Il eût été honteux à tout homme bien élevé de prononcer d'une manière vicieuse un vers grec ou latin : c'eût été une preuve d'une mauvaise éducation; et, comme cette étude est infiniment plus aisée pour nous, chez qui les règles de la versification sont très bornées et très faciles, rien n'est plus propre à nous faire sentir combien il est indécent que des personnes bien nées estropient des vers dans leur propre langue, en ignorent la mesure et la cadence, et que ceux qui, par état, doivent les réciter en public, mutilent si souvent et si grossièrement ce qu'ils répètent tous les jours.

Telle est l'idée que nous donne Quintilien des grammairiens de Rome et d'Athènes, et qui nous rappelle l'importance qu'avait nécessairement dans les anciennes républiques tout ce qui tenait à l'art de bien parler. Cette délicatesse d'oreille avait contribué à perfectionner l'harmonie de leur langue, et l'harmonie entretenait à son tour cette délicatesse. Mais, au moment d'exposer si sommairement une partie des avantages du grec et du latin (car cet examen approfondi serait une dissertation qui ne pourrait s'adresser qu'aux savants), je crois entendre déjà les reproches inconsidérés de ceux qui, saisissant mal l'état de la question, s'imaginent qu'on veut déprécier et calomnier la langue française. Il serait assurément bien maladroit et bien ridicule de vouloir rabaisser une langue dans laquelle on a toute sa vie pensé, parlé et écrit : c'est ce qu'on ne peut supposer que de pédants qui n'auraient jamais fait autre chose que commenter les Grecs et les Latins. La méthode facile de mettre les injures à la place des raisons, a fait dire aussi aux aveugles apologistes de notre langue, que ceux qui la trouvaient inférieure aux langues anciennes étaient des ignorants qui n'avaient pas su s'en servir ; et, ce qu'il y a de plus étonnant, c'est que des gens d'esprit et de mérite ont employé cette invective très gratuite, persuadés apparemment qu'en exaltant leur langue ils donneraient une plus grande idée de leurs ouvrages. Je n'en citerai qu'un, et, selon ma coutume, je le choisirai parmi les morts, pour avoir moins à démêler avec les vivants; c'est du Belloy, dans ses *Observations sur la langue et la poésie française.* Le but de cet ouvrage, que l'auteur n'eut pas le temps d'achever, est de faire voir que non seulement notre langue n'est pas inférieure aux langues anciennes et étrangères, mais qu'elle a de l'avantage sur toutes. L'auteur, qui avait voué sa plume à l'adulation, a cru peut-être flatter aussi la nation sous ce rapport. Mais on peut être très bon Français sans regarder sa langue comme la première du monde. Elle a sûrement sur toutes les autres de l'Europe l'avantage d'être devenue la langue universelle; mais, sans vouloir examiner ici toutes les causes de cette universalité, la principale est incontestablement la grande quantité d'excellents ouvrages qu'elle a produits dans tous les genres, et surtout la supériorité de notre théâtre. La question se réduit donc, pour le moment, au latin et au grec comparés au français. Du Belloy commence par s'élever contre *des Parisiens qui écrivent mal*, contre des criailleries *de mauvais auteurs*, qui voudraient persuader au public que la langue de Racine et de Bossuet ne vaut pas celle de Virgile et de Démosthènes. Il y a dans ce début beaucoup d'humeur et de mauvaise foi. Ces *Parisiens*, ces *mauvais auteurs*, sont Fénélon dans ses Dialogues sur l'Éloquence; Racine et Despréaux, qui, après avoir eu le projet de traduire l'*Iliade*, y ont renoncé, comme tout le monde sait, parcequ'ils désespéraient de trouver dans leur langue de quoi lutter contre celle d'Homère ; le lyrique Rousseau, qui ne se servait pas mal de la sienne ; enfin Voltaire, qui n'était pas un superstitieux idolâtre des anciens, ni un homme à préjugés pédantesques. C'est ce dernier qui s'est plaint le plus souvent de ce qui manquait à notre langue et à notre versification : on pourrait le citer là-dessus en cent endroits. Je me borne à ces vers de son *Épître à Horace* :

> Notre langue, un peu sèche et sans inversions,
> Peut-elle subjuguer les autres nations ?

On peut répondre oui, puisque cela est déja fait ; et nous avons vu pourquoi. Mais dans cet endroit de son *Épître*, l'auteur vient de dire qu'il ne se flatte pas que la langue dans laquelle il a écrit fasse vivre ses ouvrages aussi long-temps que celle d'Horace a fait vivre les siens. Je crois qu'il a tort d'en douter ; mais ce n'est pas là la question. Il ajoute :

> Nous avons la clarté, l'agrément, la justesse ;
> Mais égalerons-nous l'Italie et la Grèce ?

On sent bien qu'il s'agit de l'Italie antique.

> Est-ce assez en effet d'une heureuse clarté ?
> Et ne péchons-nous pas par l'uniformité ?

Nous verrons tout à l'heure que cela n'est que trop vrai. Mais comment se refuser à une observation que les expressions injurieuses dont se sert du Belloy autorisent assez, et rendent encore plus frappante? Je suis fort loin de vouloir rien ôter à un homme dont les succès au théâtre prouvent un talent estimable à plusieurs égards; mais il est bien reconnu que ce n'est pas le style qui est la partie la plus brillante de ses ouvrages : c'est pourtant l'auteur du *Siége de Calais* qui ne peut souffrir qu'on trouve rien de plus beau que sa langue, et c'est l'auteur de *Mérope* et de *la Henriade* qui avoue l'infériorité de la sienne. Que résulte-t-il de ce contraste et des autorités imposantes que j'ai citées? C'est que, pour bien juger des langues, il faut savoir ce qu'il est possible d'en faire, être né pour écrire, et surtout avoir l'oreille sensible. Du Belloy et beaucoup d'autres accumulent citations sur citations pour prouver que nos bons écrivains ont su tirer de leur langue des beautés que l'on peut opposer à celles des anciens. Eh! qui en doute? Qui doute que le génie ne sache se servir le plus heureusement qu'il est possible de l'instrument qu'on lui confie? La question est de savoir s'il n'y en a pas de plus heureux. Tous nos jugements en fait de goût, on l'a déja dit, ne sont et ne peuvent être que des comparaisons. L'homme du meilleur esprit, qui ne sait que sa langue, et qui lit nos bons auteurs, ne peut rien imaginer de mieux, parcequ'ils ont tiré de la leur tout ce qu'on en pouvait tirer. Ils sont donc en cela pour le moins égaux aux anciens; je dis pour le moins; car plus ils avaient de difficultés à vaincre, et plus leur mérite est grand. Mais à l'égard de l'idiome qu'ils avaient à manier, ce n'est point par des traits détachés qu'on en peut juger, c'est par la marche habituelle. Il faudrait, entre gens instruits et faits pour décider la question, prendre cent vers d'Homère et de Virgile, les opposer à cent vers de Racine et de Voltaire, comparer, vers par vers, ce que la langue a donné aux uns et aux autres, et de plus, statuer quel est l'effet total sur les oreilles délicates et exercées. Que l'on fasse cet examen, et l'on verra que du Belloy, dans son système, est aussi loin de la vérité qu'il l'est de la question. Au reste, il y a long-temps qu'elle est jugée, et il ne s'agit aujourd'hui que d'en faire soupçonner du moins les raisons à ceux même qui n'entendent que le français.

Dans cet examen comparatif des langues, il faut de toute nécessité revenir aux premiers éléments, il faut parler des noms, des verbes, des articles, des prépositions, des particules ; car c'est de tout cela que se composent la construction, l'expression et l'harmonie; c'est-à-dire les trois choses principales qui constituent la diction. Ne rougissons point de descendre à ce détail, qui ne peut paraître petit que parcequ'on en parle très inutilement aux enfants qui ne peuvent pas l'entendre; mais quand le philosophe pense à tout le chemin qu'il a fallu faire pour parvenir à un langage régulier et raisonnable malgré ses imperfections, la formation des langues paraît une des merveilles de l'esprit humain que deux choses seules, rendent concevable, le temps et la nécessité.

Une des premières qualités d'une langue est de présenter à l'esprit, le plus tôt et le plus clairement qu'il est possible, les rapports que les mots ont les uns avec les autres dans la composition d'une phrase. Ainsi, par exemple, les rapports des noms entre eux ou avec les verbes sont déterminés par les cas. Le rudiment nous dit qu'il y en a six; mais cela est bon à dire à des enfants : ces cas appartiennent aux Grecs et aux Latins; quant à nous, nous n'en avons pas. Les cas sont distingués par différentes terminaisons du même mot, qui avertissent dans quel rapport il est avec ce qui précède ou ce qui suit. Nous disons dans tous les cas *homme, Dieu, livre*, et nous sommes obligés de les différencier par un article ou par une particule : *l'homme, de l'homme, à l'homme, par l'homme.* Les femmes savantes de Molière diraient : *Voilà qui se décline:* point du tout ; voilà ce qu'on fait quand on ne peut pas décliner, car un mot qui ne change point de terminaison est ce qu'on appelle indéclinable. Décliner, c'est dire comme les Latins, *homo, hominis, homini, hominem, homine*, et comme les Grecs, ἄνθρωπος, ἄνθρωπου, ἀνθρώπῳ, ἄνθρωπον, etc. Pourquoi? C'est que le mot, dès qu'il est prononcé, m'avertit dans quelle relation il est avec les autres. On sera peut-être tenté de croire que ce défaut de déclinaisons, auquel nous suppléons par des articles et des particules, n'est pas une chose bien importante ; mais c'est qu'on n'en voit pas d'abord la conséquence, et ce premier exemple de ce qui nous manque va faire voir combien tout se tient dans les langues. Cette privation de cas proprement dits est une des causes capitales qui font que l'inversion n'est point naturelle à notre langue, et qui nous privent par conséquent d'un des plus précieux avantages des langues anciennes. Pourquoi sera-t-on toujours choqué d'entendre dire : *la vie conserver je voudrais?* C'est que ce mot *la vie* ne présente à l'esprit aucun rapport quelconque où l'on puisse s'arrêter. Vous ne savez, quand vous l'entendez, s'il est nominatif ou régime, c'est-à-dire s'il doit amener un verbe ou le suivre. Ce n'est que lorsque la phrase est finie que vous comprenez que le mot *la vie* est régi par le verbe *conserver*. Or, il y a dans toutes les têtes une logique secrète qui fait que vous desirez d'attacher une relation quelconque à chaque mot que vous entendez, et, pour suivre le fil naturel de ces relations, il faut absolument dire dans notre langue : *Je voudrais conserver la vie*, ce qui n'offre aucun nuage à la pensée. Mais si je commence ma phrase en latin par le mot *vitam*, me voilà d'abord averti, par la désinence qui frappe mon oreille, que j'entends un accusatif, c'est-à-dire un régime qui me promet un verbe. Je sais d'où je pars et où je vas ; et ce qui est pour un Français une inversion forcée qui le trouble, est pour moi, Latin, un ordre naturel d'idées. Mais, dira-t-on peut-être, y a-t-il beaucoup d'avantages à pouvoir dire, *la vie conserver je voudrais*, plutôt que *je voudrais conserver la vie?* Non, il y en a fort peu pour cette phrase et pour telle autre que je choisirais dans le langage ordinaire. Mais demandez aux poètes, aux historiens, aux orateurs, si c'est pour eux la même chose d'être obligés de mettre toujours les mots à la même place, ou de les placer où l'on veut, et leur réponse développée fera voir qu'à ce même principe, qui fait que l'une des deux phrases est impossible pour nous et naturelle aux anciens, tient, d'un côté, une multitude d'inconvénients, et de l'autre une multitude de beautés. J'y reviendrai quand il s'agira de l'inversion. Nous n'aurions pas cru les déclinaisons si importantes, et il me semble que cela jette déjà quelque intérêt sur les reproches que nous avons à faire aux particules, aux articles, aux pronoms, long et embarrassant cortège sans lequel nous ne saurions faire un pas. *A, de, des, du, je, moi, il, vous, nous, elle, le, la, les*, et ce *que* éternel, que malheureusement on ne peut appeler *que retranché* que dans les grammaires latines : voilà ce qui remplit continuellement nos phrases. Sans doute accoutumés à notre langue, et n'en connaissant point d'autres, nous n'y prenons pas garde. Mais croit-on qu'un Grec ou un Latin ne fût pas étrangement fatigué de nous voir traîner sans cesse cet attirail de monosyllabes, dont aucun n'était nécessaire aux anciens, et dont ils ne se servaient qu'à leur choix? Voilà, entre autres choses, ce qui rend pour nous leur poésie si difficile à traduire. Notre vers, ainsi que le leur, n'a que six pieds, et il n'y a presque point de phrase qui, en passant de leur langue dans la nôtre, ne demande, pour être exactement rendue, un bien plus grand nombre de mots, parceque les procédés de leur construction sont très simples, et que ceux de la nôtre sont très composés. Prenons pour exemple le premier vers de *l'Énéide*; car il faut rendre cette démonstration sensible pour tout le monde, et je demande la permission de citer un vers latin sans conséquence :

« Arma, virumque cano, Trojæ qui primus ab oris. »

Adoptons pour un moment la méthode de Dumarsais, la version interlinéaire, qui place un mot français sous un mot latin. Il y en a neuf dans le vers de Virgile, qui sont ceux-ci :

Combats et héros chante, Troie qui premier des bords.

C'est pour nous un galimatias. Ces mêmes mots en latin sont clairs comme le jour, parceque le sens de tous est distinctement marqué par ces finales dont j'ai parlé; en sorte que l'élève de Dumarsais procèderait ainsi : les Latins n'ont point d'articles : *arma* est nécessairement un nominatif ou un accusatif; c'est le dernier ici, puisque voilà le verbe qui le régit. *Virum* est aussi un accusatif. Ainsi mettons, *les combats et le héros*. *Cano* est la première personne du présent de l'indicatif, car la terminaison seule renferme tout cela : *Je chante*, et voilà le premier membre de la phrase dans le français, qui n'a point d'inversions : *Je chante les combats et le héros*. Il y a déja sept mots, tous indispensables, pour en rendre quatre; et en achevant le vers de la même manière, il trouvera *qui le premier des bords de Troie*, sept autres mots pour en rendre cinq : en sorte qu'en voilà quatorze contre neuf, sans qu'il y ait une syllabe qui ne soit nécessaire, et sans qu'on ait ajouté la moindre idée. Et comment le latin a-t-il mis dans un seul vers ce qui nous paraît si long par rapport aux nôtres, *Je chante les combats et le héros qui le premier des bords de Troie?* Pourquoi cette disproportion entre deux phrases dont l'une dit exactement la même chose que l'autre? Voici l'excédant en français, et ce sont ces articles et ces particules dont je parlais, *Je, les, le, de, le*, dont le latin n'a que faire. En prose, du moins, on a toute la liberté de s'étendre; mais dans les vers où le terrain est mesuré, quels efforts ne faut-il pas pour balancer cette inégalité! et comment y parvient-on, si ce n'est le plus souvent par quelques sacrifices? Aussi Boileau, qui dans *l'Art poétique* a traduit le commencement de *l'Énéide*, a mis trois vers pour deux :

> Je chante les combats et cet homme pieux
> Qui, des bords d'Ilion, conduit dans l'Ausonie,
> Le premier aborda les champs de Lavinie.

Encore a-t-il omis une circonstance fort essentielle, les deux mots latins *fato profugus, fugitif par l'ordre des destins*, mots nécessaires dans le dessein du poète.

Je puis citer un exemple plus voisin de nous, et plus propre que tout autre à faire voir, non pas seulement la difficulté, mais même quelquefois l'impossibilité de rendre un vers par un vers, lorsque cette précision est le plus nécessaire, comme dans une inscription. On connaît celle qu'avait faite Turgot pour le portrait de Franklin : c'était un vers latin fort beau, qui, rappelant à la fois la révolution préparée par Franklin en Amérique, et ses découvertes sur l'électricité, disait :

« Eripuit cœlo fulmen, sceptrumque tyrannis. »

Il ravit la foudre aux cieux et le sceptre aux tyrans. Otez le pronom *il*, et vous avez un fort beau vers français pour rendre le vers latin; mais malheureusement ce pronom est indispensable, et la difficulté est invincible.

Cela nous conduit aux conjugaisons, qui se passent du pronom personnel en latin et en grec, et qui chez nous ne marchent pas sans lui : *Je, tu, il, nous, vous, ils.* Nous ne pouvons pas conjuguer autrement; mais ce n'est pas tout, et c'est ici une de nos plus grandes misères. Nos verbes ne se conjuguent que dans un certain nombre de temps; les verbes latins et les grecs dans tous. Ils se conjuguent à l'actif et au passif, et chez nous à l'actif seulement; encore au prétérit indéfini et au plusque-parfait de chaque mode, et au futur du subjonctif, sommes-nous obligés d'avoir recours au verbe auxiliaire *avoir*, et de dire : *J'ai aimé, j'avais aimé, j'aurais aimé, que j'eusse aimé, que j'aie aimé,* etc. Pour ce qui est du passif, nous n'en avons pas : nous prenons tout uniment le verbe substantif *je suis*, et nous y joignons le participe dans tous les modes et dans tous les temps, et à toutes les personnes. Ce sont bien là les livrées de l'indigence; et un Grec qui, en ouvrant une de nos grammaires, verrait le même mot répété quatre pages de suite, servant à conjuguer tout un verbe, ne pourrait s'empêcher de nous regarder en pitié. Je dis un Grec, parcequ'en ce genre les Latins, qui sont riches en comparaison de nous, sont pauvres en comparaison des Grecs. Les premiers ont aussi un besoin absolu du verbe auxiliaire, au moins dans plusieurs temps du passif. Les Grecs ne l'admettent presque jamais, et leur verbe *moyen* est encore une richesse de plus. Nos modes sont pauvres; ceux des Latins sont incomplets; ceux des Grecs vont jusqu'à la surabondance. Un seul mot leur suffit pour exprimer quelque temps que ce soit, et il nous en faut souvent quatre, c'est-à-dire le verbe, l'auxiliaire *avoir*, le substantif *être* et le pronom : *tu as été aimé, ils ont été aimés.* Les Grecs disent cela dans un seul mot; et ils ont quatre manières de le dire. Nous n'avons que deux participes, ceux du présent, *aimant, aimé* : les deux du passé et du futur à l'actif, *ayant aimé, devant aimer,* et les deux du passif, *ayant été aimé, devant être aimé*; nous ne les formons, comme on voit, qu'avec l'auxiliaire *avoir* et le substantif *être.* Les Latins manquent de ceux du passé, et ont ceux du futur; les Grecs les ont tous et les ont triples c'est-à-dire chacun d'eux avec trois terminaisons différentes. — Mais à quoi bon ce superflu? s'il n'y a que six participes de nécessaires, pourquoi en avoir dix-huit? — Voilà, diraient les Grecs, une question de barbares. Est-ce qu'il peut y avoir trop de variété dans les sons, quand on veut flatter l'oreille? Et les poètes et les orateurs sont-ils fâchés d'avoir à choisir? — Mais que de temps il fallait pour se mettre dans la tête cette incroyable quantité de finales d'un même mot! — Cela ne paraît pas aisé en effet; cependant à Rome tout homme bien élevé parlait le grec aussi aisément que le latin; les femmes même le savaient communément : c'est que Rome était remplie de Grecs, et qu'on apprend toujours aisément une langue qu'on parle. Mais quand une langue aussi riche que celle-là devient ce qu'on appelle une langue savante, une langue morte, il y a de quoi étudier toute sa vie.

Maintenant, qui ne comprend pas combien cette nécessité d'attacher à tous les temps d'un verbe un ou deux autres verbes surchargés d'un pronom, doit mettre de monotonie, de lenteur et d'embarras dans la construction? et c'est encore une des raisons qui nous rendent l'inversion impossible. La clarté de notre marche méthodique dont nous nous vantons, quoique assurément elle ne soit pas plus claire que la marche libre, rapide et variée des anciens, n'est qu'une suite indispensable des entraves de notre idiome : force est bien à celui qui porte des chaînes de mesurer ses pas, et nous avons fait, comme on dit, de nécessité vertu. Mais quelle foule d'avantages inappréciables résultait de cet heureux privilége de l'inversion! Quelle prodigieuse variété d'effets et de combinaisons naissait de cette libre disposition des mots arrangés de manière à faire valoir toutes les parties de la phrase, à les couper, à les suspendre, à les opposer, à les rassembler, à attacher toujours l'oreille et l'imagination, sans que toute cette composition artificielle laissât le moindre nuage dans l'esprit ! Pour le sentir, il faut absolument lire les anciens dans leur langue : c'est une connaissance que rien ne peut suppléer. Je voudrais pourtant donner une idée, quoique très imparfaite, du prix que peut avoir cet arrangement des mots, et je ne la prendrai pas dans un grand sujet d'éloquence ou de poésie, mais dans une fable tirée d'une des épîtres d'Horace, et imitée par La Fontaine. Par malheur elle est du très petit nombre de celles qui ne sont pas dignes de lui. C'est la fable du *Rat de ville et du Rat des champs*, qui, dans Horace, est un chef-d'œuvre de grace et d'expression. Voici la traduction exacte des deux premiers vers (1). *On raconte que le rat des champs reçut le rat de ville dans son trou indigent ; c'était un vieil hôte d'un vieil ami.* Les deux vers latins sont charmants. Pourquoi ? C'est qu'indépendamment de l'harmonie, les mots sont disposés de sorte que *champ* est opposé à *ville*, *rat* à *rat*, *vieux* à *vieux*, *hôte* à *ami*. Ainsi, dans les quatre combinaisons que renferment ces deux vers, tout est contraste ou rapprochement. Il est clair

---

(1) *Rusticus urbanum murem mus paupere fertur*
Accepisse cavo, veterem vetus hospes amicum.

qu'un pareil artifice de style (et il y en a une infi-, nité de cette espèce) est absolument étranger à une langue qui n'a point d'inversions.

Quinte-Curce, historien éloquent, commence ainsi son quatrième livre (je conserverai d'abord l'arrangement de la phrase latine, afin de mieux faire comprendre le dessein de l'auteur dans le mot qui la finit : le moment de son récit est après la bataille d'Issus) : « Darius, un peu auparavant, » maître d'une puissante armée, et qui s'était » avancé au combat, élevé sur un char, dans l'ap- » pareil d'un triomphateur plutôt que d'un général, » alors au travers des campagnes qu'il avait rem- » plies de ses innombrables bataillons, et qui n'of- » fraient plus qu'une vaste solitude, *fuyait*. »

Cette construction est très mauvaise en français, et ce mot *fuyait*, ainsi isolé, finit très mal la phrase, et forme une chute sèche et désagréable. Il la termine admirablement dans le latin. Il est facile d'apercevoir l'art de l'auteur, même sans entendre sa langue. A la vérité, l'on ne peut pas deviner que le mot *fugiebat*, composé de deux brèves et de deux longues, complète très bien la période harmonique, au lieu que *fuyait* est un mot sourd et sec ; mais on voit clairement que la phrase est construite de manière à faire attendre jusqu'à la fin ce mot *fugiebat*; que c'est là le grand coup que l'historien veut frapper ; qu'il présente d'abord à l'esprit ce magnifique tableau de toute la puissance de Darius, pour offrir ensuite dans ce seul mot, *fugiebat*, il *fuyait*, le contraste de tant de grandeurs et les révolutions de la fortune; en sorte que la phrase est essentiellement divisée en deux parties, dont la première étale tout ce qu'était le grand roi avant la journée d'Issus; et la seconde, composée d'un seul mot, représente ce qu'il est après cette funeste journée. L'arrangement pittoresque des phrases grecques et latines n'est pas toujours aussi frappant que dans cet endroit; mais un seul exemple semblable suffit pour faire deviner tout ce que peut produire un si heureux mécanisme, et avec quel plaisir on lit des ouvrages écrits de ce style.

A présent, s'il s'agissait de traduire cette phrase comme elle doit être traduite suivant le génie de notre langue, il est démontré d'abord qu'il faut renoncer à conserver la place du mot *fugiebat*, quelque avantageuse qu'elle soit en elle-même, et disposer ainsi la période française : « Darius, un » peu auparavant, maître d'une si puissante armée, » et qui s'était avancé au combat, élevé sur un » char, dans l'appareil d'un triomphateur plutôt » que d'un général, fuyait alors au travers de ces » mêmes campagnes qu'il avait remplies de ses in- » nombrables bataillons, et qui n'offraient plus » qu'une triste et vaste solitude. »

Cet art de faire attendre jusqu'à la fin d'une période un mot décisif qui achevait le sens en complétant l'harmonie, était un des grands moyens qu'employaient les orateurs de Rome et d'Athènes; et quand Cicéron et Quintilien ne nous en citeraient pas des exemples particuliers, la lecture des anciens nous l'indiquerait à tout moment. Ils savaient combien les hommes rassemblés sont susceptibles d'être menés par le plaisir de l'oreille, et l'harmonie est certainement un des avantages que nous pouvons le moins leur contester. Outre cette faculté des inversions, qui les laisse maîtres de placer où ils veulent le mot qui est image et le mot qui est pensée, ils ont une harmonie élémentaire qui tient surtout à deux choses, à des syllabes presque toujours sonores, et à une prosodie très distincte. Les plus ardents apologistes de notre langue ne peuvent disconvenir qu'elle n'ait un nombre prodigieux de syllabes sourdes et sèches, ou même dures, et que sa prosodie ne soit très faiblement marquée. La plupart de nos syllabes n'ont qu'une quantité douteuse, une valeur indéterminée ; celles des anciens, presque toutes décidément longues ou brèves, forment leur prosodie d'un mélange continuel de dactyles et de spondées, d'iambes, de trochées, d'anapestes ; ce qui, pour parler un langage qu'on entendra mieux, équivaut à différentes mesures musicales, formées de rondes, de blanches, de noires et de croches. L'oreille était donc chez eux un juge délicat et sévère qu'il fallait gagner le premier. Tous leurs mots ayant un accent décidé, cette diversité de sons faisait de leur poésie une sorte de musique, et ce n'était pas sans raison que leurs poètes disaient, Je chante. La facilité de créer tel ordre de mots qu'il leur plaisait leur permettait une foule de constructions particulières à la poésie, dont résultait un langage si différent de la prose, qu'en décomposant des vers de Virgile et d'Homère, on y trouverait encore, suivant l'expression d'Horace, *les membres d'un poète mis en pièces*, au lieu qu'en général le plus grand éloge des vers parmi nous est de se trouver bons en prose. L'essai que fit Lamotte, sur la première scène de *Mithridate*, en est une preuve évidente. Les vers de Racine n'y sont plus que de la prose très bien faite : c'est qu'un des grands mérites de nos vers est d'échapper à la contrainte des règles, et de paraître libres sous les entraves de la mesure et de la rime. Otez cette rime, et il deviendra impossible de marquer des limites certaines entre la prose et les vers, parceque la prose éloquente tient beaucoup de la poésie, et que la poésie déconstruite ressemble à de l'excellente prose.

C'est donc surtout en vers que nous sommes accablés de la supériorité des anciens. Enfants favorisés de la nature, ils ont des ailes, et nous nous traînons avec des fers. Leur harmonie, variée à l'infini, est un accompagnement délicieux qui soutient leurs pensées quand elles sont faibles, qui anime des détails indifférents par eux-mêmes, qui amuse encore l'oreille quand le cœur et l'esprit se reposent. Nous autres modernes, si la pensée ou le sentiment nous abandonne, nous avons peu de ressources pour nous faire écouter. Mais l'homme dont l'oreille est sensible est tenté de dire à Virgile, à Homère : Chantez toujours, chantez, dussiez-vous ne rien dire ; votre voix me charme quand vos discours ne m'occupent pas.

Aussi, parmi nous, ceux qui, ne songeant qu'au besoin de penser, et craignant de paraître quelquefois vides, ont voulu que tous leurs vers marquassent, ou que toutes leurs phrases fussent frappantes, sont tendus et raides. Au contraire, Racine, Voltaire, Fénélon, Massillon, et ceux qui, comme eux, ont goûté *cette mollesse heureuse* des anciens, qui, comme le dit si bien Voltaire, sert à relever le sublime, l'ont laissée entrer dans leurs compositions, et des gens sans goût l'ont appelée faiblesse.

Il s'en faut bien que la conséquence de toutes ces vérités soit désavantageuse à la gloire de nos bons auteurs : au contraire, ce qui s'offrait aux anciens, nous sommes obligés de le chercher. Notre harmonie n'est pas un don de la langue ; elle est l'ouvrage du talent : elle ne peut naître que d'une grande habileté dans le choix et l'arrangement d'un certain nombre de mots, et dans l'exclusion judicieuse donnée au plus grand nombre. Nous avons beaucoup moins de matériaux pour élever l'édifice, et ils sont bien moins heureux : l'honneur en est plus grand pour l'architecte. *Nous bâtissons en brique*, a dit Voltaire, *et les anciens construisaient en marbre*. Les Grecs surtout, aussi supérieurs aux Latins que ceux-ci le sont aux modernes, les Grecs avaient une langue toute poétique. La plupart de leurs mots peignent à l'oreille et à l'imagination, et le son exprime l'idée. Ils peuvent combiner plusieurs mots dans un seul, et renfermer plusieurs images et plusieurs pensées dans une seule expression.

Ils peignent d'un seul mot un casque *qui jette des rayons de lumière de tous les côtés*, un guerrier *couvert d'un panache de diverses couleurs*, et mille autres objets qu'il serait trop long de détailler. Aussi nos mots scientifiques qui expriment des idées complexes sont tous empruntés du grec, géographie, astronomie, mythologie, et autres du même genre. Ils sacrifiaient tellement à l'euphonie (c'est encore là un de leurs mots composés, et il signifie la douceur des sons), qu'ils se permettaient, surtout en vers, d'ajouter ou de retrancher une ou plusieurs lettres dans un même mot, selon le besoin qu'ils en avaient pour la mesure et pour l'oreille. Ajoutez que les différentes nations de la Grèce, affectionnant des finales différentes, amenaient dans les noms et dans les verbes ces variations que l'on a nommées dialectes, et qu'un poète pouvait les employer toutes. Est-ce donc à tort qu'on s'est accordé à reconnaître chez eux la plus belle de toutes les langues et la plus harmonieuse poésie ?

Nous avons, il est vrai, comme les anciens, ce qu'on appelle des simples et des composés, c'est-à-dire des termes radicaux modifiés par une préposition. Le verbe *mettre*, par exemple, est une racine dont les dérivés sont *admettre*, *soumettre*, *démettre*, etc.; mais en ce genre il nous en manque beaucoup d'essentiels, et cette sorte de composition des mots est chez nous plus bornée et moins significative que chez les anciens. Leurs prépositions verbales ont plus de puissance et plus d'étendue. Prenons le mot *regarder*. Si nous voulons exprimer les différentes manières de *regarder*, il faut avoir recours aux phrases adverbiales, *en haut*, *en bas*, etc.; au lieu que le mot latin *aspicere*, modifié par une préposition, marque à lui seul toutes les nuances possibles. Regarder de loin, *prospicere*; regarder dedans, *inspicere*; regarder à travers, *perspicere*; regarder au fond, *introspicere*; regarder derrière soi, *respicere*; regarder en haut, *suspicere*; regarder en bas, *despicere*; regarder de manière à distinguer un objet parmi plusieurs autres (voilà une idée très complexe : un seul mot la rend). *dispicere*; regarder autour de soi, *circumspicere*. Vous voyez que le latin peint tout d'un coup à l'esprit ce que le français ne lui apprend que successivement; c'est le contraste de la rapidité et de la lenteur; et pour peu qu'on réfléchisse sur le caractère de l'imagination, l'on sentira qu'on ne peut jamais lui parler trop vite, et qu'une des grandes prérogatives d'une langue est d'attacher une image à un mot. Veut-on d'ailleurs s'assurer, par des exemples, de l'avantage que l'on trouve à posséder des termes de ce genre, et de l'inconvénient d'en manquer? en voici de frappants. On rencontre souvent dans les historiens latins, au moment où une armée commence à s'ébranler, et paraît sur le point d'être mise en déroute, ces deux mots : *fugam circumspiciebant*, qui ne peuvent être rendus exactement que de cette manière : *Ils regardaient autour d'eux de quel côté ils fuiraient*. Voilà bien des mots.

J'atteste tous ceux qui ont ici quelque connaissance du latin, que ce qui paraît si long en français est complètement exprimé par ces deux mots seuls : *fugam circumspiciebant*. Quel avantage de pouvoir offrir à l'imagination un tableau entier avec deux mots !

Un autre exemple démontrera l'impossibilité qu'éprouvent les meilleurs traducteurs des anciens à soutenir toujours la comparaison avec eux, parceque enfin l'on ne peut pas trouver dans une langue ce qui n'y est pas ; et quand un écrivain tel que notre Delille n'a pu y parvenir, on peut croire la difficulté insurmontable. Il s'agit de ce fameux épisode d'Orphée, et du moment où, en se retournant pour regarder Eurydice, il la perd sans retour.

C'est bien là que l'on va sentir la nécessité d'exprimer en un seul mot l'action de regarder derrière soi ; car c'est à un seul mouvement de tête que tient tout le destin des deux amants et tout l'intérêt de la situation. Virgile n'y était pas embarrassé. Il avait le mot *respicere* ; il ne s'agissait que de le placer heureusement, et l'on peut s'en rapporter à lui. Il coupe par le milieu la cinquième mesure, et suspend l'oreille et l'imagination sur le mot terrible, *respexit*. Ce mot, qui dit tout, le traducteur ne l'avait pas. On ne peut pas faire entrer dans un vers *il regarde derrière lui*.

Delille a mis :

Presque aux portes du jour, troublé, hors de lui-même,

Il s'arrête, *il se tourne... Il revoit* ce qu'il aime :
C'en est fait, etc.

Il est trop évident qu'*il se tourne* ne peint pas exactement à l'esprit le mouvement fatal ; et quand le poète aurait mis *il se retourne*, cela ne rendrait pas mieux l'idée essentielle, ce regard d'Orphée, le dernier qu'il jette sur son épouse : c'est là que Virgile s'arrête, et il reprend tout de suite (1), *et tout ce qu'il a fait est perdu*. La contrainte de la rime a forcé le traducteur de mettre *il revoit ce qu'il aime*. Virgile, au contraire, présente pour première idée (et il a bien raison) qu'Orphée ne la voit plus. Toutes ces différences tiennent uniquement à un mot donné par une langue et refusé par l'autre ; et c'est tout ce qui peut résulter de cette observation que je me suis permise sur la meilleure de toutes nos traductions, sur celle que la beauté continue de la versification et la pureté du goût ont mise au rang des ouvrages classiques.

On a fait une objection qui a paru spécieuse ; c'est que nous ne sommes pas des juges compétents des langues mortes. Cela n'est vrai, comme bien d'autres choses, qu'avec beaucoup de restrictions. Sans doute il y a bien des finesses dans le langage, bien des agréments dans la prononciation, et en conséquence il y a aussi des défauts contraires, qui n'ont pu être saisis que par les nationaux. Mais il

---

(1) . . . . *Respexit : ibi omnis Effusus labor.*

n'en est pas moins avéré que les modernes ont recueilli d'âge en âge un assez grand nombre de connaissances certaines sur les langues anciennes, pour sentir le mérite des auteurs grecs et latins, non seulement dans les idées et les sentiments qui appartiennent à tous les peuples, mais même, jusqu'à un certain point, dans la diction et dans l'harmonie. Toutes les fois qu'on a beaucoup d'objets de comparaison dans une même chose, on a beaucoup de moyens de la connaître. Philosophes, orateurs, poëtes, historiens, critiques, tout ce qui nous reste de l'antiquité a contribué à étendre nos idées et à former notre jugement. Les époques de la langue latine sont sensibles pour nous; et quel est l'homme instruit qui ne distingue pas le langage d'Ennius et de Plaute, de celui de Virgile et de Térence? Les nombreuses inscriptions des anciens monuments suffiraient pour nous apprendre les variations et les progrès de la langue des Romains. Il faudrait manquer absolument d'oreille pour n'être pas aussi charmé de l'harmonie d'Horace et de Virgile que rebuté de la dure enflure de Lucain et de la monotone emphase de Claudien. Le style de Tite-Live et celui de Tacite, le style de Xénophon et celui de Thucydide, le style de Démosthènes et celui d'Isocrate, sont aussi différents pour nous que Bossuet et Fléchier, Voltaire et Montesquieu, Fontenelle et Buffon. Nous pouvons donc, ce me semble, nous livrer à notre admiration pour les grands écrivains de l'antiquité, sans craindre qu'elle soit aveugle; et cette objection de Lamotte, qu'on a souvent répétée depuis lui, est une de celles que madame Dacier a le plus solidement réfutées; c'est un des endroits où elle a le plus raison contre lui, raison pour le fond des choses, s'entend car pour la forme elle a toujours tort.

On peut actuellement prononcer avec connaissance de cause sur la question que j'ai posée en commençant. Il est démontré que nous n'avons point de déclinaisons; que nos conjugaisons sont très incomplètes et très défectueuses; que notre construction est surchargée d'auxiliaires, de particules, d'articles et de pronoms; que nous avons peu de prosodie et peu de rhythme; que nous ne pouvons faire qu'un usage très borné de l'inversion; que nous n'avons point de mots combinés, et pas assez de composés; qu'enfin notre versification n'est essentiellement caractérisée que par la rime. Il n'est pas moins démontré que les anciens ont plus ou moins tout ce qui nous manque. Voilà les faits: quel en est le résultat? Louange et gloire aux grands hommes qui nous ont rendu, par leur génie, la concurrence que notre langue nous refusait; qui ont couvert notre indigence de leur richesse; qui, dans la lice où les anciens triomphaient depuis tant de siècles, se sont présentés avec des armes inégales, et ont laissé la victoire douteuse et la postérité incertaine; enfin qui, semblables aux héros d'Homère, ont combattu contre les dieux, et n'ont pas été vaincus!

Je n'énoncerai pas à beaucoup près une opinion

aussi décidée sur le parallèle souvent établi entre les langues étrangères et la nôtre. D'abord un semblable parallèle ne peut être bien fait que par un homme qui saurait parler l'allemand, l'espagnol, l'italien et l'anglais aussi parfaitement que sa propre langue. On demandera pourquoi j'exige ici des connaissances plus étendues que lorsqu'il s'agit des anciens. La raison en est sensible. Il n'est pas nécessaire que nous sachions le grec et le latin aussi bien que Démosthènes et Cicéron, pour apercevoir dans leur langue une supériorité qui se fait sentir encore, même depuis qu'on ne la parle plus (car je n'appelle pas latin celui qu'on parle dans quelques parties de l'Allemagne, et le grec des esclaves de la Porte n'est pas celui des vainqueurs de Marathon). D'ailleurs, nos idiomes modernes, l'espagnol, l'italien, l'anglais, le français, sont tous de même race : ils descendent tous du latin, et nous sommes assez naturellement portés à respecter notre mère commune. Mais quand il s'agit de savoir à qui appartient la meilleure partie de l'héritage, il y a matière à procès, et les parties contendantes sont également suspectes. Il faudrait donc que celui qui oserait se faire avocat-général dans cette cause, non seulement connût bien toutes les pièces du procès, mais aussi fût bien sûr de son entière impartialité. Or, pour nous garantir de la prédilection si naturelle que nous avons pour notre propre langue, dont nous sentons à tous moments toutes les finesses et toutes les beautés, je ne connais qu'un moyen; c'est l'habitude d'en parler d'autres avec facilité. Ce que j'ai pu acquérir de connaissances dans l'anglais et dans l'italien se réduit à pouvoir lire les auteurs : et pour prononcer décidément sur une langue vivante, il faut savoir la parler. Ce que j'en dirai se bornera donc à quelques observations générales, à quelques faits à peu près convenus. Je laisse à de plus habiles que moi à s'enfoncer plus avant dans cette épineuse discussion.

L'italien, plus rapproché que nous du latin, en a pris une partie de ses conjugaisons. Il en a emprunté l'inversion, quoiqu'il n'en fasse guère usage que dans les vers, et avec infiniment moins de liberté et de variété que les anciens. Il est fécond, mélodieux et flexible, et se recommande surtout par un caractère de douceur très marqué. Il a une prosodie décidée et très musicale. On lui reproche de la monotonie dans ses désinences, presque toujours vocales ; et la facilité qu'ont les Italiens de retrancher souvent la finale de leurs mots, et d'appuyer dans d'autres sur la pénultième syllabe, de façon que la dernière ressemble à nos *e* muets, ne me paraît pas suffisante pour détruire cette monotonie que mon oreille a cru reconnaître en les entendant eux-mêmes prononcer leurs vers. On a dit aussi que leur douceur dégénérait en mignardise, et leur abondance en diffusion. Sans prononcer sur ces reproches, sans examiner si la verbosité et l'afféterie appartiennent aux auteurs ou à la langue, j'observerai seulement que je ne connais pas parmi les modernes un écrivain plus précis que Métastase, ni un poète plus énergique que l'Arioste. Une description de tempête dans *l'Orlando furioso*, et l'attaque des portes de Paris par le roi d'Alger, m'ont paru les deux tableaux de la poésie moderne les plus faits pour être comparés à ceux d'Homère, et c'est le plus grand éloge possible.

L'anglais, qui serait presque à moitié français, si son inconcevable prononciation ne le séparait de toutes les langues du monde, et ne rendait applicable à son langage le vers que Virgile appliquait autrefois à sa position géographique,

Et penitus toto divisos orbe Britannos.
Les Bretons séparés du reste de la terre.

l'anglais est encore plus chargé que nous d'auxiliaires, de particules, d'articles et de pronoms. Il conjugue encore bien moins que nous : ses modes sont infiniment bornés. Il n'a point de temps conditionnel. Il ne saurait dire, *je ferais*, *j'irais*, etc. Il faut alors qu'il mette au-devant du verbe un signe qui répond à l'un de ces quatre mots, je *voudrais*, je *devrais*, je *pourrais* ou j'*aurais à*. On ne peut nier que ces signes répétés sans cesse, et sujets même à l'équivoque, ne soient d'une pauvreté déplorable, et ne ressemblent à la barbarie. Mais ce qui, pour tout autre que les Anglais, porte bien évidemment ce caractère, c'est le vice capital de leur prononciation, qui semble heurter les principes de l'articulation humaine. Celle-ci doit toujours tendre à décider, à fixer la nature des sons, et c'est l'objet et l'intention des voyelles, qui ne sauraient jamais frapper trop distinctement l'oreille. Mais que dire d'une langue chez qui les voyelles même, qui sont les éléments de toute prononciation, sont si souvent indéterminées ; chez qui tant de syllabes sont à moitié brisées entre les dents, ou viennent mourir en sifflant sur le bord des lèvres ? *L'Anglais*, dit Voltaire, *gagne deux heures par jour sur nous, en mangeant la moitié des mots.* Je ne crois pas que les Anglais fassent grand cas de ces reproches, parcequ'une langue est toujours assez bonne pour ceux qui la parlent depuis leur enfance ; mais aussi vous trouverez mille Anglais qui parlent passablement français, sur un Français en état de parler bien anglais ; et cette disproportion entre deux peuples liés aujourd'hui par un commerce si continu et si rapproché, a certainement pour cause principale l'étrange bizarrerie de la prononciation.

Au reste, malgré l'indécision de leurs voyelles et l'entassement de leurs consonnes, ils prétendent bien avoir leur harmonie tout comme d'autres ; et il faut les en croire, pourvu qu'ils nous accordent à leur tour que cette harmonie n'existe que pour eux. Ils ont d'ailleurs des avantages qu'on ne peut, ce me semble, leur contester. L'inversion est permise à leur poésie, à peu près au même degré qu'à celle des Italiens, c'est-à-dire beaucoup moins qu'aux Latins et aux Grecs. Leurs constructions et leurs formes poétiques sont plus hardies et plus maniables que les nôtres. Ils peuvent employer la rime ou s'en passer, et hasarder beaucoup plus que nous dans la création des termes nouveaux. Pope est celui qui a donné à leurs vers le plus de précision, et Milton le plus d'énergie.

Ces réflexions sur la diversité des langues conduisent à parler de la traduction, qui est entre elles un moyen de correspondance et un objet de rivalité. On a beaucoup disputé sur ce sujet, les uns exigeant une fidélité scrupuleuse, les autres réclamant une trop grande liberté ; car la plupart des hommes semblent ne voir dans tous les arts que telle ou telle partie, pour laquelle ils se passionnent au point de lui subordonner tout le reste. La raison, au contraire, veut qu'on les proportionne toutes les unes aux autres sans en sacrifier aucune, et pose pour premier principe de les diriger toutes vers un seul but, qui est de plaire. Nous avons vu, quand il s'agissait de traduire les anciens, des critiques superstitieux ne pas vouloir qu'il y eût un seul mot de l'original perdu dans la traduction, ni que les constructions fussent jamais interverties, ni que les métaphores fussent rendues par des équivalents, ni qu'une phrase fût plus courte ou plus longue dans la version que dans le texte. A ce système, digne des successeurs de Mamurra et de Bobinet, d'autres ont opposé une licence sans bornes, et se sont cru permis de paraphraser les auteurs plutôt que de les traduire. La réponse à ces deux extrêmes, c'est le conseil que dans la fable le Dieu du jour donne trop inutilement à Phaéton : *Inter utrumque tene : Garde bien le milieu.* Je ne connais que deux règles indispensables dans toute traduction ; de bien rendre le sens de l'auteur, et de lui conserver son caractère. Il ne faut pas traduire Cicéron dans le style de Sénèque, ni Sénèque dans le style de Cicéron. Tout le reste dépend absolument du talent et du goût de celui qui traduit, et les applications sont trop nombreuses et trop arbitraires pour les embrasser dans la généralité des préceptes. Si l'on veut faire attention à la différence des idiomes, on verra qu'il doit être permis, suivant les circonstances, de supprimer une figure qui s'éloigne trop du génie de notre langue, et de la remplacer par une autre qui s'en rapproche davantage ; de resserrer ce qui, pour nous, serait trop lâche, et d'étendre ce qui nous paraîtrait trop serré ; de mettre à la fin d'une phrase ce qui est au commencement d'une période latine ou grecque, si le nombre et l'harmonie peuvent y gagner sans que l'analogie en souffre. Le judicieux Rollin, qui a fondu tant d'auteurs anciens dans ses ouvrages, a toujours procédé selon le principe que je viens d'exposer. Boileau se moque très agréablement d'un de ses anciens professeurs, qui voulait toujours que l'on rendît l'idée de chaque mot, et qui, en expliquant une phrase de Cicéron (1), dont le sens était, *La république avait contracté une sorte d'insensibilité et d'endurcissement*, se récria beaucoup sur la difficulté de bien rendre toute l'énergie du texte, et, après avoir défié tous les traducteurs passés, présents et futurs, finit par pronon-

---

(1) *Obduruerat et percalluerat respublica.*

cer avec emphase : *La république s'était endurcie, et avait contracté un durillon.* Il est bien vrai que, dans l'expression latine, prise au propre, ce mot *durillon* est renfermé étymologiquement : mais qui ne voit que cette idée ignoble ne peut entrer dans la langue d'un orateur? Cependant je ne serais pas surpris qu'aujourd'hui même il y eût encore des gens qui regrettassent le *durillon*.

Cette anecdote de Boileau me rappelle une étrange assertion avancée il y a quelques années, et qui n'est, comme tant d'autres erreurs, qu'une extension déraisonnable donnée à une vérité reconnue. Un anonyme a imprimé qu'il n'y a point de mot dans notre langue qu'un poète ne puisse faire entrer dans le style noble quand il saura le placer. Assurément rien n'est plus faux. Le talent exécute ce qui est difficile, mais il ne songe pas même à tenter l'impossible. Je propose, par exemple, à celui qui a tant de confiance, de faire entrer le *durillon* dans un poème épique. Il suffit d'ouvrir un dictionnaire de rimes pour voir quelle quantité de mots nous est à jamais interdite dans le style soutenu. Il citait pour exemple le mot *ventre* qui se trouve dans *le Lutrin*, et même très heureusement :

La cruche au large ventre est vide en un instant.

Mais comment ne s'est-il pas aperçu que l'exemple est hors de la question, que *le Lutrin*, poème héroï-comique, admettait le familier, et que c'est même ce mélange de style, manié avec adresse, qui est un des agréments de l'ouvrage? Comment n'a-t-il pas vu que le mot *cruche*, dont il ne dit rien, amenait celui de *ventre*? Mais ce que Despréaux a cru très bien placé dans un repas de chanoines, l'aurait-il mis dans les festins des dieux d'Homère? Il fallait donc, pour que la citation eût quelque sens, nous montrer les mots de *cruche* et de *ventre* ou d'autres semblables dans un sujet noble, et l'on peut, je crois, douter qu'on les y trouve jamais.

Mais quelle est l'intention secrète de tous ces axiomes erronés? C'est toujours de justifier ce qui est mauvais. Des connaisseurs auront relevé dans des vers des expressions indignes de la poésie : on n'essaie pas de les défendre; cela pourrait être difficile, mais que fait-on? L'on pose en principe que tous les mots peuvent entrer dans tous les sujets, et l'on taxe de timidité pusillanime *ceux qui n'osent pas être insensés;* et comme ces systèmes sont fort commodes, attendu qu'ils tranchent toutes les difficultés, on peut imaginer combien de gens sont intéressés à les adopter. Au reste, ce scrupule sur le choix des mots propres à tel ou tel genre d'écrire n'est pas une superstition de notre langue; c'était une religion des langues anciennes, quoiqu'elles fussent bien plus hardies que la nôtre. Tous les critiques sont d'accord là-dessus : Longin en cite beaucoup d'exemples; il va jusqu'à reprocher à Hérodote des expressions qu'il trouve au-dessous de la dignité de l'histoire : qu'on juge s'il devait être moins sévère en poésie.

Si chaque langue a des termes bas, si ce qui s'appelle ainsi dans l'une ne l'est pas dans l'autre, il en résulte une des plus grandes difficultés que le traducteur ait à vaincre, et un des plus grands mérites qu'il puisse avoir quand il l'a surmontée. On sait que le talent y parvient en sachant relever et ennoblir ces sortes de mots par le voisinage dont il les entoure; mais cet art a ses bornes comme tout autre, et c'est même parcequ'il en a que c'est un art : si cela se pouvait toujours, il n'y aurait plus de mérite à y réussir quelquefois: c'est une réflexion qu'on n'a pas faite. Il y en a une autre non moins importante, c'est que, dans tous les exemples qu'on peut citer, on trouvera toujours que la première excuse du mot qu'on a su ennoblir vient d'un rapport réel avec les idées primitives du sujet, et avec tout ce qui a précédé. On a félicité Racine d'avoir fait entrer le mot de *chiens* dans une tragédie :

Les *chiens* à qui son bras a livré Jézabel.

Mais où se trouve ce mot? Dans une pièce tirée des livres saints, dans une pièce où nous sommes accoutumés dès les premiers vers au langage de l'Écriture, où tout nous rappelle les premières choses que nous avons apprises dans notre enfance; et dès lors l'histoire de Jézabel dévorée *par des chiens* est présente à notre esprit, et relevée par l'idée religieuse d'une vengeance céleste. Ainsi l'imagination a préparé l'oreille à ce mot, et prévenu la disparate. De même dans ces vers que j'ai marqués ailleurs,

> Quelquefois à l'autel
> Je présente au grand-prêtre et l'encens et le sel,

non seulement le mot d'*encens*, qui offre l'idée d'une cérémonie sacrée, amène et fait passer avec lui le mot de *sel* ; mais la scène est dans le temple des Juifs, et l'on est accoutumé d'avance au langage des lévites. C'est cette analogie secrète qui conduit toujours le grand écrivain ; en sorte que ce qui nous paraît une hardiesse de son génie n'est que le coup d'œil de sa raison.

Je croirais avoir omis une des parties les plus importantes de la matière que je traite, si je ne finissais par examiner cette autre question souvent agitée, s'il convient de traduire les poètes en vers : j'avoue que j'ai tenu jusqu'ici pour l'affirmative, et les raisons qu'on y a opposées ne m'ont pas fait changer d'avis. Je persiste à penser qu'on fait descendre un poète de toute sa hauteur en l'abaissant au langage vulgaire. La meilleure prose ne peut le dédommager de cette perte, la plus douloureuse pour lui, la plus inappréciable, celle de l'harmonie. Si vous vous connaissez en vers, ne sentez-vous pas qu'ils sont faits pour parler à vos organes ? Ne sentez-vous pas quel inexprimable charme résulte de cet heureux arrangement de mots, de ce concours de sons mesurés, tour à tour lents ou rapides, prolongés avec mollesse ou brisés avec éclat ? de ces périodes harmonieuses qui s'arrondissent dans l'oreille, de cette combinaison savante du mouvement et du rhythme avec le sentiment et la pensée? Et n'éprouvez-vous pas que cet accord continuel, qui, malgré les difficultés de l'art, ne trompe jamais ni votre oreille ni votre ame, est précisément la cause du plaisir que vous procurent de beaux vers? C'est là vraiment la langue du poète : elle s'applique à des objets plus ou moins grands; il y joint plus ou moins d'idées, il conçoit un sujet plus ou moins fortement, et ses choix sont plus ou moins heureux : c'est ainsi que s'établissent les rangs et la prééminence; mais il faut avant tout qu'il sache manier son instrument, car le vers en est un. Quelque chose que dise son vers, si l'auteur y paraît contraint et gêné, si la mesure qui est faite pour ajouter à la pensée lui ôte quelque chose, si le rhythme blesse l'oreille qu'il doit enchanter, ce n'est plus un poète : qu'il parle, et qu'il ne chante pas; qu'il laisse là son instrument qui le gêne et lui pèse : il souffre en s'efforçant de le manier, et je souffre de l'en voir accablé, comme un homme ordinaire le serait de l'armure d'un géant.

Il est donc évident qu'une traduction en prose commence par anéantir l'art du poète, et lui ôter sa langue naturelle. Vous n'entendez plus le chant de la sirène; vous lisez les pensées d'un écrivain. On vous montre son esprit, et non pas son talent. Vous ne pouvez pas savoir pourquoi il charmait ses contemporains, et souvent vous le trouvez médiocre là où on le trouvait admirable, et peut-être l'admirez-vous quelquefois là où on le trouvait médiocre. Combien d'autres désavantages n'a-t-il pas encore à essuyer dans les mains du prosateur qui le dépouille ainsi de ses vêtements poétiques! Telle idée avait infiniment de grace en se liant à telle image que la prose n'a pu lui laisser: telle phrase était belle dans sa précision métrique; l'effet en est perdu, parcequ'il faudra un ou deux mots de plus pour la rendre. Et qui ne sait ce que fait un mot de plus ou de moins? Tel hémistiche, telle césure était d'un effet terrible, et cet effet tenait absolument au rhythme, et le rhythme a disparu. En vers du moins, la traduction rend poésie pour poésie; et si le talent du traducteur est égal à celui de l'original, l'idée qu'il en donnera à ses lecteurs pourra ne les pas tromper; parcequ'il remplacera l'harmonie par l'harmonie, les figures par les figures, les graces poétiques par d'autres graces poétiques, l'audacieuse énergie des expressions par d'autres hardiesses analogues au caractère de sa langue : c'est la même musique jouée sur un autre instrument; et l'on pourra juger, par le plaisir que donne celui qui la répète, du plaisir que faisait autrefois celui qui l'a chantée le premier.

Mais, dit-on (et c'est la seule objection spécieuse qu'on ait faite), la version en prose, libre de toute contrainte, sera plus fidèle. Quoi! vous appelez fidèle une copie qui ôte nécessairement à l'original la moitié de son mérite et de son effet! Êtes-vous bien sûr que ce que vous nommez fidélité ne soit pas une perfidie? Ce n'est pas que je prétende ni que j'aie prétendu jamais diminuer le mérite et l'utilité des bonnes traductions en prose: elles suppléent, du moins autant qu'il est possible, à celles qui nous manquent en vers; elles font connaître, quoique imparfaitement, les bons ouvrages des poètes anciens; et c'est rendre un service réel à ceux qui ne sauraient les lire autrement. D'ailleurs, la difficulté de faire lire un long ouvrage en vers dans notre langue est telle, qu'il sera toujours très rare d'y réussir. Tel ancien même a un mérite si dépendant de son idiome, si particulier au genre qu'il traitait, si relatif à des mœurs différentes des nôtres, qu'on ne peut en essayer avec succès que des fragments, et que le tout ne pourrait nous plaire. Tel est, par exemple, Pindare, que la ressemblance continuelle de ses sujets, et ses fréquents écarts, qui ne pouvaient plaire qu'à sa nation, rendent intraduisible pour nous. Il faut donc encourager le travail utile et estimable des bons traducteurs en prose; mais si l'on veut qu'enfin la poésie française se glorifie un jour de s'être approprié les grands monuments de la poésie antique, on ne peut trop exciter les grands talents à la noble ambition de cueillir cette palme nationale; il faut rejeter bien loin ces distinctions jalouses et frivoles qui n'accordent les honneurs du génie qu'à l'invention, comme s'il n'était pas démontré qu'une belle traduction en vers est, en quelque sorte, une seconde création; comme si, dans ce cas, le second rang, après un homme tel qu'Homère ou Virgile, n'était pas un rang éminent ; enfin, comme si l'on pouvait nous rendre en vers le génie d'un grand écrivain, sans avoir soi-même du génie.

Mais prétendre qu'un poète qui en traduit un autre en vers doit s'asservir à rendre tous les mots, à renfermer dans le même espace les mêmes idées dans un même ordre, c'est le ridicule préjugé d'un pédant à cervelle étroite, qui malheureusement sait assez de latin pour juger très mal le français, et qui a beaucoup plus de raison pour envier les modernes, que de titres pour admirer les anciens. Tout homme qui traduit en vers prend la place de son modèle, et doit songer avant tout à plaire dans sa langue, comme l'auteur original plaisait dans la sienne. C'est là le plus grand service qu'il puisse lui rendre, puisque de l'effet que fera sa version dépend l'opinion qu'auront de l'original ceux qui ne peuvent le connaître autrement. C'est donc à l'effet total de l'ensemble qu'il doit d'abord s'appliquer. S'il est fidèle et ennuyeux, n'aura-t-il pas fait un beau chef-d'œuvre ? Il faut que sa composition, pour être animée, soit libre ; qu'il se pénètre quelque temps du morceau qu'il va traduire, et qu'il se rapproche, autant qu'il est possible, du degré de chaleur et de verve où il serait, s'il travaillait d'après lui-même. Alors, qu'il se mette à lutter contre l'auteur qu'il va faire parler ; qu'il ne compte pas les mots, mais les beautés, et qu'il fasse en sorte que le calcul ne soit pas trop à son désavantage ; il aura fait beaucoup, et son lecteur, s'il est juste, sera content. C'est ainsi que Despréaux et Voltaire ont traduit des fragments des anciens. Sans doute le mérite du traducteur sera d'autant plus grand, qu'il aura conservé plus de traits particuliers et distinctifs de l'ouvrage original, et qu'il en sera demeuré plus près, sans avoir l'air trop contraint et trop enchaîné; mais il faut un goût bien sûr pour pouvoir décider en quels endroits le traducteur a eu tort de s'écarter de son guide. Il faut démontrer alors la possibilité de faire autrement; il faut calculer ce que le vers précédent, ce que la phrase entière pouvait perdre. Il n'y a guère qu'un homme de l'art qui puisse faire cet examen avec connaissance de cause; et quand on a statué d'abord que la version est par elle-même un bon ouvrage, si l'on veut prouver ensuite qu'elle devait être plus fidèle, il n'y a guère qu'un moyen, c'est d'en faire une meilleure.

Il faut s'entendre, et ceux qui ont exigé une fidélité si scrupuleuse ont, je crois, confondu deux choses très différentes par leur nature et par leur objet, l'explication et la traduction. L'explication est faite pour donner l'entière intelligence de chaque mot à l'écolier qui étudie une langue; quant à la traduction, si nous voulons savoir bien précisément ce que c'est, remontons au sens étymologique du mot latin *traducere*, dont nous avons fait *traduire* : c'est proprement faire passer d'un endroit dans un autre, témoin cette expression commune, *traduire quelqu'un devant les tribunaux*. *Traduire*, quand il s'agit d'un auteur, c'est donc le faire passer de sa langue dans la nôtre, et alors ce qu'il y a de mieux à faire est certainement de le transporter parmi nous tel qu'il était, c'est-à-dire avec tout son talent. Terminons par des exemples. En voici un que plusieurs circonstances rendent assez remarquable. C'est une comparaison qui appartient originairement à Homère, et dont il y a eu deux imitations en latin, l'une de Virgile dans *l'Énéide*, l'autre de Cicéron dans son poème de *Marius*. Cicéron n'a jamais eu la réputation ni même la prétention d'être poète; mais il avait cultivé la poésie, qui a toujours eu des droits sur tous les hommes à qui la nature avait donné de l'imagination. Il nous est resté de lui des fragments de ce poème intitulé *Marius*, où il a imité en assez beaux vers cette comparaison dont je parlais tout à l'heure, empruntée de *l'Iliade*. En voici d'abord l'explication.

« Ainsi l'on voit le satellite ailé de Jupiter qui
» tonne du haut des cieux, l'aigle blessé de la
» morsure d'un serpent qui du tronc d'un arbre
» s'est élancé sur lui : il s'en empare avec ses ser-
» res cruelles, et perce le reptile, qui succombe en
» menaçant encore par les mouvements de sa tête;
» l'aigle le déchire tandis qu'il se replie, il l'ensan-
» glante à coups de bec, et, assouvi enfin et satisfait
» d'avoir vengé ses cuisantes douleurs, il le rejette
» expirant, en disperse les tronçons dans les eaux
» du fleuve, et s'envole vers le soleil. »

Voilà comme la prose explique : voici comme le poète traduit ou imite.

Comme on voit cet oiseau qui porte le tonnerre,
Blessé par un serpent élancé de la terre :
Il s'envole, il emporte au séjour azuré
L'ennemi tortueux dont il est entouré.
Le sang tombe des airs : il déchire, il dévore
Le reptile acharné qui le combat encore.
Il le presse, il le tient sous ses ongles vainqueurs ;
Par cent coups redoublés il venge ses douleurs.
Le monstre, en expirant, se débat, se replie ;
Il exhale en poisons les restes de sa vie ;
Et l'aigle tout sanglant, fier et victorieux,
Le rejette en fureur, et plane au haut des cieux.

Remarquons d'abord que l'auteur, qui emploie douze vers pour en rendre huit, n'aurait pas établi dans le cours d'un ouvrage entier une pareille disproportion ; car ce serait alors paraphraser plutôt que traduire. Mais dans un fragment si court, Voltaire n'a vu qu'un tableau manié par trois célèbres anciens, et paraît avoir mis une sorte d'ambition poétique à y ajouter de nouveaux coups de pinceau. *L'ennemi tortueux... le sang tombe des airs...*

Il exhale en poisons les restes de sa vie :

tous ces traits, et le dernier surtout, qui est brillant, appartiennent à l'imitateur français. C'est une espèce de combat avec l'original ; mais, pour l'entreprendre, il faut être bien sûr de la trempe de ses armes.

CHAPITRE IV.

De la poésie épique chez les anciens.

SECTION PREMIÈRE.
De l'épopée grecque.

Plus il y a dans un art de monuments divers regardés comme des modèles, et d'auteurs différents mis au rang des classiques, plus il ouvre un vaste champ aux observations de la critique. Tel a été l'art de la tragédie : il a pris, chez tous les peuples qui l'ont cultivé, différentes formes et divers degrés de perfection. Il n'en est pas de même de l'épopée. Les anciens ne nous ont transmis en ce genre que trois ouvrages qui aient obtenu les suffrages de la postérité, quoiqu'elle n'ait pas laissé d'y remarquer beaucoup d'imperfections ; et ces trois poëmes, l'*Iliade*, l'*Odyssée* et l'*Énéide*, ont été plus ou moins imités par les modernes. Aussi, quoiqu'on ait beaucoup écrit sur cette matière, elle n'offre pourtant, quand on la réduit à ce qui est essentiel et démontré, qu'un petit nombre de principes certains, et tout le reste est à la disposition du génie. Ce n'est pas qu'on n'ait voulu la soumettre aussi à un grand nombre de règles ; mais elles ne sont pas toutes, comme celles de la tragédie, confirmées par l'expérience et adoptées par le consentement général de tous les hommes éclairés. Il est donc permis de les discuter en total et de les rejeter en partie. C'est ce qu'on a déja fait, et ce que je crois aussi pouvoir faire.

Ce sujet, sous plus d'un rapport, est digne d'attention. La poésie, comme on l'a observé, est l'art que tous les peuples polis ont cultivé le premier, et l'épopée a été le premier genre de poésie qu'on ait traité. Après nos livres sacrés et ceux des philosophes indiens et chinois, les plus anciens qui nous soient parvenus sont les poèmes d'Homère; car il ne nous reste que quelques fragments d'Orphée qui l'a précédé. Les hymnes de l'un et les poèmes de l'autre prouvent la vérité de ce que nous a dit Aristote, que la poésie fut originairement consacrée à chanter les dieux et les héros, et cela nous donne d'abord deux caractères essentiels à l'antique épopée : elle était héroïque et religieuse; mais comme les dieux des anciens ne sont plus les nôtres, elle n'a dû conserver pour nous qu'un de ces deux caractères. Je la crois donc essentiellement héroïque; mais je ne pense pas qu'on soit encore obligé d'y faire entrer la religion. Ce n'est pas non plus que je prétende l'exclure; j'ose en cela m'écarter de l'avis de Despréaux, et l'exemple du Tasse, confirmé par le succès, me paraît l'emporter sur l'autorité du critique.

Je définis donc l'épopée, le récit en vers d'une action vraisemblable, héroïque et intéressante. Je dis vraisemblable, parceque le poète épique n'est point obligé de se conformer à la vérité historique, mais seulement à la vraisemblance morale, et qu'il est le maître d'ajouter ou de retrancher, et de se tenir, suivant l'expression d'Aristote, dans le possible. Je dis héroïque, parceque l'épopée a été consacrée originairement aux grands sujets, que cette destination lui a imprimé un caractère qui la distingue, et qu'il n'y a jamais rien à gagner, quoi qu'on en dise, à confondre et à rabaisser les genres, puisque le talent est le maître de les traiter tous en les laissant chacun à sa place. Je dis intéressante, parceque l'épopée, comme la tragédie, doit attacher l'ame et l'imagination, et qu'il y a tel sujet qui peut être grand sans intéresser, comme, par exemple, la conquête du Pérou par Pizarre. Les difficultés de cette navigation lointaine et inconnue ont un caractère de grandeur; mais les conquérants furent des meurtriers barbares, et les Péruviens des victimes qui se laissaient égorger sans défense. Il n'y a là aucun intérêt; au contraire, il peut y en avoir dans la conquête du Mexique par Cortès, parcequ'il eut affaire à des peuples belliqueux, qu'il fut exposé aux plus affreux dangers, qu'il ne s'en tira que par des prodiges de valeur, de constance et de sagesse, et qu'il ne fut cruel qu'une fois.

Il se présente plusieurs questions sur l'épopée. 1° L'unité d'action y est-elle nécessaire? Oui, et ce précepte est fondé sur la nature et le bon sens. Dans tous les arts dont l'objet est de plaire et d'intéresser, il est naturel à l'homme de vouloir qu'on l'occupe d'un objet déterminé, et qu'on le mène à un but proposé : c'est le moyen de nous attacher. Aristote a eu raison de refuser le nom de poèmes épiques à des ouvrages tels que *la Théséide* et *l'Héracléide*, qui contenaient toute la vie d'Hercule et de Thésée. L'objet de la poésie n'est pas de versifier une histoire. L'art du poète suppose toujours une création quelconque, comme l'indique clairement l'origine du mot *poésie*, qui signifie en grec, production, formation, venant du verbe *faire*. Il faut donc qu'il fasse un tout, qu'il construise une machine. C'est là ce qui constitue l'artiste, et le vers n'est que l'instrument de son art. Il en fait une application mal entendue quand il met une histoire en vers : ce n'est pas là ce qu'on attend de lui, car personne ne désire que l'histoire soit écrite en vers ; mais tout le monde est fort aise de lire un beau poème sur tel ou tel sujet tiré de l'histoire, et de voir ce qu'en a fait l'imagination du poète. Quelques modernes ont nié cette vérité ; mais cela prouve seulement qu'il n'y a rien de si simple et de si plausible que quelques esprits bizarres n'aient pris plaisir à nier.

Lamotte, dans son discours sur Homère, après avoir lui-même reconnu ce principe de l'unité d'objet, s'avise tout-à-coup d'un singulier scrupule. « Je ne sais (dit-il) pourquoi j'ai restreint le poème » au récit d'une action. Peut-être que la vie entière » d'un héros, maniée avec art et ornée de beautés » poétiques, en ferait une matière raisonnable. A » quel titre condamnerait-on un ouvrage qui serait » le modèle de toute la vie, la morale de tous les

» âges et de toutes les fortunes ? » Il y a ici un petit artifice oratoire qu'il est bon de remarquer, parcequ'il est fort commun dans la dispute, et apparemment bien difficile à éviter, puisque nous y prenons Lamotte lui-même, qui, tout en se trompant sur le fond des choses, a coutume de discuter avec méthode et bonne foi. Dans les règles de la logique, il ne faut jamais s'écarter du point précis de la question, ni changer les termes principaux de la proposition. Or, de quoi s'agit-il : S'il faut donner le nom de poème épique à la vie d'un héros mise en vers ? Au lieu de s'en tenir à cette question, qui est de critique et de goût, il en propose une de morale: « A quel titre condamnerait-on un ouvrage qui serait le modèle de toute la vie, etc. ? » Et voilà le lecteur, pour peu qu'il ne soit pas très attentif, tout prêt à donner raison à l'auteur, qui a l'adresse de lui présenter ce qui semble répugner d'abord, *la condamnation d'un ouvrage qui est le modèle de la vie*, etc. Mais ramenons la question à ses termes, et nous verrons que la phrase de Lamotte n'y a aucun rapport. Nous lui dirons : Non, monsieur, nous ne condamnerons pas ce qui est le modèle de la vie et la morale de tous les âges. Mais comme il y a vingt sortes d'ouvrages dont vous pourriez dire la même chose, il faudrait, pour que votre proposition fût conséquente, que tous ces ouvrages fussent nécessairement des poèmes épiques. Vous êtes fort loin de le prétendre, n'est-ce pas ? Vous n'avez donc rien dit qui allât à la question. Ainsi, sans *condamner* ce que vous appelez *le modèle de la vie*, nous dirons que ce n'est point un poème épique.

Si l'on pouvait trouver un moyen de forcer les hommes à ne jamais s'écarter de la question, les trois quarts des disputes finiraient bientôt. Mais il semble qu'on ait juré de ne jamais s'entendre, pour avoir le plaisir de disputer toujours.

Lamotte ne se rend pas plus difficile sur le caractère propre à l'épopée que sur l'unité d'action, et n'est pas plus conséquent sur l'un de ces points que sur l'autre. Tous les sujets lui semblent également bons pour l'épopée. *La Pharsale* et *le Lutrin* sont à ses yeux des poèmes épiques tout aussi bien que *l'Iliade*, et cette assertion lui paraît n'avoir besoin d'aucune preuve; car il se contente d'ajouter : « Toutes choses d'ailleurs égales » dans ces ouvrages, on aura droit de se plaire à » l'un plus qu'à l'autre. » Voilà encore de ces choses qui ne signifient rien. Assurément tout le monde a *le droit de se plaire* plus ou moins à tels ou tels ouvrages. S'ensuit-il que ces ouvrages soient du même genre? Quelle étrange manière de raisonner! Je ne serais point du tout surpris qu'on se plût à la lecture du *Lutrin* plus qu'à celle de *la Pharsale*, car l'un de ces poèmes est aussi parfait dans son genre que l'autre est défectueux dans le sien. Cela prouve-t-il que le combat des chantres et des chanoines chez Barbin soit absolument la même chose pour l'épopée que la bataille entre César et Pompée dans les plaines de Pharsale? J'avoue que je n'en crois pas un mot. Qu'aurait dit Lamotte si on lui avait soutenu, d'après son principe, qu'*Agnès de Chaillot* était aussi bien une tragédie que son *Inès de Castro*, et que c'étaient seulement, pour me servir de ses termes, *deux espèces diverses d'un même genre?* Il n'eût pas manqué de répondre que l'une n'était que la parodie de l'autre. Eh bien! *le Lutrin* est-il autre chose que la parodie de l'héroïque? Quel entêtement de ne pas vouloir reconnaître dans les ouvrages d'imitation la même différence qui est entre les choses imitées! Ce ne sont pas là des distinctions arbitraires établies par le caprice; ce sont des limites posées par la nature et la raison, et tous les sophismes du monde ne me persuaderont jamais qu'il faille mettre sur la même ligne *la Henriade* et *Vert-vert*.

Ce que j'ai dit ci-dessus de l'unité d'objet prouve suffisamment que le rapprochement de *la Pharsale* et de *l'Iliade* n'est pas plus fondé. Il m'est impossible d'appeler du même nom celui qui a construit la fable de *l'Iliade*, qui n'est qu'à lui, et que je ne puis trouver ailleurs, et celui qui a mis en vers toute l'histoire de la guerre civile entre César et Pompée, que je trouverai partout.

2º Quelle doit être la durée de l'action épique? On sent qu'il ne peut y avoir là-dessus d'autre règle que celle que prescrit sagement Aristote, de ne point offrir à l'esprit plus qu'il ne peut embrasser. Dès qu'on a statué que l'action devait être une, elle doit nécessairement avoir des limites. Celle de *l'Iliade* et de *l'Odyssée* dure moins de deux mois, celle de *l'Énéide* à peu près un an, ainsi que celle de *la Jérusalem*. On peut aller au-delà ou rester en-deçà, selon le besoin et les convenances. Ce qu'il y a de plus essentiel à observer, c'est de ne mettre entre le point d'où l'on part et le terme où l'on va qu'un espace distribué de manière à ne pas faire languir l'action ni refroidir le lecteur.

3° Le poème épique doit-il être écrit en vers ? C'est une demande qui, ce me semble, ne peut guère intéresser que ceux qui n'en savent pas faire. Il est bien vrai qu'Aristote a dit que *l'Iliade*, mise en prose, serait encore un poème, parcequ'il y reconnaît, indépendamment de la versification, cette invention d'une fable qui est l'essence de l'épopée ; mais il semble que parmi les modernes on ne peut guère séparer la versification de la poésie ; et quoique la France eût *Télémaque*, nous ne nous vantions pas, avant *la Henriade*, d'avoir un poème épique à opposer au Tasse, au Camoëns et à Milton. Sans vouloir prononcer rigoureusement sur cette question, l'on peut au moins assurer que celui qui traiterait l'épopée en prose avec imagination et intérêt, laisserait encore à desirer une partie essentielle à notre poésie, la beauté de la versification, et aurait par conséquent un mérite de moins. Qu'est-ce donc qu'on peut gagner à dispenser le poète épique de parler en vers ? Il est plus important qu'on ne pense de ne pas enlever les barrières qui défendent le sanctuaire des arts. La difficulté qu'il faut vaincre a un double avantage ; elle élève le génie et repousse la médiocrité.

Et quel bien nous a fait l'invention du drame en prose, si fastueusement annoncé, il y a trente ans, comme une carrière nouvelle ouverte au talent? Elle a produit deux ou trois ouvrages de mérite, très inférieurs en tout à nos bonnes pièces en vers, et une foule de drames insipides oubliés en naissant.

4° Le merveilleux doit-il entrer nécessairement dans l'épopée? Oui, à moins que le sujet n'en soit pas susceptible; car il serait absurde d'exiger dans un sujet moderne l'intervention des dieux de l'antiquité. La Tasse et Milton y ont substitué les agents intermédiaires admis dans notre religion. Nous verrons ailleurs l'inconvénient qu'ils ont dans le poëme de Milton. Quant à celui du Tasse, j'avoue que le reproche qu'on lui a fait d'avoir employé la magie ne m'a jamais paru fondé. Notre croyance religieuse ne la rejette pas, et dans quel sujet pouvait-elle entrer plus convenablement? Les chrétiens portent la guerre chez les nations mahométanes : n'est-ce pas là le cas de représenter l'enfer armant toutes les puissances contre ceux qui suivent les enseignes du Christ? Les Sarrasins de la Palestine n'étaient-ils pas regardés comme vivant sous le joug des démons? Les démons font donc leur office en défendant leurs sujets qu'on veut leur ôter. Il y a plus : toute cette magie d'Armide est-elle sans intérêt? J'aime beaucoup mieux sans doute la Didon de Virgile; car que peut-on comparer à Didon? Mais ne pouvant pas refaire ce qui avait été si supérieurement fait, il nous a donné Armide, et peut-on lui en savoir mauvais gré? N'y a-t-il pas beaucoup d'art à nous avoir montré cette magicienne livrée par sa passion à la merci de celui qu'elle aime, dans l'instant même qu'un pouvoir surnaturel la rend maîtresse absolue de la vie de Renaud? N'est-ce pas là parler à la fois à l'imagination et au cœur? Et cette forêt enchantée, qu'on a tant critiquée, osera-t-on prétendre qu'elle ne produise pas un grand effet, et qu'elle ne soit pas une source de beautés? Je demanderais aux critiques même s'ils n'ont pas été émus au moment où l'intrépide Tancrède entre dans cette forêt, au moment où il en sort à pas lents, en homme supérieur à la crainte, mais qui reconnaît une puissance au-dessus de sa force et de son courage. Quand la voix gémissante de Clorinde, sortant de ces troncs sensibles, frappe les oreilles de Tancrède, est-on moins attendri que dans cet endroit de *l'Énéide*, où Énée, voulant arracher des branches d'un myrte, en voit couler des gouttes de sang, et entend une voix plaintive qui lui reproche sa cruauté? Cette voix, ce sang, ces rameaux de myrte qui couvrent la tombe du jeune Polydore, et qui sont originairement, comme il le dit à Énée, les traits dont l'a fait accabler Polymnestor, et sous lesquels il est enseveli, sont-ils une fiction plus fondée que les arbres enchantés du Tasse? Tout cela ne tient-il pas également à des hypothèses traditionnelles, reçues dans tous les systèmes religieux, et que par conséquent un poète peut employer sans être taxé d'absurdité et d'inconséquence? Ces hypothèses peuvent être combattues par une philosophie qui rejette toute espèce de miracles; mais cette philosophie doit-elle être celle des poètes? Qu'elle réfute tant qu'elle voudra les fables de tous les peuples anciens, c'est son emploi; celui des poètes, c'est d'en profiter. Eh! souvent les philosophes eux-mêmes ne sont pas fâchés qu'on leur fasse, au moins un moment, cette espèce d'illusion. Quel homme y est absolument étranger? Quel est celui à qui la vérité peut suffire, cette vérité qui nous apprend si peu de choses et qui nous en refuse tant?

Ne soyons pas si prompts à médire du merveilleux : nous l'aimons tant, et nous en avons tant besoin! Condamnés à ignorer, faut-il nous ôter encore la ressource d'imaginer? Oh! qu'en ce sens les poètes ont connu l'homme bien mieux que n'ont fait les philosophes! Il y a dans nous un fonds immense et intarissable de sensibilité qui ne demande qu'à se répandre; qui, ne pouvant se contenter de ce qui est, cherche à se prendre à tout ce qui pourrait être, veut tout interroger, tout animer, veut s'adresser à tout, et que tout lui réponde; qui ne peut souffrir que la pierre d'une tombe soit muette, ni qu'un monument soit insensible; qui attache à tous les objets des souvenirs, des regrets, des espérances : de là cet irrésistible instinct qui promène nos pensées dans un autre ordre de choses, sans pouvoir nous révéler ce qu'il est; de là cette foule de sentiments confus, mais tendres, qui sont des rêves de l'imagination passionnée où notre ame aime à se reposer, même en se trompant, comme nos sens se reposent pendant les songes du sommeil.

Voilà, n'en doutons point, ce qui, aux yeux des hommes sensibles, a donné tant de prix aux fictions de l'ancienne mythologie, qui prêtait à tout l'ame et la vie, faisait communiquer l'homme avec tous les êtres existants et possibles, et le faisait vivre dans le passé et dans l'avenir. Nous disions, il n'y a pas long-temps, que la langue des anciens était toute poétique ; leur religion ne l'était pas moins : la nôtre, aussi sublime que vraie, peut élever le génie beaucoup plus haut, mais ne lui permet pas la même variété de fictions. Que Lamotte, avec sa froide et contentieuse raison, était loin de sentir ce mérite des anciens ! Il avoue lui-même ce que Fénélon lui avait fait observer dans une de ses lettres, qu'il n'était pas juste de reprocher à Homère d'avoir suivi les idées de son siècle, et d'avoir peint ses dieux tels qu'on les croyait. *Il ne les a pas faits*, dit très bien Fénélon ; *il a fallu qu'il les prît tels qu'il les trouvait.* Et qui doute que la mythologie ancienne ne soit remplie d'inconséquences ? Mais qui peut nier aussi qu'elle ne soit pleine de tableaux faits pour être coloriés par un poète, et pour frapper l'imagination de tous les hommes ? Laissons donc les inconséquences plus ou moins mêlées dans toutes les religions qui ont été l'ouvrage des hommes, et jouissons des peintures de tout genre que la religion des Grecs a fournies à Homère.

Lamotte ne saurait se faire à ces dieux-là. Voici comme il s'exprime dans son courroux philosophique : « Il fallait que les Grecs fussent encore dans » l'imbécillité de l'enfance pour s'être contentés des » dieux d'Homère; car, quoi qu'on en dise, il n'en a » introduit que de méprisables. Qu'est-ce que des » dieux qui n'ont point fait l'homme, nés comme lui » dans la succession des siècles, et multipliés par » les mariages, à la manière des races humaines ? » des dieux sujets aux infirmités et à la douleur, » qui, blessés quelquefois par des hommes même, » jettent des cris, versent des larmes, tombent » dans des défaillances, et qui, pour dire encore » plus, ont des médecins ? des dieux qui ont tous » nos vices, toutes nos faiblesses, etc. ? » Je dirai à Lamotte : Certes, ce ne sont pas là des dieux bien philosophiques, mais, si je ne me trompe, ce sont des dieux très poétiques. Cicéron avait déja observé avant vous qu'il semblait qu'Homère eût pris plaisir à élever ses héros jusqu'aux dieux, et à faire descendre les dieux jusqu'à l'homme. Mais qu'en est-il résulté en général? C'est que, malgré quelques défauts de convenance et de dignité que l'on avoue, et que madame Dacier seule peut nier, il a le plus souvent flatté notre orgueil en donnant à ses héros cette grandeur extraordinaire que nous aimons à croire possible, et qu'il a rendu ses dieux susceptibles du même intérêt dramatique que ses héros, en leur donnant les mêmes passions. Citons des exemples. Que Jupiter se querelle avec Junon, la maltraite, la menace, cela ressemble trop, comme on a dit, à une querelle de ménage, et ne peut nous intéresser. Mais que Junon aille emprunter la ceinture de Vénus pour réveiller la tendresse de son époux, qu'elle cherche à l'endormir dans ses bras pour donner à Neptune le temps de secourir les Grecs pendant le sommeil de Jupiter, n'est-ce pas là une fiction charmante, même de votre aveu? Eh bien! soumettez-la comme tout le reste à vos idées philosophiques, et vous verrez que si le poète ne donne pas à ses dieux toutes les faiblesses humaines, cette fiction va disparaître comme toutes les autres; car, en raisonnant rigoureusement, un dieu ne doit pas avoir besoin de dormir, et ne doit pas être trompé pendant son sommeil, ne doit pas ignorer que sa femme veut le tromper, ne doit pas la trouver plus belle un jour que l'autre; ainsi du reste. Il faut donc laisser à Homère ses dieux tels qu'ils étaient, suivant l'esprit de son siècle, et ne le juger que par l'usage qu'il en a fait. Or, cet usage a été le plus souvent très heureux. Ajoutons en preuve encore un autre exemple, celui de Mars blessé par Diomède. Sans doute la raison ne permet pas qu'un dieu soit blessé par un mortel. Mais combien n'est-on pas content du poète, quand le dieu des combats va porter sa plainte à Jupiter, et que le maître des dieux et des hommes repousse d'un coup d'œil terrible cette divinité sanguinaire qui cause tant de maux aux humains, et loin de s'intéresser à son malheur, lui reproche de l'avoir trop mérité! Quel tableau et quelle leçon! On peut en prendre une idée dans l'ode de Rousseau *sur la Paix*, où il a assez heureusement imité ce beau morceau de *l'Iliade*.

5° L'épopée doit-elle avoir un but moral ? C'est une question qu'on n'a pas dû faire ; car l'épopée étant ce qu'on appelle en poésie une fable, elle renferme nécessairement une leçon morale. Mais c'est ici que les critiques modernes se sont le plus égarés en voulant trouver dans les anciens ce qui n'y était pas, et leur prêtant des intentions que probablement ils n'ont point eues. Le P. Lebossu emploie une partie d'un fort long traité sur le poème épique à prouver qu'il est essentiellement allégorique, qu'il faut d'abord que le poète établisse une vérité morale, et imagine une action qui en soit la preuve et le développement, et qu'ensuite il y adapte un fait historique et des personnages connus. Il est très permis de douter que jamais les poètes aient procédé de cette manière. Il est bien vrai que les évènements de *l'Iliade* font voir tous les dangers de la discorde entre les chefs des nations ; mais est-il sûr que ce fût le premier dessein d'Homère, et qu'il n'ait fait *l'Iliade* que pour développer cette leçon, et *l'Odyssée* que pour montrer qu'il ne fallait pas qu'un roi fût absent de ses états ? Si cela était, le sujet d'un de ces poèmes serait la condamnation de l'autre ; car *l'Iliade* représente une foule de princes qui ont quitté leurs états pour venir assiéger Troie ; et Homère ne nous fait entendre nulle part que ces princes eussent tort de s'être réunis pour venger la querelle de Ménélas, l'hospitalité violée et l'injure faite à la Grèce. Cette guerre est aussi juste qu'une guerre peut l'être, et certainement Homère n'a pas voulu la condamner. Il peut donc y avoir de bonnes raisons pour qu'un roi s'absente de ses états; et sans aller bien loin pour le prouver, le czar Pierre a-t-il eu tort de quitter les siens? Et dans un poëme consacré à sa gloire, tel que celui qu'avait entrepris Thomas, ses voyages ne feraient-ils pas une partie de cette gloire? J'aime mieux ici en croire Horace que le P. Lebossu. Homère (dit Horace dans une de ses épîtres) nous a fait voir dans Ulysse ce que peut le courage uni à la sagesse; et en effet, à son arrivée dans l'Ithaque, il eut besoin de l'un et de l'autre pour échapper aux dangers qui l'attendaient, et pour tromper seul tous les prétendants qui obsédaient sa femme et son palais. Quant au premier dessein du poëte épique, il est naturel de penser que ce qui le détermine à écrire, c'est d'abord la grandeur et l'intérêt du sujet qui s'offre à lui. Ce qui échauffe et met en mouvement l'imagination poétique, ce n'est pas la contemplation d'une vérité à développer, c'est un grand caractère, une grande action. La Grèce et l'Asie mineure étaient remplies de la mémoire de ce fameux siége de Troie, l'une des premières époques des temps fabuleux. Les évènements qui suivirent ce siége furent si long-temps célèbres, que la plupart des poëtes tragiques en empruntèrent les sujets de leurs pièces. N'est-il pas très probable qu'Homère recueillit toutes ces traditions pour en composer son *Iliade* et son

Odyssée, et qu'il trouva de l'avantage à chanter devant les Grecs des faits et des héros également mémorables, et dont le souvenir leur était cher? En tout temps les poètes ont cherché plus ou moins à flatter la vanité nationale, et ont accommodé leurs conceptions aux idées les plus familières à leurs contemporains. C'est une suite de leur principal objet, qui est de plaire. Ce n'est pas que j'oublie que dans les temps grossiers qu'on nomme héroïques, où l'écriture était à peine connue (où l'on en faisait du moins très peu d'usage), les poètes étaient regardés comme des précepteurs de morale, parcequ'ils célébraient des hommes qui avaient été favorisés du ciel, et qu'ils prêchaient toujours dans leurs vers le respect que l'on devait aux dieux. La poésie alors avait quelque chose de sacré, parcequ'elle était, dans son origine, mêlée à toutes les cérémonies religieuses. Homère lui-même nous raconte dans *l'Odyssée* qu'Agamemnon avait laissé auprès de la reine Clytemnestre un de ces chantres divins chargé de lui rappeler tous les jours, dans ses poésies, les préceptes de la vertu et les dangers du vice, et qu'Égisthe ne parvint à la corrompre que quand il l'eut déterminée à éloigner d'elle ce censeur qu'il craignait, et à l'exiler dans une île déserte. Mais il faut avouer aussi que, dans ces temps reculés, les idées de morale n'étaient pas si relevées qu'elles l'ont été depuis, et se sentaient de la grossièreté des mœurs. C'est ce qui fait qu'il y a tant de choses dans Homère qui blessent, comme on le verra ci-après, les idées que nous avons de l'héroïsme, depuis que les progrès de la raison et de la société nous ont appris à le mieux connaître. Il est temps d'en venir à ce qui regarde la personne et les ouvrages d'Homère; et l'examen de ses beautés, de ses défauts, et des critiques bonnes ou mauvaises qu'on en a faites, me donnera lieu de développer successivement ce qui me reste à dire de l'ancienne épopée.

HOMÈRE ET L'ILIADE.

Il n'y a point d'écrivain dont les ouvrages aient tant occupé la postérité; il n'y en a point dont la personne soit moins connue. Un adorateur d'Homère pourrait dire que ce poète ressemble à la Divinité, que l'on ne connaît que par ses œuvres. On ne sait où il est né, ni même bien précisément quand il a vécu. On conjecture, avec assez de vraisemblance, que l'époque de sa naissance remonte à près de mille ans avant Jésus-Christ, et trois cents ans après la guerre de Troie. Ce qu'on a dit de sa pauvreté, qui le réduisait à demander l'aumône, n'est fondé que sur des traditions incertaines, et peut-être sur l'hospitalité qu'il recevait dans les différents endroits où il récitait ses vers. Suidas fait monter à quatre-vingt-dix le nombre des villes qui se disputaient l'honneur d'être la patrie d'Homère. L'empereur Adrien consulta les oracles pour savoir à qui ce titre appartenait, et ils répondirent qu'Homère était né dans l'île d'Ithaque. Mais comme les oracles étaient déjà fort décrédités, leur autorité ne décida pas la question. La ville de Smyrne et l'île de Chio sont les deux contrées qui ont produit le plus de titres en leur faveur. Des savants ont écrit là-dessus de gros volumes qui ne nous ont rien appris; et qu'importe, après tout, quel pays puisse se vanter d'avoir produit Homère? il suffit que l'humanité s'honore de son génie, et que ses écrits appartiennent au monde entier. Ce qu'on a écrit sur son origine et sur sa vie est aussi fabuleux que ses poëmes. Le commentateur Eustathe, qui le fait naître en Égypte, assure qu'il fut nourri par une prêtresse d'Isis, dont le sein distillait du miel au lieu de lait; qu'une nuit on entendit l'enfant jeter des cris qui ressemblaient au chant de neuf différents oiseaux, et que le lendemain on trouva dans son berceau neuf tourterelles qui jouaient avec lui. Héliodore prétend qu'il était fils de Mercure. Diodore de Sicile nous apprend qu'Homère avait trouvé le manuscrit d'une certaine Daphné, prêtresse du temple de Delphes, qui avait un talent admirable pour rendre en beaux vers les oracles des dieux, et que c'est de là qu'Homère les a transportés dans ses poëmes. D'autres le font descendre en droite ligne d'Apollon, de Linus et d'Orphée; et suivant les idées que ces noms réveillent en nous, on ne peut nier que celui d'Homère, mis à côté d'eux, n'ait au moins un air de famille. Enfin il y en a qui prétendent que, longtemps avant lui, une femme de Memphis, nommée *Phantasie*, avait composé un poème sur la guerre ; et vous observerez qu'en grec, φαντασία, dont nous avons fait *fantaisie*, veut dire imagination. L'allégorie n'est pas difficile à pénétrer, et toutes ces traditions fabuleuses prouvent seulement le goût constant et décidé des Grecs pour les contes allégoriques, goût qui ne les abandonna pas même dans le moyen âge, puisque la fable du miel et des tourterelles, dans Eustathe, désigne évidemment la douceur des vers d'Homère, et que celle d'Héliodore, qui lui donne Mercure pour père, fait allusion à l'invention des arts, attribuée à Mercure. Quant aux vers de la sibylle Daphné, la vérité est que ceux d'Homère étant très répandus, les oracles s'en servaient souvent pour rendre leurs réponses.

Il faudrait compiler des volumes sans nombre pour rassembler tous les divers jugements qu'on a portés de lui ; car il était de sa destinée d'être un sujet de discorde dans tous les siècles. Horace a placé Homère, pour la morale, au-dessus de Chrysippe et de Crantor, deux chefs de l'école, l'un du Portique, l'autre de l'Académie. Porphyre, dans des temps postérieurs, a fait un traité *sur la philosophie d'Homère*. Mais, d'un autre côté, Pythagore, qui ordonnait à ses disciples cinq ans de silence, et qui apparemment ne faisait pas grand cas du talent de bien parler, a mis Homère dans le Tartare pour avoir donné de fausses idées de la Divinité. L'on sait communément que Platon voulait le bannir de sa *République* ; mais il n'est

pas aussi commun de savoir comment ni pourquoi. On va reconnaître des idées abstraites et élevées, mais aussi des conséquences forcées et sophistiques, dans les motifs de l'exil auquel il condamne les poètes; et en même temps l'on trouvera sa belle imagination dans la manière dont il veut que cet exil s'exécute. Il faut d'abord savoir que Platon n'admet dans la nature que deux choses : l'idée originelle, et l'être qui est la ressemblance de l'idée, ou la copie du modèle. Par l'idée originelle, il entend Dieu ou la pensée divine; et par les autres êtres, toutes les formes que Dieu avait créées conformément à sa pensée. Il n'y a rien jusque là que de grand et de philosophique ; mais il ajoute : « Tous les objets n'étant que des
» copies de ce premier modèle, les arts qui les
» imitent ne font que copier des copies : à quoi
» cela est-il bon ? » Ici, le philosophe n'est plus qu'un sophiste; mais ce qui suit fait voir que, si sa métaphysique était quelquefois forcée, son imagination était douce et riante. « Donc, dit-il,
» s'il se présente parmi nous (c'est-à-dire parmi
» les citoyens de cette république qui n'a jamais
» existé que dans les livres de Platon) un poète
» qui sache prendre toutes sortes de formes et tout
» imiter, et qu'il vienne nous présenter ses poèmes,
» nous lui témoignerons notre vénération comme
» à un homme sacré qu'il faut admirer et chérir ;
» mais nous lui dirons : Nous n'avons parmi nous
» personne qui vous ressemble, et dans notre
» constitution politique il ne nous est pas permis

» d'en avoir; et ensuite nous le renverrons dans
» une autre ville, après avoir répandu sur lui des
» parfums et couronné sa tête de fleurs. » Avouons
qu'on ne peut pas donner à un arrêt de bannissement une tournure plus aimable, et que, si la
république de Platon existait, un poète serait
tenté d'y aller, ne fût-ce que pour en être renvoyé.

Au reste, quand il en vient à Homère lui-même,
il témoigne la plus grande admiration pour son
génie; il avoue qu'il lui faut du courage pour le
condamner; que le respect et l'amour qu'il a depuis
son enfance pour les écrits d'Homère devraient
enchaîner sa langue; qu'il le regarde comme le
créateur de tous les poètes qui l'ont suivi, et particulièrement des poètes dramatiques; mais qu'enfin la vérité l'emporte sur tout. Alors il lui fait des
reproches un peu plus clairement motivés que
l'espèce de proscription politique prononcée ci-dessus, et prouve fort au long que les dieux de
l'Iliade sont faits pour donner une idée aussi fausse
qu'indigne de la Divinité; ce qui certainement n'était pas difficile à démontrer en philosophie.

Pour justifier ces dieux d'Homère, les anciens
et les modernes ont eu recours à l'allégorie, et
dans ce système ils ont mêlé, comme dans tout le
reste, la vérité à l'erreur. Il est hors de doute que
les allégories et les emblèmes sont de la plus
haute antiquité. Ce fut partout la première philosophie et la première religion : c'était particulièrement l'esprit des Orientaux et la science des
Égyptiens. Homère avait long-temps voyagé chez

eux, et, soit qu'il fût né dans la Grèce même, ou dans une des colonies grecques qui couvraient les côtes d'Ionie, il dut être imbu, dès son enfance, des notions les plus familières aux peuples de ces contrées. Les mystères d'Éleusis n'étaient autre chose que des emblèmes de morale : il est prouvé que le sixième livre de *l'Enéide* est une description exacte de ces mystères et un résumé de la philosophie de Pythagore. Plusieurs des fictions d'Homère ont un sens allégorique si évident, qu'on ne peut s'y refuser. On sait aussi que long-temps après lui c'était un usage général parmi les poètes de désigner l'air par Junon, le feu par Vulcain, la terre par Cybèle, la mer par Neptune, etc. Tout cela est incontestable : mais ne voir dans toute *l'Iliade* que des êtres moraux personnifiés, est une idée aussi fausse en spéculation qu'elle serait froide en poésie; et ce qu'il y a de pis, c'est que cette explication forcée et chimérique ne sauve rien, et qu'en prenant Jupiter pour la puissance de Dieu, le Destin pour sa volonté, Junon pour sa justice, Vénus pour sa miséricorde, et Minerve pour sa sagesse, il y a encore plus d'inconséquences à dévorer qu'en les prenant pour ce qu'elles sont dans *l'Iliade*, c'est-à-dire pour des divinités conduites par toutes les passions des hommes. Ne vaut-il pas mieux laisser les choses comme elles sont, et avouer qu'Homère a peint les dieux précisément tels que la croyance vulgaire les représentait? C'est pour nous un défaut, sans doute; et ce qui prouve qu'on l'a senti long-temps avant nous, c'est que Virgile, qui a fait usage des mêmes divinités, les fait agir d'une manière plus raisonnable et plus décente, parceque son siècle était plus éclairé; ce qui n'empêche pas que dans *l'Enéide* même on ne trouve bien des choses aussi étrangères à nos mœurs et à nos idées que dans *l'Iliade* et *l'Odyssée*. Renfermons-nous donc dans cette seule apologie si simple et si plausible, que les devoirs d'un poète et d'un philosophe sont très différents; que, si l'on demande à l'un de s'élever au-dessus des idées vulgaires qu'il doit rectifier, on ne demande au poète que de bien peindre ce qui est. Il est l'historien de la nature, et n'en est pas le réformateur; et l'on peut dire à ceux qui ne sont pas contents des dieux et des héros d'Homère : Que vouliez-vous donc qu'il fît ? Pouvait-il faire une religion autre que celle de son pays, et peindre d'autres mœurs que celles qu'il connaissait ?

On n'a pas épargné ses héros plus que ses dieux, et ils sont tout aussi aisés à justifier par le même principe. Il est incontestable que de son temps la force du corps faisait tout, que les guerriers étant couverts de fer et d'airain, celui qui pouvait soutenir facilement l'armure la plus forte et la plus pesante, porter le coup le plus vigoureux, percer avec le plus de force les cuirasses et les boucliers, était un homme formidable, était un héros. Cette supériorité, une fois reconnue, réglait son rang; et de là vient que dans *l'Iliade* il est si commun de voir un guerrier très brave avouer qu'un

autre lui est supérieur, et se retirer devant lui. Aujourd'hui que des armes également faciles à manier pour tout le monde, et le principe de l'honneur qui défend à un homme de céder à un autre homme, ont mis sur la même ligne tous ceux qui peuvent combattre, on serait blessé avec raison de voir un guerrier fuir devant un autre et s'avouer son inférieur. Mais dans Homère, Énée dit sans honte à Achille : *Je sais bien que tu es plus vaillant que moi*, ce qui signifie seulement, je sais que tu es plus fort. Il est vrai qu'il ajoute : *Mais pourtant si quelque dieu me protège, je pourrai te vaincre* ; et voilà le principe le plus généralement répandu dans *l'Iliade*, c'est que tout vient des dieux, la force, le succès, la sagesse. Lorsque Agamemnon veut se justifier d'avoir outragé Achille, il dit que quelque dieu avait troublé sa raison. C'est la protection de tel ou tel dieu qui fait triompher tour à tour les héros grecs et troyens, aujourd'hui Hector, demain Diomède. Ce sont les dieux qui répandent la consternation dans les armées, ou qui les animent au combat; et il ne faut pas croire que cette intervention des dieux diminue la gloire des guerriers, parceque l'on voit clairement que, dans leurs idées, ce qu'il y a de plus glorieux pour un mortel, ce qui le relève le plus aux yeux des autres hommes, c'est d'être favorisé du ciel. Achille dit à Patrocle : « *Garde-toi d'attaquer Hec-*
» *tor ; il a toujours près de lui quelque dieu qui*
» *le protège.* » Aussi n'y a-t-il pas un seul des

héros de *l'Iliade*, Achille excepté, à qui il n'arrive de se retirer devant un autre : ce qui distingue les plus braves, tels qu'Ajax et Diomède, c'est de se retirer en combattant; et l'on peut observer à la gloire du poète, que, malgré cette puissance des dieux qui semblerait devoir tout confondre, il conserve à tous ses personnages la grandeur qui leur est propre et le caractère qu'il leur a donné. C'est un de ses plus grands mérites aux yeux de tous les bons juges, que cet art de soutenir et de varier un grand nombre de caractères, et de donner à tous ses personnages une physionomie particulière. Lamotte lui a contesté ce mérite, et c'est une de ses injustices. Agamemnon est le seul, si j'ose le dire, qui me paraisse jouer un rôle peu noble et peu digne de son rang. Je ne lui reproche pas sa querelle avec Achille, puisqu'elle est le fondement du poème, et que d'ailleurs elle est suffisamment motivée par le caractère altier que le poète lui donne; mais d'ailleurs il ne fait rien qui excuse ses torts envers Achille, et qui justifie la prééminence qu'il a parmi tous ces rois. Il n'assemble deux fois les chefs de l'armée que pour les exhorter à la fuite; et quelques subtilités qu'on ait imaginées pour pallier cette conduite, elle n'en est pas moins inexcusable. Le vrai modèle d'un général, c'est le Godefroi du Tasse, et c'est aussi le Tasse qui seul peut le disputer à Homère dans cette partie de l'épopée, qui consiste dans la beauté soutenue et l'attachante variété des caractères.

Achille est en ce genre le chef-d'œuvre de l'épopée, et Lamotte lui-même, ce grand détracteur d'Homère, en est convenu. On a dit très légèrement que sa valeur n'avait rien qui excitât l'admiration, parcequ'il était invulnérable. Ceux qui se sont arrêtés à cette fable du talon d'Achille, répandue depuis Homère, n'ont pas songé qu'il n'en est pas dit un mot dans *l'Iliade* ; et s'ils l'avaient lue, ils auraient vu que, bien loin d'être invulnérable, il est blessé une fois à la main, et voit couler son sang. Mais une adresse admirable du poète, c'est, comme l'a très bien remarqué Lamotte, d'avoir donné à ce jeune héros la certitude qu'il périra devant les murs de Troie. Il ne fallait rien moins pour balancer cette supériorité reconnue qu'il a sur tous les autres guerriers. Il a beau porter la mort de tous côtés, il peut la trouver à chaque pas, et quoiqu'il ne puisse rencontrer un vainqueur, il est sûr de marcher à la mort. Sa jeunesse, sa beauté, une déesse pour mère, tous ces avantages qu'il a sacrifiés à la gloire quand il a accepté volontairement une fin prématurée et inévitable, tout sert à répandre d'abord sur lui cet éclat et cet intérêt qui s'attache aux hommes extraordinaires. Dès lors on n'est plus étonné que le ciel s'intéresse à ce point dans sa querelle, que Jupiter promette à Thétis de le venger et de donner la victoire aux Troyens, jusqu'à ce que les Grecs humiliés expient son injure et implorent son appui. Et quelle haute et sublime idée que d'avoir fait du repos d'un guerrier l'action d'un poème ! Cette seule conception suffirait pour caractériser un homme de génie. Tous les évènements sont disposés dans *l'Iliade* pour agrandir le héros, et tout ce qui est grand autour de lui le relève encore. Quand les Grecs fuient devant Hector, l'attention se porte aussitôt sur Achille, qui, tranquille dans sa tente, plaint tant de braves gens immolés à l'orgueil d'Agamemnon, et s'applaudit de voir cet orgueil abaissé. Il voit la Grèce entière à ses pieds, et il est inexorable; mais il cède aux larmes d'un ami, et permet à Patrocle de combattre sous l'armure d'Achille. Avec quelle tendresse il lui recommande de s'arrêter quand il aura repoussé les Troyens, et de ne pas chercher Hector! Dans quelle profonde douleur le jette la perte de cet ami si cher, le compagnon de son enfance! La vengeance lui a fait quitter les armes, la vengeance seule peut les lui faire reprendre. Ce n'est pas la Grèce qu'il veut servir, c'est Patrocle qu'il veut venger. Il pleure encore Patrocle en traînant le cadavre de son meurtrier, et mêle aux larmes de l'amitié les larmes de la rage. Mais il pleure aussi en rendant au vieux Priam le corps de son malheureux fils: il s'attendrit sur cet infortuné vieillard, et menace encore en s'attendrissant. Ainsi, de ce mélange de sensibilité et de fureur, de férocité et de pitié, de cet ascendant qu'on aime à voir à un homme sur les autres hommes, et de ces faiblesses qu'on aime à retrouver dans ce qui est grand, se forme le caractère le plus poétique qu'on ait jamais imaginé.

Les mœurs sont aussi une des parties les plus

importantes de l'épopée, et ce n'est pas celle sur laquelle les critiques aient été le moins injustes envers Homère. Ils ont un double tort, celui d'oublier que le poète avait dû peindre les mœurs de son temps, et n'avait pu même en peindre d'autres, et celui de ne pas reconnaître que ces mêmes mœurs, quoique fort éloignées de la délicatesse raffinée des nôtres, et quelquefois choquantes en elles-mêmes, sont souvent d'une simplicité également intéressante en morale et en poésie. Lamotte semble plaindre le siècle d'Homère de n'avoir pas connu la magnificence du nôtre. « On ne voit point » autour des rois, dit-il, une foule d'officiers ni de » gardes; les enfants des souverains travaillent aux » jardins et gardent les troupeaux de leur père. Les » palais ne sont point superbes, les tables ne sont » point somptueuses. Agamemnon s'habille lui-» même, et Achille apprête de ses propres mains » le repas qu'il donne aux députés de l'armée Il ne » faut point en faire un reproche à Homère; mais » son siècle était grossier, et par là la peinture en » est devenue désagréable à des siècles plus déli-» cats. »

Quand il ne serait pas bien démontré d'ailleurs que Lamotte n'était pas né pour sentir la poésie, ce seul passage suffirait pour m'en convaincre. Il faut être bien étranger dans les arts pour ne pas savoir que plus les objets d'imitation sont rapprochés du premier modèle, qui est la nature (sans tomber toutefois dans le bas et le dégoûtant), plus ils sont favorables à l'artiste, propres à développer son talent et à produire l'effet qu'il se propose. Un poète n'a pas plus besoin de pompe et de luxe pour faire briller ses couleurs, qu'un sculpteur n'a besoin d'or et d'argent pour faire une belle statue. On sait ce mot de Zeuxis à un peintre médiocre qui avait représenté Vénus chargée d'atours et de parures : *Tu as raison, mon ami, de la faire riche, ne pouvant pas la faire belle.* Qu'on donne pour sujet à un peintre les ambassadeurs d'un grand roi demandant en mariage pour leur maître la fille d'un roi voisin, et entourés de toute cette magnificence moderne qui paraît à Lamotte une si belle chose, et demandez-lui s'il lui sera facile de mettre dans ce tableau tout l'intérêt que Greuze a mis dans *l'Accordée de Village*. Faites la même proposition à un poète, donnez-lui le choix des deux sujets, et vous verrez s'il balancera. La raison en est simple ; c'est que dans l'un il n'est guère possible de parler qu'aux yeux et à l'imagination, et dans l'autre, il est aisé de parler au cœur. Les poètes anciens et modernes sont remplis de peintures touchantes de la pauvreté, de la simplicité, de la frugalité. Ce sont des morceaux que l'on cite, que l'on sait par cœur, et tout le luxe des cours n'a fourni que quelques détails brillants qu'à peine on a remarqués. Lamotte ne pouvait s'accoutumer à voir Achille préparer lui-même le repas qu'il donne aux députés d'Agamemnon ; mais qu'on lise cet endroit dans *l'Iliade*, que l'on entende le héros dire à son ami de remplir un grand vase du vin le plus pur, et de distribuer des coupes, parcequ'il reçoit, dit-il, sous sa tente les hommes qu'il chérit le plus ; qu'on le voit ensuite, avec Patrocle et Automédon, se partager les soins du repas, mettre sur le feu les vases d'airain, placer sur les charbons ardents la chair d'un agneau et d'un chevreau, préparer et distribuer les viandes, et qu'on se demande si l'on aimerait mieux qu'Achille dît à son maître-d'hôtel d'ordonner à son cuisinier un grand repas. Qui est-ce qui ne sentira pas combien le tableau d'Homère est vivant et animé ? combien cette hospitalité simple et franche, ces soins, ces empressements de la part d'un héros tel qu'Achille recevant Ajax et Ulysse, bien loin de rabaisser à nos yeux une grandeur réelle, la rendent plus aimable et plus intéressante, en la rapprochant de nous dans ce qui est commun à tous les hommes ! Un poète qui aurait à traiter cet endroit de l'histoire où Curius reçoit les députés de Pyrrhus, qui viennent pour le corrompre par des présents, s'aviserait-il de retrancher les légumes que Curius apprête lui-même, et qu'il sert aux députés en leur disant: *Vous voyez que celui qui vit de cette sorte n'a besoin de rien. Les Romains ne se soucient point d'avoir de l'or; ils veulent commander à ceux qui en ont.* Avouons que le plat de légumes ne gâte rien à cette réponse. Des gens qui se croient délicats ont été blessés de voir Nausicaa, la fille d'Alcinoüs, roi des Phéaciens, aller elle-même avec ses femmes laver ses robes et celles de ses frères. C'est un des endroits de *l'Odyssée* que Fénélon aimait le mieux, et avec raison. Il n'y en a point où Homère ait mis plus de grace et de vérité. On est charmé de la modestie, de l'ingénuité, de la retenue et de la bonté noble et compatissante de cette jeune princesse, lorsque Ulysse, échappé du naufrage, se présente devant elle, et implore sa protection et ses secours. Avec quel plaisir on voit la compassion si naturelle à son sexe surmonter la frayeur que doit lui inspirer la vue d'un homme à moitié couvert de feuillage, enfin dans l'état déplorable d'un malheureux sauvé des flots! Elle écoute la prière du suppliant; elle arrête ses compagnes qui s'enfuyaient avec de grands cris, lui fait donner des habits, lui promet son assistance et celle de ses parents; et, remontant sur son char pour reprendre le chemin de la ville, elle a soin de ralentir la course de ses chevaux, afin qu'Ulysse fatigué ait moins de peine à la suivre. C'est en sachant descendre à propos à cette vérité de détails que l'on saisit la nature et qu'on la fait sentir. C'est un mérite qui manque trop souvent aux modernes. Fénélon nous a reproché là-dessus une délicatesse dédaigneuse, qui tenait également à nos mœurs et à notre langue. « On a, dit-il, tant de peur d'être bas, qu'on est » d'ordinaire sec et vague dans les expressions. » Nous avons là-dessus une fausse politesse semblable à celle de certains provinciaux qui se piquent de bel esprit, et qui croiraient s'abaisser » en nommant les choses par leur nom. » Cette remarque de Fénélon n'est que trop juste. Aussi les vrais connaisseurs savent-ils un gré infini à ceux de nos écrivains qui se sont heureusement efforcés de corriger la langue et le style de cette délicatesse mal entendue, et qui ont su employer avec intérêt toutes les circonstances que le sujet pouvait leur fournir (1).

---

(1) La Fontaine est un de ceux en qui ce mérite est le plus remarquable, et c'est une suite de ce naturel heureux qui est le caractère de son talent. Voyez comme il peint Philémon et Baucis recevant dans leur cabane Jupiter et Mercure déguisés en voyageurs, et qui n'ont trouvé nulle part l'hospitalité qu'ils demandaient.

Près enfin de quitter un séjour si profane,
Ils virent à l'écart une étroite cabane,
Demeure hospitalière, humble et chaste maison.
Mercure frappe, on ouvre ; aussitôt Philémon
Vient au-devant des dieux, et leur tient ce langage :
« Vous me semblez tous deux fatigués du voyage.
» Reposez-vous : usez du peu que nous avons :
» L'aide des dieux a fait que nous le conservons ;
» Usez-en. Saluez ces pénates d'argile.
» Jamais le ciel ne fut aux humains si facile
» Que quand Jupiter même était de simple bois :
» Depuis qu'on l'a fait d'or, il est sourd à nos voix.
» Baucis, ne tardez point, faites tiédir cette onde :
» Encor que le pouvoir au désir ne réponde,
» Nos hôtes agréeront les soins qui leur sont dus. »
Quelques restes de feu sous la cendre épandus
D'un souffle haletant par Baucis s'allumèrent :
Des branches de bois sec aussitôt s'enflammèrent.
L'onde tiède, on lava les pieds des voyageurs.
Philémon les pria d'excuser ces longueurs ;
Et, pour tromper l'ennui d'une attente importune,
Il entretient les dieux, non point sur la fortune,
Sur ses jeux, sur la pompe et la grandeur des rois,
Mais sur ce que les champs, les vergers et les bois
Ont de plus innocent, de plus doux, de plus rare.
Cependant par Baucis le festin se prépare.

Un des reproches les plus fondés que l'on ait faits à l'auteur de *l'Iliade*, c'est la continuité des combats qui en remplissent à peu près la moitié. C'est trop sans doute, et quatre ou cinq chants de suite, qui ne contiennent que des batailles, ont nécessairement un ton trop uniforme, et sont un

---

> La table où l'on servit le champêtre repas
> *Fut d'ais* non façonnés à l'aide du compas;
> Encore assure-t-on, si l'histoire en est crue,
> Qu'en l'un de ses supports le temps l'avait rompue.
> Baucis en égala les appuis chancelants
> Du débris d'un vieux vase, autre injure des ans.

Voilà de ces morceaux qui sont sans prix pour les ames sensibles. Et à quoi tient le charme de cette peinture? A cette vérité des plus petits détails de l'extrême indigence jointe à l'extrême bonté, et que le poète a su exprimer de manière à être toujours tout près de la nature, et jamais au-dessous de la poésie. Vous voyez tout, et tout vous fait plaisir. Vous voyez la bonne vieille souffler le feu, chauffer de l'eau, dresser la table; mais comment! et combien le poète est peintre! ce *souffle haletant* de Baucis; voilà la faiblesse de l'âge, et cette faiblesse relève son empressement. Donnez à un poète vulgaire à peindre une table à moitié pourrie, soutenue avec un pot cassé (car, il faut bien le dire, c'est là ce que peint La Fontaine), on désespèrerait d'en venir à bout. C'est pourtant ce qui lui fournit deux vers divins :

> Baucis en égala les appuis chancelants
> Du débris d'un vieux vase, autre injure des ans.

Comme ce dernier hémistiche, qui semble vieillir à la fois tout ce qui est autour de Philémon et Baucis, achève le tableau en fixant l'imagination sur cette *injure des ans*, à qui rien ne peut échapper! Voilà ce qu'on appelle proprement l'intérêt de style dans son plus haut degré, et c'est le secret des grands écrivains.

défaut réel que Virgile et le Tasse ont su éviter. Mais en convenant de ce défaut, qui tient à la fois à la simplicité du plan et à l'étendue du poème, j'oserais dire qu'il n'y avait qu'Homère qui fût capable de racheter cette faute, et même de s'en faire, sous un autre point de vue, un mérite réel, par l'étonnante richesse d'imagination qu'il a prodiguée dans ces combats. Ce n'est point ici le langage d'une admiration outrée pour l'antiquité. Je rends un compte exact de l'impression que j'ai tout récemment éprouvée. Il y avait bien des années qu'il ne m'était arrivé de lire de suite plus d'un chant ou deux de *l'Iliade*. On ne peut guère en lire davantage quand on se livre au plaisir de détailler les beautés d'un style tel que celui d'Homère, et d'une langue que l'on goûte davantage à mesure qu'on l'étudie. Mais, en dernier lieu, voulant prendre une idée juste de l'effet total du poème, je lus de suite les douze premiers chants. Je fus frappé de la marche simple et noble de l'ouvrage, de l'intérêt de l'exposition, de la manière dont les premiers mouvements des deux armées commencent, par un combat singulier entre Ménélas et Pâris, les deux principales causes de la querelle, et de l'art que montre le poète en faisant intervenir les dieux pour interrompre un combat dont l'issue devait terminer la guerre. Je remarquai cet endroit où Hélène passe devant les vieillards troyens, qui la regardent avec admiration, et ne s'étonnent plus, en la voyant, que l'Europe et l'Asie se soient armées pour elle; et cette conversation avec Priam, à qui elle fait connaître les principaux chefs de la Grèce, que le vieux roi, assis sur une tour élevée, voit combattre sous les murs. Je fus attendri de cette scène touchante des adieux d'Hector et d'Andromaque, quand ce héros, qui a quitté le champ de bataille pour venir ordonner un sacrifice, retourne au combat, et sort de Troie pour n'y plus rentrer. Cependant, plus ces morceaux me faisaient de plaisir, plus je regrettais qu'il n'y eût pas un plus grand nombre de ces épisodes, pour varier l'uniformité de l'action principale, qui, depuis le quatrième chant jusqu'à la fin du huitième, me montrait toujours les Troyens combattant contre les Grecs. Le neuvième chant me parut l'emporter sur tout ce qui avait précédé : c'est ce chant si dramatique où Homère, aussi grand orateur que grand poète, a donné des modèles de tous les genres d'éloquence, dans les discours de Phénix, d'Ulysse, d'Ajax, qui tour à tour s'efforcent de fléchir l'inexorable Achille, et dans cette belle réponse du héros, où il déploie son ame tout entière. Après cette scène si attachante, je trouvai faible l'épisode de Diomède et d'Ulysse qui vont la nuit enlever les chevaux de Rhésus; épisode que Virgile, en l'imitant, a passé de si loin dans celui de Nisus et Euryale. Je voyais avec regret, je l'avoue, que les combats allaient recommencer après l'ambassade des Grecs, et je me disais qu'il était bien difficile que le poète fît autre chose que de se ressembler en travaillant toujours sur un même fonds. Mais quand je le vis tout-à-coup devenir supérieur à lui-même dans le onzième chant et dans les suivants, s'élever d'un essor rapide à une hauteur qui semblait s'accroître sans cesse, donner à son action une face nouvelle, substituer à quelques combats particuliers le choc épouvantable de deux grandes masses précipitées l'une contre l'autre par les héros qui les commandent et les dieux qui les animent, balancer long-temps avec un art inconcevable une victoire que les décrets de Jupiter ont promise à la valeur d'Hector, alors la verve du poète me parut embrasée de tout le feu des deux armées ; ce que j'avais lu jusque là, et ce que je lisais, me rappelait l'idée d'un incendie qui, après avoir consumé quelques édifices, aurait paru s'éteindre faute d'aliments, et qui, ranimé par un vent terrible, aurait mis en un moment toute une ville en flammes. Je suivais, sans pouvoir respirer, le poète qui m'entraînait avec lui ; j'étais sur le champ de bataille, je voyais les Grecs pressés entre les retranchements qu'ils avaient construits et les vaisseaux qui étaient leur dernier asile ; les Troyens se précipitant en foule pour forcer cette barrière, Sarpédon arrachant un des créneaux de la muraille, Hector lançant un rocher énorme contre les portes qui la fermaient, les faisant voler en éclats, et demandant à grands cris une torche pour embraser les vaisseaux ; presque tous les chefs de la Grèce, Agamemnon, Ulysse, Diomède, Eurypyle, Machaon, blessés et hors de combat ; le seul Ajax, le dernier rempart des Grecs, les couvrant de sa valeur et de son bouclier, accablé de fatigue, trempé de sueur, poussé jusque sur son vaisseau, et repoussant l'ennemi vainqueur; enfin, la flamme s'élevant de la flotte embrasée, et dans ce moment cette grande et imposante figure d'Achille monté sur la poupe de son navire, et regardant avec une joie tranquille et cruelle ce signal que Jupiter avait promis, et qu'attendait sa vengeance. Je m'arrêtai, comme malgré moi, pour me livrer à la contemplation du vaste génie qui avait construit cette machine, et qui, dans l'instant où je le croyais épuisé, avait pu ainsi s'agrandir à mes yeux; j'éprouvais une sorte de ravissement inexprimable; je crus avoir connu, pour la première fois, tout ce qu'était Homère; j'avais un plaisir secret et indicible à sentir que mon admiration était égale à son génie et à sa renommée, que ce n'était pas en vain que trente siècles avaient consacré son nom; et c'était pour moi une double jouissance de trouver un homme si grand, et tous les autres si justes.

Mais lorsque ensuite je passai de cette espèce d'extase au desir si naturel de communiquer l'impression que j'avais reçue à ceux qui devaient m'entendre, et qui ne pouvaient entendre Homère, je songeai avec douleur qu'aucune des traductions que nous avons, quel qu'en soit le mérite, que je suis loin de vouloir diminuer, ne pouvait justifier à vos yeux ni faire passer en vous ce que j'avais ressenti, et je souhaitais du fond du cœur qu'il s'élevât quelque jour un poète capable de vous montrer Homère comme on vous a montré Virgile.

Un autre sentiment que je ne dissimulerai pas, et qui paraîtra bien naturel à ceux qui aiment véritablement les arts, c'est que, dans le transport de ma reconnaissance (car on peut en avoir pour ceux qui nous font passer des moments si délicieux), je me reprochais avec une sorte de honte d'avoir eu le courage d'observer jusque là quelques fautes et quelques faiblesses : tout avait disparu devant cet amas de beautés. J'eus besoin, pour me pardonner à moi-même, de me rappeler que les amateurs les plus éclairés et les plus sensibles, tels que Rollin lui-même, avaient rencontré dans *l'Iliade* (et je me sers ici des termes de ce judicieux critique), « des endroits faibles, dé-
» fectueux, traînants; des harangues trop longues
» ou déplacées, des descriptions trop détaillées,
» des répétitions désagréables, des comparaisons
» trop uniformes, trop accumulées ou dénuées de
» justesse. » C'est sur ces détails que Lamotte a eu raison. On lui a tout nié, et l'on a eu tort. Il fallait avouer tout, et se borner à cette réponse : La meilleure critique ne détruit pas le mérite d'un ouvrage en montrant ses défauts : il n'y a de critique vraiment redoutable que celle qui montre l'absence des beautés. Celles d'Homère sont d'abord dans son plan et dans son ordonnance générale. On ne les peut nier sans injustice, et on les démontrerait sans peine. Il y en a d'autres, les plus puissantes pour faire vivre un ouvrage dans la mémoire des hommes, parcequ'elles contribuent plus que tout le reste à le faire relire : ce

sont celles du style : elles sont perdues pour nous en partie, quant à ce qui regarde la diction, que les Grecs seuls pouvaient bien apprécier ; mais elles sont sensibles, même pour nous, dans ce qui regarde les idées, les images, l'harmonie et le mouvement. Apprenez le grec, Lamotte! lisez Homère dans sa langue, et si vous n'admirez pas assez ses beautés pour excuser ses défauts, gardez-vous de le juger; car vous serez seul contre trois mille ans de renommée et contre toutes les nations éclairées; et surtout gardez-vous de le traduire, car c'est le seul mal que vous puissiez lui faire.

Lamotte, l'un des esprits les plus antipoétiques qui aient jamais existé, anéantit Homère dans sa version abrégée. Il détruit tout ce qu'il touche. Phénix dit à son élève Achille (dans l'original) :

Filles de Jupiter, les modestes Prières,
Plaintives et baissant leurs humides paupières,
Le front couvert de deuil, marchent en chancelant :
Elles suivent de loin, d'un pied faible et tremblant,
L'Injure au front superbe, à la marche rapide ;
L'une frappe et détruit dans sa course homicide ;
Les autres, à leur suite amenant les bienfaits,
Arrivent pour guérir tous les maux qu'elle a faits.
Heureux qui les accueille ! heureux qui les honore !
Il en est écouté quand sa voix les implore.
Si l'Orgueil les rebute, aux pieds du roi des dieux
Elles vont accuser les mépris odieux,
Et demandent de lui que l'Injure inflexible
S'attache sur les pas du mortel insensible.

Qu'est-ce que Lamotte substitue à cette charmante allégorie, si conforme aux idées religieuses des Grecs, et si bien placée dans la bouche d'un vieillard suppliant? Rien que ces deux vers :

> On offense les dieux; mais par des sacrifices,
> De ces dieux irrités on fait des dieux propices.

Quel malheureux don que l'esprit, s'écrie Voltaire, *s'il a empêché Lamotte de sentir de pareilles beautés!*

Il en fait aussi un bien malheureux usage, quand il s'épuise en frivoles sophismes pour nous persuader que la grande réputation d'Homère n'est qu'un préjugé qui a passé des anciens jusqu'à nous. On lui objecte l'opinion d'Aristote, qui n'a nulle part le ton de l'enthousiasme, et qui a toujours celui de la raison tranquille; qui, dans vingt endroits de ses ouvrages, cite toujours Homère comme le meilleur modèle à suivre, et le met sans aucune comparaison au-dessus de tous les poètes. La réponse de Lamotte est curieuse. D'abord il imagine que le philosophe a fort bien pu n'admirer Homère que pour faire sa cour à son élève Alexandre, qui était adorateur passionné du poète. Mais n'est-il pas un peu plus vraisemblable que c'est le précepteur qui sut inspirer à son disciple cette grande vénération pour Homère? Il ajoute : « Je » crois du moins que, son esprit de système lui » ayant fait entrevoir un art dans le poème d'Ho- » mère, il est devenu amoureux de sa découverte,

» et qu'il a employé pour la justifier cette subtilité
» obscure qui lui était si naturelle. »

Il est difficile d'entasser dans une phrase des idées plus évidemment fausses. Il ne fallait assurément aucun *esprit de système* pour *entrevoir un art dans l'Iliade* et *l'Odyssée*. Le bon sens le plus commun suffit pour reconnaître un art dans tout ce qui présente un dessein, un plan, une distribution de parties arrangées pour former un tout, un but vers lequel tout marche et tout arrive. Il n'y a point de *découverte* à faire sur ce que tout le monde aperçoit du premier coup d'œil. A l'égard de la *subtilité naturelle* à Aristote, on peut en trouver dans sa philosophie; mais un esprit qui n'aurait été que subtil n'aurait pas transmis à la postérité le meilleur ouvrage élémentaire qui existe sur les arts de l'imagination, le plus lumineux, le plus fécond en principes vrais et essentiels. Ici Lamotte n'est pas meilleur juge d'Aristote que d'Homère. Il dément tous les faits, confond toutes les notions reçues pour soutenir sa thèse erronée. Il veut absolument que l'estime qu'on eut pour Homère soit un effet de l'ignorance des Grecs, *qui ne connaissaient rien dans le même genre, et qui ne lui voyaient point de concurrent;* et il oublie que Fabricius compte soixante-dix poètes qui avaient écrit avant Homère dans le genre héroïque. Leur existence est attestée par les témoignages les plus anciens, et l'on cite les titres de leurs ouvrages, quoiqu'ils ne soient pas venus jusqu'à nous. Il oublie que, quand Aristote écrivit sa *Poétique*, Euripide et Sophocle avaient perfectionné la tragédie, Démosthènes l'éloquence, et que tous les arts étaient cultivés avec éclat dans Athènes. N'y avait-il pas alors assez de lumières et de goût pour juger les poèmes d'Homère ? *Ce n'est*, dit-il, *que la connaissance du parfait qui nous dégoûte du médiocre.* Voilà une expression étrangement placée à propos d'Homère. Qui croirait que l'auteur de *l'Iliade* fût un homme médiocre ? Lamotte pouvait-il ignorer que l'on n'appelle médiocre que ce qui ne s'élève point aux grandes beautés, et qu'un ouvrage qui en est rempli peut être très imparfait, s'il est mêlé de beaucoup de défauts, mais ne peut jamais être *médiocre ?* Assurément il y a beaucoup de fautes dans *Cinna* : est-ce une production *médiocre ?* De plus, je demanderais à Lamotte où était donc cette *perfection* qu'il croyait pouvoir opposer à la *médiocrité* d'Homère ? Ce n'est pas même Virgile ; car s'il est supérieur au poète grec par le fini des détails, par la sagesse des idées, par le tact des convenances, *l'Énéide*, de l'aveu de tout le monde, est très inférieure à *l'Iliade* par le plan, l'ordonnance, la nature du sujet, le caractère du héros, enfin par l'effet total. C'est une vérité reconnue. On sait qu'il a fondu dans un poème de douze chants les deux poèmes d'Homère, qui en ont chacun vingt-quatre ; ce qui prouve qu'il avait judicieusement senti, ainsi que nous, que le poète grec était trop long et trop diffus. Il a imité continuellement *l'Odyssée* dans ses six premiers livres, et *l'Iliade* dans ses six der-

niers. L'on convient que s'il a prodigieusement surpassé l'une, il est resté fort au-dessous de l'autre, et que la seconde moitié de son poème est absolument sans intérêt : c'est même, à ce qu'on croit, par cette raison qu'il voulait, en mourant, brûler son ouvrage. Il a donc fait en ce sens un double honneur à Homère. Quel homme, que celui qui a servi de modèle et de guide à un poète tel que Virgile, et qui, malgré *l'Énéide*, a conservé le premier rang! Lamotte ne parle ni du Camoëns ni de Milton, qui alors n'étaient pas connus en France. Il ne dit qu'un mot du Tasse ; ce qui est d'autant plus étonnant, que c'était le seul dont il pût se servir avec avantage, puisque le Tasse est le seul que l'on ait mis au-dessus d'Homère lui-même, pour l'ensemble et l'intérêt de l'ouvrage, en avouant qu'il n'en approche pas pour le style. Apparemment que Lamotte ne savait pas l'italien, ou qu'il était subjugué par l'autorité de Boileau. Mais quels sont enfin les modèles de cette perfection qu'il ne trouve pas dans *l'Iliade?* Ce sont (on ne s'y attendrait pas) le *Clovis* de Desmarets, et le *Saint-Louis* du père Lemoine. « Ils
» m'ont paru, dit-il, de beaucoup meilleurs que
» *l'Iliade*, par la clarté du dessein, par l'unité d'ac-
» tion, par des idées plus saines de la Divinité,
» par un discernement plus juste de la vertu et du
» vice, par des caractères plus beaux et mieux sou-
» tenus, par des épisodes plus intéressants, par des
» incidents mieux préparés et moins prévus, par
» des discours plus grands, mieux choisis et mieux

« arrangés dans l'ordre de la passion, et enfin,
» par des comparaisons plus justes et mieux as-
» sorties. » En voilà beaucoup, et si tout cela était
vrai, on ne se consolerait pas que tant d'avantages
aient été perdus dans des poèmes que, de l'aveu
même du panégyriste, il est impossible de lire;
car c'est par là qu'il finit, et c'est le cas d'appliquer à ces illisibles modèles d'irrégularité le mot
du grand Condé, à propos de la *Zénobie* de
l'abbé d'Aubignac, qui avait fait bâiller tout Paris, et qui était, disait-on, parfaitement conforme
aux règles : *Je pardonne volontiers à l'abbé d'Aubignac d'avoir suivi les règles; mais je ne pardonne pas aux règles d'avoir fait faire à l'abbé
d'Aubignac une si mauvaise pièce.* Rassurons-
nous pourtant : il ne faut pas plus en croire Lamotte sur toutes les qualités qu'il accorde à Desmarets et au père Lemoine que sur celles qu'il
refuse à Homère. Il y a des étincelles de génie dans
le *Saint-Louis*, et l'auteur avait de la verve; mais,
en général, ce poème et le *Clovis* ne sont guère
meilleurs pour le fond que pour le style, et j'en
trouve la preuve dans Lamotte lui-même, qui,
après tout ce grand éloge, cherche pourquoi ces
deux poèmes, *les meilleurs*, dit-il, *de la langue
française*, n'ont point de lecteurs, et avoue ingé-
nument, sans s'embarrasser si cela s'accorde
avec ce qu'il vient de dire, que non seulement
leur style ne vaut rien, mais que *leur merveilleux est ridicule, qu'ils se sont égarés dans la
multiplicité des épisodes, qu'ils ont imaginé des*

aventures singulières qui détournent de l'action principale (remarquez qu'il vient de les louer sur l'unité d'action et sur le choix des épisodes), qu'*ils ont fait un assemblage fatigant de choses rares, dont peut-être aucune ne sort absolument de la vraisemblance, mais qui toutes ensemble paraissent absurdes à force de singularité.* Voilà d'étranges modèles de perfection ; et, pour moi, je confesse que j'aimerais beaucoup mieux être critiqué par Lamotte, comme l'a été Homère, que d'en être loué comme Lemoine et Desmarets. Dieu nous garde d'être vantés par un homme qui conclut de ses louanges qu'on est ridicule, illisible, ennuyeux et absurde !

Et c'est lui qui reproche à Aristote la subtilité sophistique ! Mais quel autre nom donnerons-nous aux inconséquences d'un homme d'esprit qui s'embarrasse ainsi dans une cause insoutenable ? Pour achever de la confondre, en faisant voir que la réputation d'Homère chez les anciens n'a pu être fondée que sur le mérite supérieur de ses poëmes et sur le plaisir qu'ils faisaient, il suffit de rappeler les faits, et d'exposer en peu de mots comment ses écrits sont parvenus jusqu'à nous. Ils furent d'abord répandus dans l'Ionie ; ce qui prouve que, soit qu'il fût né dans la Grèce d'Europe, ou dans les colonies grecques d'Asie, c'est dans ces dernières qu'il a vécu et composé. Les *rapsodes* gagnaient leur vie à chanter ses vers ; ce mot grec signifie *recouseurs de vers*, parceque, suivant ce qu'on leur demandait, ils chantaient un endroit ou un autre, comme la querelle d'Achille et d'Agamemnon, la mort de Patrocle, les adieux d'Hector, etc. ; car Homère n'avait point divisé son poème par livres ; et de là vient qu'on les appela *rapsodies* quand on les eut rassemblés, et qu'ils portent encore ce titre dans toutes les éditions. On ne croirait pas que ce mot, aujourd'hui expression de mépris, qui désigne un recueil informe de choses de toute espèce et de peu de valeur, fut originairement la dénomination des ouvrages du prince des poètes, tant les mots changent d'acception avec le temps ! On ne sait pas si le nom de *rapsodes* n'était pas donné, avant Homère, aux poètes qui chantaient leurs propres ouvrages. Mais apparemment qu'après lui on ne voulut plus en entendre d'autres; car ce nom resta particulièrement à ceux qui, pour de l'argent, chantaient *l'Iliade* et *l'Odyssée* sur les théâtres et dans les places publiques. Ce fut Lycurgue qui, dans son voyage d'Ionie, les recueillit le premier, et les apporta à Lacédémone, d'où ils se répandirent dans la Grèce. Ensuite, du temps de Solon et de Pisistrate, Hipparque, fils de ce dernier, en fit à Athènes une nouvelle copie par ordre de son père, et ce fut celle qui eut cours depuis ce temps jusqu'au règne d'Alexandre. Ce prince chargea Callisthène et Anaxarque de revoir soigneusement les poèmes d'Homère, qui devaient avoir été altérés en passant par tant de bouches, et courant de pays en pays. Aristote fut aussi consulté sur cette édition, qui s'appela *l'édition de la cassette*, parceque Alexandre en renferma un exemplaire dans un petit coffre d'un prix inestimable, pris à la journée d'Arbelles parmi les dépouilles de Darius. Alexandre avait toujours ce coffre à son chevet. « Il est juste, disait-il, que la cassette la plus précieuse du monde entier renferme le plus bel ouvrage de l'esprit humain. » C'est là-dessus que Lamotte a dit : *Je récuse d'abord Alexandre, qui ne s'y connaissait pas*. La récusation (1) est brusque et tranchante ; mais la remarque de madame Dacier est curieuse : *Que Darius aurait été heureux s'il avait su, comme M. de Lamotte, écarter Alexandre !* Voilà une exclamation qui va bien au sujet.

Après la mort d'Alexandre, Zénodote d'Éphèse revit encore cette édition sous le règne du premier des Ptolémées. Enfin, sous Ptolémée Philométor, cent cinquante ans avant Jésus-Christ, Aristarque, si célèbre par son goût et par ses lumières, fit une dernière révision des poèmes d'Homère, et en donna une édition qui devint bientôt fameuse et fit oublier toutes les autres. C'est celle-là qui nous a été transmise, et qui paraît en effet très correcte et très soignée, puisqu'il y a peu d'auteurs anciens dont le texte soit aussi clair, aussi suivi,

---

(1) Elle est fondée sur un passage d'Horace, d'où l'on peut conclure en effet que ce prince n'avait pas laissé la réputation d'un amateur éclairé des lettres et des arts. « Dès qu'il s'agissait d'en juger, dit Horace, c'était un vrai Béotien. »

Bœotum in crasso jurares aëre natum.

et offre aussi peu d'endroits qui aient l'air d'avoir souffert des altérations essentielles.

Je demande à présent s'il est probable que tant d'hommes éminents par leur rang ou leurs connaissances se soient occupés à ce point, et à des époques si éloignées, des ouvrages d'un poète qui n'aurait eu qu'une renommée de convention; si c'est tant de siècles après la mort d'un auteur, chez des peuples qui parlent sa langue, que son mérite peut n'avoir été qu'un préjugé. Rien ne me paraît plus contraire à la raison et à l'expérience. Un succès de préjugé peut exister du vivant d'un auteur, et tenir à une langue qui n'est pas encore formée, à une époque où le goût n'est pas bien épuré, à des circonstances personnelles, à la faveur des princes et des grands, à l'esprit de parti, enfin à toutes les causes passagères qui peuvent égarer l'opinion publique. Telle a été parmi nous la grande célébrité de Ronsard, de Desportes, de Voiture; mais elle ne leur a pas survécu. Après eux, elle est tombée d'elle-même, et sans que personne s'en mêlât. Au contraire, Homère a été attaqué dans tous les temps, depuis Zoïle et Caligula jusqu'à Perrault et Lamotte : il a eu pour adversaires des hommes puissants, ce qui prouve que l'éclat de son nom pouvait irriter l'orgueil; et des hommes de beaucoup d'esprit, ce qui prouve qu'il pouvait prêter à la critique; et ni l'une ni l'autre espèce d'ennemis n'a pu entamer sa réputation, ce qui prouve en même temps que son mérite était réel, et de force à soutenir toutes les épreuves : c'est là, ce me semble, le résultat de l'équité.

De tout temps il eut aussi ses enthousiastes, et l'on sait que l'enthousiasme va toujours trop loin. On en vit un exemple terrible, s'il en faut croire Vitruve. Selon lui, ce Zoïle, qui s'était rendu le mépris et l'horreur de son siècle en attaquant Homère avec une fureur outrageante, fut brûlé vif par les habitants de Smyrne, qui se crurent intéressés plus que d'autres à venger la mémoire du poète qu'ils réclamaient comme leur concitoyen. Vitruve ajoute que *Zoïle avait bien mérité son sort,* et madame Dacier ne s'éloigne pas de cet avis Ainsi le fanatisme des opinions littéraires peut donc devenir atroce comme toute autre espèce de fanatisme. Cet assassinat de Zoïle en l'honneur d'Homère, et celui de Ramus en l'honneur d'Aristote, font voir de quels excès l'esprit humain n'est que trop capable.

O miseras hominum mentes ! O pectora cæca !

Madame Dacier eût mieux fait d'observer seulement, comme un trait particulier à l'auteur de *l'Iliade*, que le nom de son détracteur, Zoïle, est devenu une injure, et celui de son éditeur, Aristarque, un éloge.

Il ne nous est rien resté des invectives que Zoïle vomissait contre Homère ; mais elles ne pouvaient guère être plus grossières que celles dont madame Dacier accable Lamotte. On est d'autant plus révolté qu'une femme écrive d'un ton si peu décent, que celui de son adversaire est un exemple de modération et de politesse. On est également fâché de voir l'un dégrader son esprit par de mauvais paradoxes, et l'autre déshonorer son sexe et la science par une amertume qui semble étrangère à tous les deux. Elle traite avec un mépris très ridicule un homme d'un mérite très supérieur au sien, et qui n'avait d'autre tort que de se tromper. Le gros livre qu'elle a écrit contre lui n'est guère qu'un amas d'injures pesamment accumulées, et de mauvaises raisons débitées orgueilleusement. A deux ou trois endroits près, elle réfute très mal Lamotte, qui, le plus souvent, a raison sur les détails, et à qui l'on ne devait guère contester que ses principes et ses conséquences. Son ouvrage, malgré ses erreurs, est d'une élégance et d'un agrément qui le font lire avec quelque plaisir. Celui de son antagoniste, intitulé, *De la corruption du goût*, n'est en effet qu'un objet de dégoût. Elle trouve dans Homère tant de sortes de mérite qui n'y sont pas, qu'il est même douteux qu'elle ait bien senti la supériorité de ses beautés réelles. A propos d'une sentence fort commune en elle-même, et, de plus, mal placée, elle s'écrie pédantesquement : *Sentence grosse de sens, et qu'on voit bien que Minerve a inspirée.* Soit intérêt d'amour-propre en faveur des traducteurs en prose, soit desir d'envelopper dans une proscription générale *l'Iliade* de Lamotte, qui est en vers, elle ne craint pas d'affirmer ce qui, comme principe, est précisément le contraire de la vérité : *Que les poètes tra-*

duits en vers cessent d'être poètes, qu'ils deviennent *plats, rampants, défigurés,* etc. Le fait a été souvent trop vrai ; mais tout ce qu'on en peut conclure, c'est qu'alors le poète n'est pas traduit par un poète, et la remarque de madame Dacier *ne subsiste pas.*

Lamotte attaque Homère fort mal à propos sur la morale ; ce reproche est grave, et c'est un de ceux sur lesquels ce poète peut et doit être justifié. Le critique prétend qu'Homère n'énonce pas son opinion comme il le devrait, sur ce qu'il y a de vicieux dans le caractère et les actions de ses personnages. Il censure en particulier celui d'Achille, mais de manière à faire, sans s'en apercevoir, l'éloge de l'auteur qu'il reprend. « Homère donne à » de certains vices un éclat qui décèle assez l'opi- » nion favorable qu'il en avait. On sent partout » qu'il admire Achille : il ne semble voir dans son » injustice et sa cruauté que du courage et de la » grandeur d'ame ; et l'illusion du poète passe sou- » vent jusqu'au lecteur. »

Ici, Lamotte donnait beau jeu à madame Dacier, si elle avait su en profiter. Mais toujours occupée de lui opposer des autorités à la manière des commentateurs, elle néglige les raisons. Il s'en offre de péremptoires, et Homère lui-même les fournissait à son apologiste. D'abord, comment Lamotte n'a-t-il pas songé que le poète avait fait ce qu'il y avait de mieux à faire, en donnant du moins cet éclat et cette noblesse à ce qu'il y a de moralement vicieux dans le caractère de son héros ? N'est-ce pas deviner l'art et le créer, que de sentir, en établissant un personnage poétique sur qui doit se porter l'intérêt, que ce qu'il y a de défectueux en morale doit être couvert et racheté par cette énergie de passions et cet air de grandeur qui est l'espèce d'illusion momentanée qu'il est obligé de produire? C'est à quoi Homère a réussi parfaitement, de l'aveu même du critique. Mais comment prévenir le mauvais effet que peut avoir en morale cette espèce d'admiration involontaire et irréfléchie pour ce qui est condamnable en soi? En faisant ce qu'a fait Homère; en mettant dans la bouche du héros lui-même, quand il est de sang-froid, la condamnation des fautes que la passion fait commettre et excuser; en faisant blâmer ces fautes par les dieux mêmes qui s'intéressent au héros. Écoutons Achille après la mort de Patrocle; écoutons ces vers que j'ai hasardé de traduire, ainsi que quelques autres :

> Ah! périsse à jamais la Discorde barbare!
> Qu'à jamais replongée aux cachots du Tartare,
> Elle n'infecte plus de son souffle odieux
> Le séjour des mortels et les palais des dieux!
> Périsse la Colère et ses erreurs affreuses!
> Périsse la Vengeance et ses douceurs trompeuses!
> Son miel empoisonneur assoupit la raison:
> Il nous plaît; mais bientôt la vapeur du poison
> Monte et noircit le cœur d'une épaisse fumée.
> Ah! l'on hait la Vengeance après l'avoir aimée.
> J'en suis la preuve, hélas! Où m'a précipité
> De mes emportements la bouillante fierté!
> Qu'il m'en coûte aujourd'hui! cruelle expérience!

> Injuste Agamemnon! j'ai vengé mon offense :
> En suis-je assez puni ?

Eh bien ! le poète pouvait-il mieux nous faire comprendre ce qu'il pense et ce qu'il faut penser de la colère, de l'orgueil, de la vengeance ? Aurait-on mieux aimé qu'il prît la parole pour moraliser lui-même ? Et qui peut mieux nous éclairer sur les malheureux effets de ces passions aveugles et violentes, que celui-là même qui vient de s'y livrer à nos yeux avec tous les motifs qui peuvent les excuser, et toute la grandeur qui semble les ennoblir ? Dans ces moments où la raison se fait entendre par la voix d'Achille, ce n'est pas seulement ses propres erreurs qu'il condamne, c'est aussi notre illusion qu'il nous fait sentir ; et c'est en cela que les leçons du philosophe sont moins frappantes que celles du poète. Celui-ci a d'autant plus d'avantage, qu'il nous est impossible de nous en défier ni de songer à le combattre ; qu'il nous prend pour ainsi dire sur le fait, et ne nous éclaire qu'après nous avoir émus ; qu'il nous force de reconnaître des fautes qu'il nous a fait partager, et qu'il nous rend juges du coupable après nous avoir rendus ses complices.

Lorsque Achille, plongé dans sa douleur muette et farouche, traîne le cadavre d'Hector autour du lit où est étendu Patrocle, et refuse obstinément la sépulture à ces restes inanimés, derniers aliments de sa rage, l'amitié en deuil et la force terrible de son caractère mêlent une sorte d'excuse à cet égarement du désespoir. Mais cependant que pensent les dieux, témoins de ce spectacle, ces mêmes dieux qui ont favorisé la vengeance d'Achille? Jupiter appelle Thétis :

> Dites à votre fils que son aveugle rage
> A blessé tous les dieux, en prodiguant l'outrage
> Au cadavre d'Hector dans la fange traîné :
> Tout l'Olympe en murmure, et j'en suis indigné.
> Allez : qu'il rende Hector à son malheureux père,
> S'il ne veut s'exposer aux traits de ma colère.

Ainsi les dieux et les hommes se réunissent ici pour condamner ce qui est vicieux. L'auteur, qui nous avait séduits comme poète, nous corrige comme moraliste; il arrête le regard tranquille et sûr de la raison sur ces mêmes objets qu'il ne nous avait montrés que sous les couleurs du prisme poétique. Il fait servir à nous instruire ce qui avait d'abord servi à nous émouvoir. N'est-ce pas remplir tous ses devoirs à la fois? et pouvait-il faire davantage?

L'ODYSSÉE.

Je dirai peu de chose de *l'Odyssée*. Elle a beaucoup moins occupé les critiques, et c'est déja peut-être un signe d'infériorité. Tout le fort du combat est tombé sur *l'Iliade* : c'était là comme le centre de la gloire d'Homère, et l'on attaquait l'ennemi dans sa capitale. L'admiration appelle la critique, et l'une et l'autre s'étant épuisées sur *l'Iliade*, j'ai dû les discuter toutes les deux. Quant à *l'Odyssée*, je me suis confirmé, en la relisant, dans cet avis, qui est celui de Longin et de la plupart des critiques, que des deux poëmes d'Homère, celui-ci est fort inférieur à l'autre. Je ne vois dans *l'Odyssée* ni ces grands tableaux, ni ces grands caractères, ni ces scènes dramatiques, ni ces descriptions remplies de feu, ni cette éloquence de sentiment, ni cette force de passion, qui font de *l'Iliade* un tout plein d'ame et de vie.

Homère avait beaucoup voyagé; il savait beaucoup; il avait parcouru une partie de l'Afrique et de l'Asie mineure. Ses connaissances géographiques étaient si exactes, que des savants anglais, qui de nos jours ont voyagé dans ces mêmes contrées, ses ouvrages à la main, ont vérifié souvent par leurs recherches ce qu'il dit de la position des lieux, de leurs aspects, de la nature du sol, et quelquefois même des coutumes, quand le temps ne les a pas changées. Il paraît qu'Homère, dans sa vieillesse, s'est plu à composer un poëme où il pût rassembler les observations qu'il avait faites, et les traditions qu'il avait recueillies. Il est très fidèle dans les observations, et très fabuleux dans les traditions. C'est un genre de merveilleux qui rappelle à tout moment celui des *Contes arabes*. L'histoire de Polyphême et celle des Lestrigons, que Virgile, en les abrégeant beaucoup, n'a pas dédaigné d'imiter, parcequ'elles lui fournissaient de beaux vers, sont absolument dans le goût des *Mille et une Nuits*. On peut en dire autant des métamorphoses opérées par la baguette de Circé, de ces transformations d'hommes en toutes sortes d'animaux : on les retrouve dans toutes les fables orientales. Lorsque le poète parle de cette poudre merveilleuse qu'Hélène jette dans la coupe de chaque convive à la table de Ménélas, et qui avait la vertu de faire oublier tous les maux, *au point que celui qui en avait pris dans sa boisson n'aurait pas versé une larme de toute la journée, quand même il aurait vu mourir son père et sa mère, ou tuer son frère et son fils unique;* ne reconnaissons-nous pas, dans les effets de cette poudre dont la reine d'Egypte avait fait présent à Hélène, l'opium, dont l'usage et même l'abus fut de tout temps familier aux peuples d'Orient, et qui produit l'ivresse la plus complète et l'oubli le plus absolu de toute raison?

L'Iliade et *l'Odyssée* sont également remplies de fables; mais les unes élèvent et attachent l'imagination, les autres la dégoûtent et la révoltent; les unes semblent faites pour des hommes, les autres pour des enfants. Quand Homère me montre le Scamandre combattant avec tous ses flots contre Achille, je vois dans cette fiction un fond de vérité, le péril d'un guerrier téméraire prêt à être englouti dans les eaux d'un fleuve où il a poursuivi des fuyards. J'y vois de plus l'art du poète, qui, après avoir signalé plus ou moins tous ses héros dans les batailles, met Achille aux prises avec un dieu, avec un fleuve irrité qui se déborde dans sa fureur. Mais Ulysse et ses compagnons enfonçant un arbre dans l'œil du Cyclope endormi après qu'il a mangé deux hommes tout crus ne m'offrent rien que de puéril. Les fables de l'Arioste amusent, parcequ'il en rit le premier; ce qui rend sa manière de conter si piquante et si originale : mais Homère raconte sérieusement ces extravagances, qui d'ailleurs sont en elles-mêmes beaucoup moins agréables que celles du poète de Ferrare.

La marche de *l'Odyssée* est languissante. Le poème se traîne d'aventures en aventures, sans former un nœud qui attache l'attention, et sans exciter assez d'intérêt. La situation de Pénélope et de Télémaque est la même pendant vingt-quatre chants. Ce sont, de la part des poursuivants de la reine, toujours les mêmes outrages, dans le palais toujours les mêmes festins, et la mère et le fils forment toujours les mêmes plaintes. Télémaque s'embarque pour chercher son père, et son voyage ne produit rien que des visites et des conversations inutiles chez Nestor et Ménélas. Ce n'est pas ainsi que Fénélon l'a fait voyager, et il y a beaucoup plus d'art dans l'imitation que dans l'original. Ulysse est dans Ithaque dès le douzième chant de *l'Odyssée*, et, jusqu'au moment où il se fait reconnaître, il ne se passe rien qui réponde à l'attente du lecteur. Le héros est chez Eumée, déguisé en mendiant; il y reste long-temps sans rien faire et sans que l'action avance d'un pas. L'auteur, il est vrai, a eu l'adresse d'ennoblir ce déguisement en faisant dire par un des poursuivants que souvent les dieux, qui se revêtent à leur gré de toutes sortes de formes, prennent la figure d'étrangers dans les pays qu'ils veulent visiter pour y être témoins de la justice qu'on y observe, ou des violences qu'on y commet. Cela prépare le dénouement, mais n'empêche pas que ce déguisement ignoble ne donne lieu à des scènes plus faites pour un conte que pour un poème. On n'aime point à voir Ulysse couvert d'une besace aux portes de la salle à manger, dévorant avec avidité les restes qu'on lui envoie; un valet qui lui donne un coup de pied et le charge des plus grossières injures; un des poursuivants qui lui jette à la tête un pied de bœuf, un autre qui le frappe d'une escabelle à l'épaule; un gueux, nommé *Irus*, qui vient lui disputer la place qu'il occupe, et le grand Ulysse jetant son manteau et se battant à coups de poing avec ce misérable. Je ne sais si je me trompe; mais il me semble qu'en cette occasion Homère a outré l'effet des contrastes et passé toute mesure. Il fallait sans doute que le héros fût dans l'abaissement, mais non pas dans l'abjection; qu'il fût méconnu, outragé, pour se montrer ensuite avec plus d'éclat et se venger avec plus de justice; mais il fallait aussi le placer dans des situations qui ne fusssent pas indignes de l'épopée. Ce n'est pas ainsi qu'il faut descendre, et Raphaël ne prenait pas les sujets de Callot. Le massacre des poursuivants est plus épique, mais la protection trop immédiate de Minerve et la présence de l'égide affaiblissent le seul intérêt qu'il peut y avoir, en diminuant trop le danger réel du héros. Enfin la reconnaissance des deux époux, attendue si long-temps, est froide, et ne produit pas les émotions dont elle était susceptible. Pénélope, qui n'a pas voulu reconnaître Ulysse à sa victoire sur ses ennemis, toute merveilleuse qu'elle est, le reconnaît à ce qu'il lui dit de la structure du lit nuptial, qui n'est connue que de lui seul. Est-ce là un ressort bien épique? Ce qu'il y a de pis dans ce dénoûment, c'est que, contre la règle du bon sens, qui prescrit de mettre à la fin du poëme tous les personnages dans une situation décidée, Ulysse vient à peine de revoir Pénélope, qu'il lui apprend que le destin le condamne encore à courir le monde avec une rame sur l'épaule, jusqu'à ce qu'il rencontre un homme qui prenne cette rame pour un van à vanner. Je le répète : ce ne sont pas là les fictions de *l'Iliade*.

Son séjour dans l'île de Calypso et dans l'île de Circé n'offre rien d'intéressant; et s'il est vrai que Calypso soit l'original de Didon, c'est la goutte d'eau qui est devenue perle. Qu'on en juge par la manière dont Circé débute avec Ulysse : c'est lui-même qui raconte cette première entrevue.

« Elle me présente dans une coupe d'or cette
» boisson mixtionnée, où elle avait mêlé ses poi-
» sons qui devaient produire une si cruelle méta-
» morphose. Je pris la coupe de ses mains, et je
» bus ; mais elle n'eut pas l'effet qu'elle en atten-
» dait. Elle me donna un coup de sa verge, et en
» me frappant, elle dit : Va dans l'étable trouver
» tes compagnons, et être comme eux. En même

» temps, je tire mon épée, et me jette sur elle
» comme pour la tuer. Elle me dit, le visage cou-
» vert de larmes : Qui êtes-vous ? d'où êtes-vous ?
» Je suis dans un étonnement inexprimable, de voir
» qu'après avoir bu mes poisons vous n'êtes point
» changé. Jamais aucun autre mortel n'a pu résis-
» ter à ces *drogues*, non seulement après en avoir
» bu, mais même après avoir approché la coupe de
» ses lèvres. Il faut que vous ayez un esprit supé-
» rieur à tous les enchantements, ou que vous
» soyez le prudent Ulysse; car Mercure m'a tou-
» jours dit qu'il viendrait ici au retour de Troie.
» Mais remettez votre épée dans le fourreau, et ne
» pensons qu'à l'amour. Donnons-nous des gages
» d'une passion réciproque, pour établir la con-
» fiance qui doit régner entre nous. » (*Traduction de madame Dacier.*)

La déclaration est un peu précipitée, surtout après la coupe de poison. Quelque privilége qu'aient les déesses en amour, encore faut-il que les avances soient un peu moins déplacées et un peu mieux ménagées; car enfin les déesses sont des femmes. Il y a loin de là aux amours de Didon.

La descente d'Ulysse aux Enfers est aussi mauvaise que celle d'Énée est admirable, et l'on peut dire ici : Gloire à l'imitateur qui a montré ce qu'il fallait faire! Ulysse s'entretient avec une foule d'ombres qui lui sont absolument étrangères. Tyro, Antiope, Alcmène, Épicaste, Chloris, Léda, Iphimédée, Phèdre, Procris, Ariane, Ériphile, lui racontent, on ne sait pourquoi, leurs aventures, dont le lecteur ne se soucie pas plus qu'Ulysse. Virgile, sans parler ici de tant d'autres avantages, a montré bien plus de jugement en ne mettant en scène avec Énée que des personnages qui doivent l'intéresser. Il n'y a, dans la multiplicité des récits d'Homère, ni choix, ni dessein. Mais il avait appris ces histoires dans les différents pays qu'il avait visités, et il voulait conter tout ce qu'il savait. Le seul endroit remarquable, c'est le silence d'Ajax quand Ulysse lui adresse la parole : il s'éloigne de lui en détournant les yeux, sans lui répondre. Didon en fait autant dans *l'Énéide*, quand Énée la rencontre aux Enfers, et la situation est encore plus dramatique. Mais ce que Virgile n'a eu garde d'imiter, c'est la mauvaise plaisanterie que fait Ulysse à un de ses compagnons, Elpénor, qui s'était tué en tombant du haut du palais de Circé : « Elpénor, comment êtes-vous parvenu dans ce » ténébreux séjour ? Quoique vous fussiez à pied, » vous m'avez devancé, moi qui suis venu sur un » vaisseau porté par les vents. » Il faut être madame Dacier pour trouver *un grand sens* dans cette raillerie froide et cruelle.

Ulysse, pendant son séjour chez Eumée, s'occupe la nuit des moyens qu'il emploiera pour se défaire de ses ennemis : cette juste inquiétude ne lui permet pas de se livrer au sommeil. Mais le poète, comme s'il craignait que le lecteur ne la partageât, se hâte, pour le rassurer, de faire descendre Minerve, qui reproche aigrement au héros de ne point reposer quand il le faudrait; et lui répète que, quand il aurait affaire à cinquante bataillons, il doit être sûr qu'avec le secours de Minerve il en viendra facilement à bout. Ulysse reconnaît sa faute, obéit et s'endort. Était-ce la peine de faire venir du ciel une déesse pour ordonner à un héros de dormir? C'est encore un des passages où madame Dacier fait remarquer l'art du poète.

Avouons-le : c'est ainsi que, dans le siècle dernier, les traducteurs et les commentateurs des anciens leur avaient nui réellement dans l'opinion publique, en leur vouant une admiration aveugle et exclusive qui convertissait les défauts mêmes en beautés. Cet excès révolta des hommes de beaucoup d'esprit, que la contradiction jeta, comme il arrive d'ordinaire, dans un excès tout opposé, et il y eut des sacriléges, parcequ'il y avait eu des fanatiques ; ce qui pourrait se dire avec autant de vérité dans un ordre de choses plus important. De meilleurs esprits, des hommes plus mesurés et plus sûrs dans leurs jugements, ont réparé le mal, et ramené l'opinion à son vrai point, en ne dissimulant pas les défauts des anciens, mais en s'occupant à démêler et à faire bien sentir leurs véritables beautés. Aussi est-ce de nos jours que les grands écrivains de l'antiquité, généralement mieux appréciés et mieux traduits, ont paru reprendre leur influence sur la bonne littérature, ont excité plus de curiosité et d'intérêt, et ont heureusement servi de dernier rempart contre l'invasion du mauvais goût. On ne m'accusera pas d'être leur détracteur : je crois avoir fait mes preuves en ce genre; mais en consacrant à leur génie un culte légitime, il faut encore laisser à la raison le droit de juger les divinités qu'on s'est faites dans son enthousiasme. D'ailleurs, la même sensibilité qui nous passionne pour ce qu'ils ont d'admirable, repousse ce qu'ils ont de répréhensible ; et si l'on confond l'un avec l'autre, on paraît entraîné par l'autorité plus que par ses propres impressions, et c'est infirmer soi-même son jugement.

Celui que j'ai porté sur *l'Odyssée* n'est pas un attentat à la gloire d'Homère, mais une preuve de mon entière impartialité. Ma franchise sévère, quand je relève ses défauts, prouve au moins combien je suis sincère quand je proclame ses beautés. Je ne suis point insensible à celles de *l'Odyssée*, tout en les mettant fort au-dessous de celles de *l'Iliade*: je conviendrai que, dans ce poème, non seulement Homère intéresse notre curiosité, comme peintre de ces siècles reculés dont il ne reste point de monuments plus authentiques, plus précieux, plus instructifs que les siens, mais aussi par l'attrait qu'il a su répandre sur ces peintures des mœurs antiques, de la simplicité et de la bonté hospitalière, du respect des jeunes gens pour la vieillesse, si bien représenté dans la réserve et la modestie de Télémaque chez Nestor et chez Ménélas. Le caractère de ce jeune homme est précisément celui qui convient à son âge et à sa situation ; il a du courage, de la candeur, de la noblesse; et, en général, il tient à sa mère et aux poursuivants le langage qu'il doit tenir. On en peut dire autant de Pénélope, dont le caractère est nécessairement un peu passif dans tout le cours de l'ouvrage, comme l'exigeaient les mœurs de ce temps-là, mais qui, à la reconnaissance près, un peu froide, à ce qu'il m'a paru, ne dit et ne fait que ce qu'elle doit dire et faire. Ulysse, quoique trop dégradé sous son déguisement, et trop long-temps dans l'inaction, ne laisse pas de produire une suspension et une attente du dénoûment qu'il eût été à souhaiter que l'auteur rendît plus forte et plus vive. Le carnage des poursuivants est tracé avec des couleurs qui rappellent le peintre de *l'Iliade*. Mais celle-ci sera toujours la couronne d'Homère : c'est elle qui assure à son auteur le titre du plus beau génie poétique dont l'antiquité puisse se glorifier.

SECTION II.

De l'Épopée latine.

Les ouvrages de Virgile sont à la portée d'un plus grand nombre de lecteurs que ceux d'Homère, parcequ'il est beaucoup plus commun de savoir le latin que le grec. Virgile, en original, a été de bonne heure entre les mains de quiconque a fait des études. Il y a long-temps que l'on est également d'accord sur son mérite et sur ses défauts. Je me réserve à parler de ses *Églogues* quand il sera question de la poésie pastorale. Ses *Géorgiques* sont devenues un ouvrage français, et ce poème, le plus parfait qui nous ait été transmis par les anciens, est aussi un des plus beaux morceaux de la poésie moderne. Il serait superflu de parler de ce qui est connu : je me bornerai donc à quelques observations sur *l'Énéide*. L'imperfection de ce poème et la perfection des *Géorgiques* sont une preuve de la distance prodigieuse qui reste encore entre le meilleur poème didactique et cette grande création de l'épopée. Ce qui frappe le plus, en passant de la lecture d'Homère à celle de Virgile, c'est l'espèce de culte que le poète latin a voué au grec. Quand on ne nous aurait pas appris que Virgile était adorateur d'Homère, au point qu'on l'appelait *l'homérique*, il suffirait de le lire pour en être convaincu. Il le suit pas à pas ; mais on sait que faire passer ainsi dans sa langue les beautés d'une langue étrangère a toujours été regardé comme une des conquêtes du génie ; et pour juger si cette conquête est aisée, il n'y a qu'à se rappeler ce que disait Virgile : qu'il était moins difficile de prendre à Hercule sa massue que de dérober un vers à Homère. Il en a pris cependant une quantité considérable ; et, quand il le traduit, s'il ne l'égale pas toujours, quelquefois il le surpasse (1).

---

(1) Personne ne reprochera à Virgile d'avoir imité Homère comme il l'a fait ; mais des critiques latins lui ont reproché avec plus de raison d'avoir été le plagiaire de ses compatriotes ; et l'on n'en peut douter en voyant les nombreuses citations de vers qu'il a empruntés, non seulement d'Ennius, de Pacuvius, d'Ac-

Le premier défaut que l'on ait remarqué dans *l'Énéide*, c'est le caractère du héros; et c'est ici que l'on peut voir combien Lamotte et consorts se trompaient quand ils reprochaient à Homère les imperfections morales de son héros, et combien Aristote en savait davantage quand il a marqué ces mêmes caractères imparfaits en morale, comme les meilleurs en poésie. Assurément il n'y a pas le plus petit reproche à faire au pieux Énée : il est, d'un bout du poème à l'autre, absolument

---

cius, de Suévius, mais même de ses contemporains les plus illustres, tels que Lucrèce, Catulle, Varius, Furius. Nous n'avons point les poésies de ces deux derniers, mais Varius nous est connu par l'éloge qu'en fait Horace, qui le regarde comme un des génies les plus propres à traiter l'épopée.

Forte epos acer,
Ut nemo, Varius ducit.

Virgile ne pouvait donc pas dire comme Molière, quand il s'appropriait quelque chose de bon, pris d'un mauvais écrivain : « Je reprends mon bien où je le trouve. » La plupart de ces larcins de Virgile sont des hémistiches ou des vers entiers d'une beauté remarquable, même ceux qu'il dérobe aux vieux poètes du temps des guerres puniques, et particulièrement à Ennius; mais aussi l'on sait que Virgile ne s'en cachait pas; puisqu'il se vantait *de tirer de l'or du fumier d'Ennius*. *Fumier* soit : l'on peut croire, par les fragments qui nous restent de lui, qu'il y avait bien du mauvais goût dans son style, et d'autant plus que la langue n'était pas encore épurée; mais la quantité d'expressions heureuses et vraiment poétiques qu'il a fournies à Virgile prouve que cet Ennius avait un véritable talent, et surtout le sentiment de l'harmonie imitative, et justifie l'espèce de vénération qu'avait pour lui le grand Scipion, connaisseur

irrépréhensible ; mais aussi, n'étant jamais passionné, il n'échauffe jamais, et la froideur de son caractère se répand sur tout le poème. Il est presque toujours en larmes ou en prière. Il se laisse très tranquillement aimer par Didon, et la quitte tout aussi tranquillement dès que les dieux l'ont ordonné. Cela est fort religieux, mais point du tout dramatique ; et ce même Aristote nous a fait en-

---

trop éclairé pour ne goûter dans Ennius que le chantre de ses exploits.

Virgile ne dissimulait pas non plus qu'il avait suivi Théocrite dans ses Églogues, et Hésiode dans ses Géorgiques : il rend lui-même cet hommage à ses modèles, dans ces mêmes ouvrages où il les a laissés, surtout Hésiode, bien loin derrière lui. Mais, ce qu'on ne sait pas communément, c'est que ce second livre de l'*Énéide*, si universellement admiré, ce grand tableau du sac de Troie, est copié, presque mot à mot, *penè ad verbum* (ce sont les expressions de Macrobe), d'un poète grec, nommé Pisandre, qui avait écrit en vers une espèce de recueil d'histoires mythologiques. Macrobe parle de ce nouvel emprunt comme d'un fait connu de tout le monde, et même des enfants, et de ce Pisandre comme d'un poète du premier ordre parmi les Grecs. Il y a tout lieu de le penser, si l'original de la prise de Troie lui appartient ; et il est difficile de douter du fait, d'après l'affirmation de Macrobe. En ce cas, la perte des ouvrages de Pisandre doit être comptée parmi tant d'autres qui excitent d'inutiles regrets.

Il est à remarquer que deux poètes, tels que Virgile et Voltaire, se soient également permis de s'enrichir d'un assez grand nombre de beaux vers connus : c'est parceque tous deux étaient très riches de leur propre fonds, qu'on leur a pardonné de dépouiller autrui :

Le Parnasse est comme le monde :
On n'y permet qu'aux riches de voler.

tendre que l'épopée devait être animée des mêmes passions que la tragédie, quand il a dit que la plupart des règles prescrites pour celle-ci étaient aussi essentielles à l'autre. Concluons donc que le grand principe d'Aristote a été pleinement confirmé par l'expérience, puisque les deux héros de l'épopée qui aient paru les mieux choisis et les mieux conçus chez les anciens et chez les modernes, sont deux caractères passionnés et tragiques ; l'Achille de *l'Iliade* et le Renaud de *la Jérusalem*. Ce dernier même est en partie modelé sur l'autre ; il est aussi brillant, aussi fier, aussi impétueux. Voilà les hommes qu'il nous faut en poésie ; aussi ont-ils réussi partout, et le caractère d'Énée n'a pas eu plus de succès au théâtre que dans l'épopée.

On convient assez que la marche des six premiers chants de *l'Énéide* est à peu près ce qu'elle pouvait être, si ce n'est qu'après le grand effet du quatrième livre, qui contient les amours de Didon, la description des jeux, qui remplit le cinquième, quelque belle qu'elle soit en elle-même, est peut-être placée de manière à refroidir un peu le lecteur, qui, après tout, en est bien dédommagé dans le livre suivant, où se trouve la descente d'Énée aux Enfers. Mais ce qu'on a généralement condamné, c'est le plan des six derniers livres : c'est là qu'on attend les plus grands effets, en conséquence de ce principe, que tout doit aller en croissant, comme Homère l'a si bien pratiqué dans *l'Iliade*; et c'est là malheureusement que Virgile devient également inférieur à lui-même et à son modèle.

La fondation d'un état qui doit être le berceau de Rome ; une jeune princesse qu'un étranger, annoncé par les oracles, vient disputer au prince qui doit l'épouser ; les différents peuples de l'Italie partagés entre les deux rivaux : tout semblait promettre de l'action, du mouvement, des situations et de l'intérêt. Au lieu de tout ce qu'on a droit d'espérer d'un pareil sujet, que trouve-t-on ? Un roi *Latinus*, qui n'est pas le maître chez lui et ne sait pas même avoir une volonté ; qui, après avoir très bien reçu les Troyens, laisse la reine *Amate* et *Turnus* leur faire la guerre, et prend le parti de se renfermer dans son palais pour ne se mêler de rien ; une *Lavinie* dont il est à peine question, personnage nul et muet, quoique ce soit pour elle que l'on combat ; cette reine Amate, qui, après la défaite des Latins, se pend à une poutre de son palais ; enfin Turnus tué par Énée, sans qu'il soit possible de prendre intérêt ni à la victoire de l'un, ni à la mort de l'autre. Voilà le fond des six derniers chants de *l'Énéide* ; et il en résulte que, pour l'invention, les caractères et le plan, l'imitateur d'Homère en est resté bien loin de lui.

A l'égard de ses batailles, il n'a guère fait qu'abréger et resserrer celles d'Homère, qu'il traduit presque partout. Il a moins de diffusion, mais il a aussi moins de feu. Il a d'ailleurs un désavantage marqué, qui tient à la nature du sujet. La guerre de Troie était un si grand évènement dans l'histoire du monde, dont elle fait encore une des principales époques, que tous ceux qui s'y étaient distingués occupaient une place dans la mémoire des hommes : c'étaient des noms que la renommée avait consacrés, qui étaient dans la bouche de tout le monde, et pour ainsi dire familiers à l'imagination. Rien n'est si favorable à un poète que ces noms qui portent leur intérêt avec eux, et une partie de cet intérêt se répand sur les six premiers livres de *l'Énéide*, où se retrouvent des faits et des noms déja immortalisés par Homère. Mais dès le septième livre, Virgile nous mène dans un monde tout nouveau, et nous montre des personnages absolument ignorés, et avec qui même il n'a pu, dans le plan qu'il a suivi, mettre le lecteur à portée de faire connaissance, et l'on s'aperçoit alors qu'il est bien différent d'avoir à mettre en scène Ajax, Hector, Ulysse et Diomède, ou Messape, Ufens, Tarchon et Mézence. On sait bien que Virgile a voulu flatter à la fois les Romains et Auguste, les uns par la fable de leur origine, l'autre par le double rapport qu'il établit entre Auguste et Énée, tous deux fondateurs et législateurs. Mais il n'en est pas moins vrai qu'Homère, en chantant le siége de Troie, avait pris pour son sujet ce qu'il y avait alors de plus fameux dans le monde, et que Virgile, en voulant célébrer l'origine de Rome, comme il l'annonce dès les premiers vers, s'est obligé à s'enfoncer dans les antiquités de l'Italie, aussi obscures que celles de la Grèce étaient célèbres. On sent tout ce que ce contraste doit lui faire perdre ; aussi les héros d'Homère sont ceux de toutes les nations, de tous les théâtres : nous sommes accoutumés à les voir en scène avec les dieux, et ils ne nous semblent pas au-dessous de ce commerce. Les combats de *l'Iliade* nous offrent les plus grands spectacles : nous croyons voir aux mains l'Europe et l'Asie ; mais ceux de *l'Énéide* ne nous paraissent, en comparaison, que des escarmouches entre quelques peuplades ignorées. Virgile a tâché du moins de répandre quelque intérêt sur le jeune Pallas, fils d'Évandre ; sur Lausus, fils de Mézence ; sur Camille, reine des Volsques ; mais cet intérêt passager et rapidement épisodique, jeté sur des personnages qu'on ne voit qu'un moment, ne saurait remplacer cet intérêt général qui doit animer et mouvoir toute la machine de l'épopée.

Tel est le jugement que la postérité, sévèrement équitable, paraît avoir porté sur ce qui manque à *l'Énéide;* mais, malgré tous ces défauts, ce qui reste de mérite à Virgile suffit pour justifier le titre de prince des poètes latins qu'il reçut de son siècle, et l'admiration qu'il a obtenue de tous les autres. Le second, le quatrième et le sixième livre sont trois grands morceaux, regardés universellement comme les plus finis, les plus complètement beaux que l'épopée ait produits chez aucune nation. Celui de Didon en particulier appartient entièrement à l'auteur : il n'y en avait point de modèle, et c'est en ce genre un morceau unique dans toute l'antiquité. Ces trois admirables livres, l'épisode de Nisus et Euryale, celui de Cacus, celui des funérailles de Pallas, celui du bouclier d'Énée, sont les chefs-d'œuvre de l'art de peindre et d'intéresser en vers; et ce qui fait en total le caractère de Virgile, c'est la perfection continue du style, qui est telle chez lui, qu'il ne semble pas donné à l'homme d'aller plus loin. Il est à la fois le charme et le désespoir de tous ceux qui aiment et cultivent la poésie. Ainsi donc, s'il n'a pas égalé Homère pour l'invention, la richesse et l'ensemble, il l'a surpassé par la singulière beauté de quelques parties, et par son excellent goût dans tous les détails (1). Ne nous plaignons

---

(1) L'abbé Trublet a fait un parallèle de Virgile et d'Homère, où il y a quelques idées justes et fines, mais aussi beaucoup de petits aperçus vagues à force de subtilité, et plusieurs assertions fausses; celle-ci, par exemple : « *L'Énéide* vaut « mieux que *l'Iliade*... Virgile a surpassé Homère dans le des- « sein et dans l'ordonnance. » Ce résultat n'est rien moins que juste. Un poème qui, dans son ensemble, manque d'invention et d'intérêt, et dont les six derniers livres, si inférieurs aux premiers, pèchent contre la règle essentielle de la progression, ne vaut sûrement pas mieux que *l'Iliade*, qui, malgré ses longueurs, est beaucoup mieux ordonnée, puisqu'elle va toujours à son but, et se soutient jusqu'au bout, de manière que l'action devient encore plus attachante à la fin qu'au commencement. Il en résulte qu'Homère, comme je l'ai dit, l'emporte par la totalité, et Virgile par la perfection de quelques parties. Quant à ce que dit l'abbé Trublet : « Virgile a « voulu être poète, et il l'a pu : Homère n'aurait pas pu ne le « point être; » ce sont là de très frivoles antithèses, et ce jugement est dénué de sens. On n'est pas poète comme Virgile, seulement parcequ'*on le veut* : on ne l'est à ce degré que quand la nature l'a voulu. Le bon abbé Trublet songeait un peu trop à son ami Lamotte, quand il donnait tant au *vouloir* en poésie. Il est très vrai que Lamotte *voulut* être poète; mais il ne par-

pas de la nature, qui jamais ne donne tout à un seul : admirons-la plutôt dans l'étonnante variété de ses dons, dans cette inépuisable fécondité qui promet toujours au génie de nouveaux aliments, à la gloire de nouveaux titres, aux hommes de nouvelles jouissances.

Silius Italicus, qui fut consul l'année de la mort de Néron, et qui mourut sous Trajan, a imité Virgile, comme Duché et Lafosse ont imité Racine. Nous avons de lui un poème, non pas épique, mais historique, en dix-sept livres, dont le sujet est la seconde guerre punique. Il y suit scrupuleusement l'ordre et le détail des faits depuis le siége de Sagonte jusqu'à la défaite d'Annibal et la soumission de Carthage. Il n'y a d'ailleurs aucune espèce d'invention ni de fable, si ce n'est qu'il fait quelquefois intervenir très gratuitement Junon avec sa vieille haine contre les descendants d'Enée, et son ancien amour pour Carthage. Mais comme tout cela ne produit que quelques discours inutiles, la présence de Junon n'empêche pas que l'ouvrage ne soit une gazette en vers. La diction passe pour être assez pure, mais elle est faible et habituellement médiocre. Les amateurs n'y ont remarqué qu'un petit nombre de vers dignes d'être retenus; encore les plus beaux sont-ils empruntés de la prose de Tite-Live. Silius possédait une des maisons de campagne de Cicéron, et une autre

---

vint qu'à être un très médiocre versificateur, et fit tout ce qu'on peut faire avec de l'esprit.

près de Naples, où était le tombeau de Virgile ; ce qui était plus aisé que de ressembler à l'un ou à l'autre.

La Thébaïde de Stace, poëme en douze chants, dont le sujet est la querelle d'Étéocle et de Polynice, terminée par la mort des deux frères, annonce par son titre seul un choix malheureux. Quel intérêt peuvent inspirer deux scélérats maudits par leur père, et accomplissant, par leurs forfaits et par le meurtre l'un de l'autre, cette malédiction qu'ils ont méritée? Stace, à force de bouffissure, de monotonie et de mauvais goût, est beaucoup plus ennuyeux et plus pénible à lire que Silius Italicus, quoiqu'il ait plus de verve que lui, et qu'au milieu de son fatras il y ait quelques étincelles. Le meilleur endroit de son poëme est le combat des deux frères, et ce qui précède et ce qui suit le combat, qui fait le sujet du onzième livre. Ce n'est pas que l'auteur y quitte le ton de déclamation ampoulée qui lui est naturel, mais il y mêle quelques traits de force et de pathétique. Au reste, Stace a joui pendant sa vie d'une grande réputation. Martial nous apprend que toute la ville de Rome était en mouvement pour aller l'entendre quand il devait réciter ses vers en public, suivant l'usage de ces temps-là, et que la lecture de *la Thébaïde* était une fête pour les Romains. Cela suffirait pour prouver combien le goût était corrompu à cette époque. Il vivait sous Domitien. Il adresse, en finissant, la parole à sa muse, et l'avertit de ne prétendre à aucune concurrence avec *la divine Énéide, mais de la suivre de loin et d'adorer ses traces.* Sa muse lui a ponctuellement obéi. Il ne laisse pas de se promettre l'immortalité, et de compter sur les honneurs que la postérité lui rendra. Mais il aurait mieux fait de s'en tenir aux applaudissements de son siècle que d'en appeler au nôtre. Son poème est parvenu jusqu'à nous, il est vrai, et le temps, qui a dévoré tant d'écrits de Tite-Live, de Tacite, de Sophocle, d'Euripide, a respecté *la Thébaïde* de Stace. Ainsi, pendant le long cours des siècles d'ignorance, le hasard a tiré de mauvais ouvrages de la poussière qui couvre encore et couvrira peut-être éternellement une foule de chefs-d'œuvre. Ce n'est pas là sans doute le genre d'immortalité que promettent les Muses ; et qu'importe que l'on sache dans tous les siècles que Stace a été un mauvais poète? Ses écrits ne sont connus que du très petit nombre de gens de lettres qui veulent avoir une idée juste de tout ce que les anciens nous ont laissé.

Il en faut dire autant du déclamateur Claudien, qui vivait sous les enfants de Théodose, et qui a fait quelques poèmes satiriques ou héroïques, dont l'harmonie ressemble parfaitement au son d'une cloche qui tinte toujours le même carillon. On cite pourtant quelques uns de ses vers, entre autres le commencement de son poème contre Rufin. Mais en général c'est encore un de ces versificateurs ampoulés qui, en se servant toujours de beaux mots, ont le malheur d'ennuyer. On peut juger de son style par ce début de son poème de *l'Enlèvement de Proserpine* :

« Inferni raptoris equos, etc. »

Encore puis-je affirmer que la version française, quoique fidèle, ne rend pas toute l'enflure de l'original. *Mon esprit surchargé m'ordonne de montrer dans mes chants audacieux les chevaux du ravisseur infernal, l'astre du jour souillé par le char de Pluton, et le lit ténébreux de la Junon souterraine*, etc. Tout le reste est de ce style ; mais sur un pareil exorde, il faut avoir du courage pour aller plus loin.

LUCAIN.

Il ne serait pas juste de confondre Lucain avec ces auteurs à peu près oubliés. Il a beaucoup de leurs défauts, mais ils n'ont aucune de ses beautés. *La Pharsale* n'est pas non plus un poème épique : c'est une histoire en vers ; mais avec un talent porté à l'élévation, l'auteur a semé son ouvrage de traits de force et de grandeur qui l'ont sauvé de l'oubli.

Dans le dernier siècle, un esprit encore plus boursoufflé que le sien l'a paraphrasé en vers français. Si la version de Brébeuf donna d'abord quelque vogue à Lucain malgré Boileau, c'est qu'alors on aimait autant les vers qu'on en est aujourd'hui rassasié, et que, le bon goût ne faisant que de naître, la déclamation espagnole était encore à la mode. Mais bientôt le progrès des lettres et l'ascendant des bons modèles firent tomber *la Pharsale aux provinces si chère*, comme a dit Despréaux ; et, malgré la prédilection de Corneille et quelques vers heureux de Brébeuf, Lucain fut relégué dans la bibliothèque des gens de lettres. De nos jours, la traduction élégante et abrégée qu'en a donnée M. Marmontel l'a fait connaître un peu davantage, mais n'a pu le faire goûter, tandis que tout le monde lit le Tasse dans les versions en prose les plus médiocres. Quelle en pourrait être la raison, si ce n'est que le Tasse attache et intéresse, et que Lucain fatigue et ennuie ? Dans l'original il n'est guère lu que des littérateurs, pour qui même il est très pénible à lire.

Cependant il a traité un grand sujet : de temps en temps il étincelle de beautés fortes et originales ; il s'est même élevé jusqu'au sublime. Pourquoi donc, tandis qu'on relit sans cesse Virgile, les plus laborieux latinistes ne peuvent-ils, sans beaucoup d'efforts et de fatigue, lire de suite un chant de Lucain ? Quel sujet de réflexion pour les jeunes écrivains, toujours si facilement dupes de tout ce qui a un air de grandeur, et qui s'imaginent avoir tout fait avec un peu d'effervescence dans la tête et quelques morceaux brillants ! Quel exemple peut mieux leur démontrer qu'avec beaucoup d'esprit, et même de talent, on peut manquer de cet art d'écrire, qui est le fruit d'un goût naturel, perfectionné par le travail et par le temps ; et qui est indispensablement nécessaire pour être lu ?

En effet, pourquoi Lucain l'est-il si peu, malgré le mérite qu'on lui reconnaît en quelques parties? C'est que son imagination, qui cherche toujours le grand, se méprend souvent dans le choix, et n'a point d'ailleurs cette flexibilité qui varie les formes du style, le ton et les mouvements de la phrase, et la couleur des objets; c'est qu'il manque de ce jugement sain qui écarte l'exagération dans les peintures, l'enflure dans les idées, la fausseté dans les rapports, le mauvais choix, la longueur et la superfluité dans les détails; c'est que, jetant tous ses vers dans le même moule, et les faisant tous ronfler sur le même ton, il est également monotone pour l'esprit et pour l'oreille. Il en résulte que la plupart de ses beautés sont comme étouffées parmi tant de défauts, et que souvent le lecteur impatienté se refuse à la peine de les chercher et à l'ennui de les attendre.

Tâchons de rendre cette vérité sensible : voyons, dans un morceau fidèlement rendu, comment Lucain décrit et raconte. On sent bien que je vais traduire en prose : je ne pourrais autrement remplir mon dessein; car il n'y a que Brébeuf qui puisse prendre sur lui de versifier tant de fatras, et même souvent de charger l'enflure et d'alonger les longueurs de Lucain; mais on verra aisément, dans cette traduction exacte, ce qu'il faudrait retrancher ou conserver en traduisant en vers.

Je choisis le moment où César, voulant passer d'Épire en Italie sur une barque, est assailli par une tempête, et prononce ce mot fameux adressé au pilote qui tremblait : *Que crains-tu ? Tu portes César et sa fortune.* Voyons comment le poète a traité ce trait d'histoire assez frappant, et quel parti il en a tiré.

« La nuit avait suspendu les alarmes de la
» guerre et amené les instants du repos pour ces
» malheureux soldats, qui du moins, dans leur
» humble fortune, ont un sommeil profond. Tout
» le camp était tranquille, et la sentinelle venait
» d'être relevée à la troisième veille. César s'avance
» d'un pas inquiet dans le vaste silence de la nuit :
» plein de ses projets téméraires, dignes à peine du
» dernier de ses soldats, il marche sans suite : sa
» fortune seule est avec lui. Il franchit les tentes
» des gardes endormis, et tout bas il se plaint
» de leur échapper si aisément. Il parcourt le
» rivage, et trouve une barque attachée par un
» câble à un rocher miné par le temps. Il aperçoit
» la demeure tranquille du pilote, qui n'était pas
» éloignée : c'était une cabane formée d'un tissu de
» joncs et de roseaux, et que la barque renversée
» défendait du côté de la mer. César frappe à coups
» redoublés, et ébranle la cabane. Amyclas se lève
» de son lit, qui n'était qu'un amas d'herbes : Quel
» est le malheureux, dit-il, que le naufrage a jeté
» près de ma demeure ? Quel est celui que la for-
» tune oblige d'y chercher du secours ? En disant
» ces mots, il se hâte de rallumer quelques étin-
» celles de feu, et se prépare à ouvrir sans rien
» craindre. Il sait que les cabanes ne sont pas la
» proie de la guerre. O précieux avantage d'une

» pauvreté paisible! ô toit simple et champêtre ! ô
» présent des dieux jusqu'ici méconnu ! Quels
» murs, quels temples n'auraient pas tremblé,
» frappés par la main de César? La porte s'ouvre.
» Attends-toi, dit-il, à des récompenses que tu
» n'oserais espérer. Tu peux prétendre à tout si tu
» veux m'obéir et me transporter en Italie. Tu ne
» seras pas obligé de nourrir ta vieillesse du pro-
» duit de ta barque et du travail de tes mains. Ne
» te refuse pas aux dieux qui veulent te prodiguer
» les richesses. Ainsi parlait César : couvert de
» l'habit d'un soldat, il ne pouvait prendre le ton
» d'un maître. Amyclas lui répond : Beaucoup de
» raisons m'empêcheraient de me confier cette nuit
» à la mer. Le soleil en se couchant était environné
» de nuages, ses rayons partagés semblaient appe-
» ler d'un côté le vent du midi, et de l'autre le vent
» du nord ; et même, au milieu de sa course, sa
» lumière était faible, et pouvait être regardée d'un
» œil fixe. La lune n'a point jeté une clarté bril-
» lante ; son croissant n'était point net et serein ; sa
» rougeur présageait un vent violent, et, devenue
» pâle, elle se cachait tristement dans les nuages.
» Le gémissement des forêts, le bruit des flots qui
» battent le rivage, les dauphins qui s'en appro-
» chent, ne m'annoncent rien d'heureux. J'ai re-
» marqué avec inquiétude que le plongeon cherche
» le sable ; que le héron n'ose élever dans l'air ses
» ailes mouillées, et que la corneille, se plongeant
» quelquefois dans l'eau comme si elle se préparait
» à la pluie, rase les rivages d'un vol incertain.

» Mais si de grands intérêts l'exigent, j'oserai me
» mettre en mer; j'aborderai où vous me l'ordon-
» nerez, ou bien les vents et les flots s'y oppose-
» ront. Il dit, et, déliant sa barque, il déploie la
» voile. A peine fut-elle agitée, que non seulement
» les étoiles errantes parurent se disperser et tracer
» divers sillons, mais même que celles qui sont
» immobiles semblèrent s'ébranler. Une affreuse
» obscurité couvrait la surface des mers : on en-
» tendait bouillonner les vagues amoncelées et
» menaçantes, déja maîtrisées par les vents, sans
» savoir encore auquel elles allaient obéir. Le pilote
» tremblant dit à César : Vous voyez ce qu'annon-
» cent les menaces de la mer. Je ne sais si elle est
» agitée par le vent d'orient ou d'occident, mais
» ma barque est battue de tous les côtés ; le ciel et
» les nuages semblent en proie au vent du midi :
» si j'en crois le bruit des flots, ils sont poussés
» par le vent du nord. Nous n'avons aucun espoir
» d'aborder aujourd'hui en Italie, ni même d'y
» être poussés par le naufrage. Le seul moyen de
» salut qui nous reste, c'est de renoncer à notre
» dessein et de retourner sur nos pas. Regagnons
» le rivage, de peur que bientôt il ne soit trop
» loin de nous.

» César, se croyant au-dessus de tous les périls
» comme il était au-dessus de toutes les craintes,
» répond au nautonier: Ne crains point le cour-
» roux des flots : abandonne ta voile au vent furieux.
» Si les astres te défendent de voguer vers l'Italie,
» vogue sous mes auspices. Tu n'aurais aucun ef-

» froi, si tu connaissais celui que tu portes. Sache
» que les dieux ne m'abandonnent jamais, et que
» la fortune me sert mal lorsqu'elle ne va pas au-de-
» vant de mes vœux. Avance au travers des tempê-
» tes, et ne crains rien sous ma sauvegarde. Cette
» tourmente qui menace les cieux et les mers ne
» menace point la barque où je suis; elle porte
» César, et César la garantit de tous les périls. La
» fureur des vents ne tardera pas à se ralentir. Ce
» navire rendra le calme à la mer. Ne te détourne
» point de ton chemin ; évite les côtes les plus pro-
» chaines, et sache que tu arriveras au port de
» Brindes lorsqu'il n'y aura plus pour nous d'autre
» espoir de salut que d'y arriver. Tu ignores ce
» qu'apprête tout ce grand bruit : si la fortune
» ébranle le ciel et les mers, c'est qu'elle cherche
» à me servir. Comme il parlait encore, un coup
» de vent vint frapper le navire, brisa les cordages
» et fit voler les voiles au-dessus du mât ébranlé. La
» barque retentit de cette violente secousse, et
» bientôt tous les orages réunis viennent fondre
» sur elle des bouts de l'univers. Le vent du cou-
» chant lève le premier sa tête de l'océan Atlanti-
» que, et entasse les flots les uns sur les autres
» comme un amas de rochers. Le froid Borée court
» à sa rencontre et repousse la mer, qui, long-temps
» suspendue, ne sait de quel côté retomber. Mais
» la fureur de l'aquilon l'emporte : il fait tournoyer
» les flots, et les sables découverts paraissent for-
» mer des gués. Borée ne pousse point les flots con-
» tre les rochers ; il les brise contre ceux qu'en-

» traîne son rival, et la mer soulevée pourrait com-
» battre contre elle-même sans le secours des vents.
» Celui d'orient ne demeura pas oisif, et celui du
» midi, surchargé de nuages, ne resta pas dans les
» antres d'Éole : chacun d'eux soufflant avec vio-
» lence du côté qu'il défendait, la mer se contint
» dans ses limites, au lieu que les tempêtes mê-
» lent le plus souvent les flots des différentes mers,
» tels que ceux de la mer Égée et de la mer de
» Toscane, ceux de la mer Ionienne et du golfe
» Adriatique. Combien de fois ce jour vit les mon-
» tagnes couvertes de flots ! Combien de hauteurs
» parurent s'abîmer dans la mer ! Toutes les eaux
» du monde abandonnèrent leurs rivages. L'Océan
» lui-même, si rempli de monstres, et qui entoure
» ce globe, semblait se confondre dans une seule
» mer. Ainsi jadis le roi de l'Olympe seconda du
» trident de son frère ses foudres fatigués, et la
» terre parut réunie au partage de Neptune lors-
» qu'il l'inonda de ses eaux, et qu'il ne voulut d'au-
» tres rivages que la hauteur des cieux. De même
» en ce jour la mer se serait élevée jusqu'aux astres,
» si Jupiter ne l'eût accablée du poids des nuages.
» Ce n'était point une nuit ordinaire qui se répan-
» dit sur le monde : les ténèbres livides et affreuses
» couvraient profondément les eaux et le ciel. L'air
» était affaissé sous les eaux, et les flots allaient se
» grossir dans les airs. La lueur effrayante des
» éclairs s'éteignait dans cette nuit, et ne jetait
» qu'un sillon obscur. La demeure des dieux est
» ébranlée, l'axe du monde retentit, les pôles chan-

» cellent, et la nature craignit le chaos. Les élé-
» ments semblent avoir rompu les liens qui les unis-
» saient, et tout prêts à ramener la nuit éternelle
» qui confond les cieux et les enfers. S'il reste aux
» humains quelque espoir de salut, c'est parcequ'ils
» voient que le monde n'est pas encore brisé par
» ces secousses terribles. Les nochers tremblants,
» élevés sur la cime des vagues, regardent les abî-
» mes de la mer d'aussi haut qu'on la découvre des
» sommets de Leucate ; et lorsque les flots viennent
» à se rouvrir, à peine le mât du navire paraît-il
» au-dessus d'eux : tantôt ses voiles touchent aux
» nues, tantôt sa quille touche à la terre. La mer
» est d'un côté abaissée jusqu'aux sables, de l'autre
» elle est amoncelée, et paraît tout entière dans les
» vagues. La crainte confond toutes les ressources
» de l'art, et le pilote ne sait à quels flots il doit cé-
» der et quels il doit repousser. L'opposition des
» vents le sauva : les vagues, luttant avec une force
» égale, soutinrent le navire, et repoussé toujours
» du côté où il tombait, il est balancé sous l'effort
» des vents. Le nautonier ne craignait pas d'être jeté
» vers l'île de Sason, entourée de gués, ni sur les
» côtes de Thessalie, hérissées de rochers, ni dans
» le détroit redouté d'Ambracie ; il ne craignait que
» d'aller heurter les monts Cérauniens.

» César crut avoir trouvé des périls dignes de
» son destin. C'est donc, se dit-il à lui-même, un
» grand effort pour les dieux de détruire César,
» puisque, assis dans une frêle nacelle, ils m'atta-
» quent avec la mer et les tempêtes ! Si la gloire de

» ma perte est réservée à Neptune, s'il m'est refusé
» de mourir sur un champ de bataille, ô dieux ! je
» recevrai sans crainte le trépas que vous voudrez
» me donner. Quoique la Parque, en précipitant
» ma dernière heure, m'enlève aux plus grands
» exploits, j'ai cependant assez vécu pour ma gloire.
» J'ai dompté les nations du nord ; j'ai vaincu Rome
» par le seul effroi de mon nom ; Rome a vu Pom-
» pée au-dessous de moi. Ses citoyens obéissants
» m'ont donné les faisceaux qu'ils m'avaient refusés
» pendant que je combattais pour la patrie : tous
» les titres de la puissance romaine m'ont été pro-
» digués. Que tous les humains ignorent, hors toi
» seule, ô fortune, confidente de tous mes vœux !
» que César, quoique consul et dictateur, meurt
» trop tôt, puisqu'il n'est pas encore maître du
» monde. Je n'ai pas besoin de funérailles. O dieux !
» laissez dans les flots mon cadavre défiguré. Je ne
» demande ni tombeau ni bûcher, pourvu que de
» tous les côtés de l'univers on attende César en
» tremblant. A peine avait-il dit ces mots, qu'une
» vague énorme enleva la barque sans la renverser,
» et la porta sur un rivage où il n'y avait ni écueils
» ni rochers. Tant de grandeurs, tant de royaumes,
» sa fortune enfin, tout lui fut rendu en touchant
» la terre. »

Il n'y a personne qui, dans un morceau de cette
étendue, ne puisse reconnaître tous les défauts du
style de Lucain ; personne qui n'ait été blessé de
tant d'hyperboles portées jusqu'à l'extravagance, de
tant de prolixité dans les détails, poussée jusqu'au

plus intolérable excès ; de ce ridicule combat des vents personnifiés si froidement et si mal à propos ; de cette enflure gigantesque, qui est l'opposé de toute raison et de toute vérité. Quoi de plus déplacé que cette verbeuse fanfaronnade de César, substituée au mot sublime que l'histoire lui fait prononcer ? Combien le pilote doit trouver ce langage ridicule, jusqu'au moment où César se nomme! Et même quand il s'est nommé, il ne doit pas l'y reconnaître. Celui qui dit Je commande à la fortune, doit passer pour fou ; mais celui qui au milieu du péril peut dire, en faisant connaître à la fois son nom et son caractère : *Que crains-tu ? je suis César*, en impose à tout mortel qui connaît ce nom, et lui fait oublier le danger. Le goût n'est pas moins blessé de cette longue énumération de tous les présages du mauvais temps ; et surtout il ne faut pas détailler tant de raisons de rester au port, quand on finit par s'embarquer. Quatre mots devaient suffire, et, dans des circonstances si pressantes, l'impatience de César ne doit pas lui permettre d'en entendre davantage. Je ne dis rien de la tempête. Ébranler la terre et le ciel, soulever toutes les mers du globe, faire craindre à la nature de retomber dans le chaos, et tout cela pour décrire le péril d'une nacelle battue d'un orage dans la petite mer d'Épire, est d'abord une description absolument fausse en physique ; c'est le plus étrange abus des figures, et de plus c'est manquer le but principal. Cette description si longue et si ampoulée fait trop oublier César, et c'est de César surtout qu'il fallait nous occuper: Quand la flotte d'Énée est assaillie par la tempête, douze vers suffisent à Virgile pour faire un tableau de l'expression la plus vive et la plus frappante. Un orage, décrit avec la même vérité et la même force, eût suffi pour nous faire trembler sur le sort d'un grand homme prêt à voir un moment d'imprudence anéantir de si grandes destinées. Et combien le tableau aurait été encore plus frappant, si dans cet endroit de son poème, comme dans beaucoup d'autres, Lucain eût employé la fiction dont il a été partout trop avare! s'il nous eût représenté l'Olympe attentif et partagé, les dieux observant avec curiosité si l'ame de César éprouverait un moment de trouble et de frayeur, incertains eux-mêmes si les flots n'engloutiraient point le maître qui menaçait le monde, et si Neptune n'effacerait pas du livre des destins le jour de Pharsale et l'esclavage de Rome!

Quoique le vice essentiel de Lucain soit ordinairement de passer la mesure en tout, il ne faut pas croire pourtant qu'il la passe toujours au même degré. Il a des morceaux où les beautés l'emportent de beaucoup sur les défauts, surtout dans la peinture des caractères. Tel est, par exemple, l'éloge funèbre de Pompée, prononcé par Caton; tel est le portrait de Caton lui-même, et le tableau de ses noces avec Marcie; sa marche dans les sables d'Afrique, et sa belle réponse au beau discours de Labiénus sur l'oracle de Jupiter Ammon; tels sont principalement les portraits de César et de Pompée, mis en opposition dans le premier livre, et qui sont, à mon gré, ce que Lucain a de mieux écrit. Ce sont ces beautés d'un caractère mâle et neuf qui l'ont rendu digne des regards de la postérité, et qu'il est juste de vous faire connaître, au moins autant qu'il m'est possible, dans une imitation très libre, telle que doit être celle d'un écrivain qui n'est pas un modèle.

> Pompée avec chagrin voit ses travaux passés
> Par de plus grands exploits tout près d'être effacés.
> Par dix ans de combats la Gaule assujettie,
> Semble faire oublier le vainqueur de l'Asie;
> Et des braves Gaulois le hardi conquérant
> Pour la seconde place est désormais trop grand.
> De leurs prétentions la guerre enfin va naître;
> L'un ne veut point d'égal, et l'autre point de maître.
> Le fer doit décider, et ces rivaux fameux,
> D'un suffrage imposant s'autorisent tous deux.
> Les dieux sont pour César, mais Caton suit Pompée.
> L'un contre l'autre enfin prêts à tirer l'épée,
> Dans le champ des combats ils n'entraient pas égaux.
> Pompée oublia trop la guerre et les travaux :
> La voix de ses flatteurs endormit sa vieillesse;
> De la faveur publique il savoura l'ivresse;
> Et livré tout entier aux vains amusements,
> Aux jeux de son théâtre, aux applaudissements,
> Il n'a plus les élans de cette ardeur guerrière,
> Ce besoin d'ajouter à sa gloire première;
> Et fier de son pouvoir, sans crainte et sans soupçon,
> Il vieillit en repos, à l'ombre d'un grand nom.
> Tel un vieux chêne, orné de dons et de guirlandes,
> Et du peuple et des chefs étalant les offrandes,
> Miné dans sa racine et par les ans flétri,
> Tient encor par sa masse au sol qui l'a nourri.

Ses longs rameaux noircis s'étendent sans feuillage ;
Mais son tronc dépouillé répand un vaste ombrage.
D'une forêt pompeuse il s'élève entouré ;
Mais seul, près de sa chute, il est encor sacré.
César a plus qu'un nom, plus que sa renommée :
Il n'est point de repos pour cette ame enflammée.
Attaquer et combattre, et vaincre et se venger,
Oser tout, ne rien craindre et ne rien ménager,
Tel est César. Ardent, terrible, infatigable,
De gloire et de succès toujours insatiable,
Rien ne remplit ses vœux, ne borne son essor ;
Plus il obtient des dieux, plus il demande encor.
L'obstacle et le danger plaisent à son courage,
Et c'est par des débris qu'il marque son passage.
Tel, échappé du sein d'un nuage brûlant,
S'élance avec l'éclair un foudre étincelant.
De sa clarté rapide il éblouit la vue ;
Il fait des vastes cieux retentir l'étendue ;
Frappe le voyageur par l'effroi renversé,
Embrase les autels du dieu qui l'a lancé,
De la destruction laisse partout la trace,
Et, rassemblant ses feux, remonte dans l'espace.

Voyons-le dans la description des prodiges qui annonçaient la guerre civile. On s'attend bien qu'un morceau de cette nature doit être beaucoup trop long chez lui ; mais, resserré de moitié et réduit aux traits les plus frappants, il peut produire de l'effet.

Les dieux mêmes, les dieux, qui, pour mieux nous punir,
Souvent à nos frayeurs découvrent l'avenir,
De prodiges sans nombre avaient rempli la terre :
Le désordre du monde annonçait leur colère.
Des astres inconnus éclairèrent la nuit,
Et dans un ciel serein la foudre retentit.

Le soleil, se cachant sous des vapeurs funèbres,
Fit craindre aux nations d'éternelles ténèbres.
L'étoile aux longs cheveux, signal des grands revers,
En sillons enflammés courut au haut des airs.
Phœbé pâlit soudain, et, perdant sa lumière,
Couvrit son front d'argent de l'ombre de la terre.
Vulcain, frappant l'Etna de ses pesants marteaux,
Réveilla le Cyclope au fond de ses cachots.
L'Etna s'ouvre et mugit, de sa cime béante
Descend à flots épais une lave brûlante.
L'Apennin rejeta, de ses sommets tremblants,
Les glaçons sur sa tête amassés par les ans;
L'aboyante Scylla, qui hurle sous les ondes,
Roula des flots de sang dans ses grottes profondes.
La nature a changé sous le courroux des cieux,
Et la mère frémit de son fruit monstrueux.
On entendait gémir des urnes sépulcrales.
Secouant dans ses mains deux torches infernales,
Le front ceint de serpents et l'œil armé d'éclairs,
De son haleine impure empoisonnant les airs,
Courait autour des murs une affreuse Euménide :
La terre s'ébranlait sous sa course rapide.
Le Tibre sur ses bords voyait de nos héros
S'agiter à grand bruit les antiques tombeaux.
Jusque dans nos remparts des ombres s'avancèrent.
Les mânes de Sylla dans les champs s'élevèrent,
D'une voix lamentable annonçant le malheur.
Du soc de sa charrue, on dit qu'un laboureur
Entr'ouvrit une tombe, et, saisi d'épouvante,
Vit Marius lever sa tête menaçante,
Et, les cheveux épars, le front cicatrisé,
S'asseoir, pâle et sanglant, sur son tombeau brisé.

Rien n'est plus connu que le mot de Quintilien, qui range Lucain parmi les orateurs plutôt que parmi les poètes : *Oratoribus magis quam poëtis annumerandus*. C'est faire l'éloge de ses discours ; et en effet, il est supérieur dans cette partie, non qu'en faisant parler ses personnages il soit exempt de cette déclamation qui gâte son style quand il les fait agir ; mais en général ses discours ont de la grandeur, de l'énergie et du mouvement.

On lui a reproché, avec raison, de manquer de sensibilité, d'avoir trop peu de ces émotions dramatiques qui nous charment dans Homère et Virgile. Il s'offrait pourtant dans son sujet des morceaux susceptibles de pathétique ; mais la raideur de son style s'y refuse le plus souvent, et dans ce genre il indique plus qu'il n'achève. La séparation de Pompée et de Cornélie, quand il l'envoie dans l'île de Lesbos, et les discours qui accompagnent leurs adieux, sont à peu près le seul endroit où le poète rapproche un moment l'épopée de l'intérêt de la tragédie ; encore laisse-t-il beaucoup à desirer.

Autant on lui sait gré d'avoir supérieurement colorié le portrait de César au commencement de son ouvrage, autant on est choqué de voir à quel point il défigure dans toute la suite du poème ce caractère d'abord si bien tracé. C'est la seule exception que l'on doive faire aux éloges qu'il a généralement mérités dans cette partie ; mais ce reproche est grave, et ne peut même être excusé par la haine, d'ailleurs louable, qu'il témoigne partout contre l'oppresseur de la liberté. Je trouve tout simple qu'un républicain ne puisse pardonner à César la fondation d'un empire dont avait hérité

Néron. Mais il pouvait se borner sagement à déplorer le malheureux usage des talents extraordinaires et des rares qualités que César tourna contre son pays, après s'en être servi pour le défendre et l'illustrer. Il faut être juste envers tout le monde, et considérer combien de circonstances peuvent, non pas justifier, mais du moins excuser sa conduite. Il est certain qu'il était perdu s'il eût renvoyé son armée avant de passer le Rubicon. La haine de ses ennemis servit la fortune qui le conduisait. L'aveugle partialité du sénat en faveur de Pompée, la faiblesse de Cicéron pour cette ancienne idole qu'il avait décorée, la vieille haine de l'austère Caton contre le voluptueux César, poussèrent hors de toute mesure ce premier corps de la république, dont toutes les démarches furent alors autant de fautes. Ce sénat consentait à flatter l'orgueil de Pompée, qui voulait être le premier de l'état, et condamnait en même temps la fierté de César, qui refusait d'être le second. La situation entre ces deux hommes puissants était sans doute délicate; mais s'il y avait un parti sage, c'était, ce me semble, de tenir la balance entre eux, afin de les contenir l'un par l'autre : la faire pencher absolument d'un côté, c'était rendre la rupture inévitable, et nécessiter une guerre qui devait finir, comme Cicéron lui-même l'avoue dans ses lettres, par donner un maître à Rome. Quand on considère les motifs de la conduite des sénateurs, on n'y trouve pas plus de justice que de prudence. La préférence qu'ils donnaient à Pompée n'avait pour fondement que leur aversion patricienne pour un chef du parti du peuple ; et l'animosité des anciennes querelles de Marius et de Sylla subsistait dans ce corps qui, après de si terribles exemples, aurait dû ne chérir que la liberté et ne haïr que la tyrannie. Au contraire, ils abandonnaient à Pompée un pouvoir illégal et excessif, parcequ'il était le chef du parti des grands et prince du sénat. César, qui croyait valoir au moins Pompée, ne voulait pas souffrir qu'il y eût dans Rome un citoyen assez puissant pour opprimer Rome et César. Toutes les propositions qu'il fit étant encore à la tête de ses légions, et avant de passer le Rubicon, avaient un motif très plausible : c'était d'établir l'égalité, et de le mettre en sûreté contre ses ennemis. Je crois bien qu'il ne faisait ces propositions qu'avec la certitude d'être refusé, et qu'au fond il voulait régner. Mais ses ennemis firent tout ce qu'il fallait pour lui fournir le prétexte toujours imposant de la défense naturelle. Il offrait de poser les armes, pourvu qu'on lui accordât le consulat et le triomphe. Il avait mérité tous les deux, et avait besoin de la puissance consulaire pour faire tête à ceux qui voulaient le perdre. Pompée, accoutumé depuis dix ans à régner paisiblement dans Rome, pendant que César conquérait les Gaules, ne put soutenir l'idée d'y voir rentrer César triomphant, revêtu de tout l'éclat et armé de tout le crédit que devaient lui donner dix années de victoires, ses talents et sa renommée. Le sénat, accoutumé à la domination tranquille de Pompée, qu'il regardait comme la sienne, ne vit l'approche de César qu'avec effroi. On lui refusa tout ce qu'il demandait légalement, en même temps qu'on mettait entre les mains de Pompée des commandements et des forces extraordinaires. Il semblait qu'on ne voulût tout prodiguer à l'un que pour accabler l'autre; et ce qui paraît inconcevable, si l'on ne voyait de pareilles inconséquences dans l'histoire de tous les gouvernements, on poussait à bout un homme dont on croyait avoir tout à craindre, sans prendre aucune mesure pour le repousser et le combattre. César, qui se sentait en état de se faire justice, n'eut pas, il est vrai, la dangereuse magnanimité de se remettre entre les mains de ses ennemis. Il osa tout ce qu'il pouvait, et l'on sait quelle en fut la suite. Il paraît que la supériorité constante qu'il porta dans toute cette guerre jusqu'à la journée de Pharsale fut surtout celle de son caractère; c'est par là qu'il l'emportait sur Pompée, encore plus peut-être que par les talents militaires; car, de ce côté, il se peut bien qu'en ne jugeant que par l'évènement, on ait trop rabaissé le vaincu devant le vainqueur. Sa fuite précipitée de l'Italie en Épire montre en effet qu'il n'avait rien préparé pour soutenir la guerre en Italie; mais en la transportant en Grèce, il fit voir bientôt qu'il avait pris le seul parti convenable, et qu'il connaissait toutes ses ressources. Il s'en procura d'immenses, une puissante armée, une flotte nombreuse, des vivres en abondance, tout le pays à ses ordres; et le plan de campagne qu'il adopta en conséquence de ces avantages lui a fait honneur auprès des juges de l'art. Il sentit la supériorité que devaient avoir en plaine les vieilles bandes de César, qui, après les dix années de la guerre des Gaules, devaient nécessairement l'emporter par les manœuvres, l'expérience et la fermeté dans l'action.

Il résolut donc d'éviter les batailles, de fatiguer et d'affamer son ennemi. César ne commit qu'une faute (eh! qui n'en commet pas?): il étendit trop ses lignes à Durazzo; Pompée sut en profiter: il força ces lignes, et l'attaqua avec tant d'avantage, que la tête tourna entièrement à ces fameux vétérans de César (tant la position fait tout!), et que, pour la première fois, ils prirent la fuite avec la dernière épouvante. Tous les historiens conviennent, et César lui-même, suivant le récit d'Asinius Pollion, avoua qu'il était perdu si Pompée avait poussé sa victoire ce jour-là, et attaqué sur-le-champ le reste de l'armée retirée dans ses retranchements. Mais l'activité et l'audace ne sont pas ordinairement les qualités d'un vieux général. Pompée ne fit pas tout ce qu'il pouvait faire; et ce qui est bien remarquable, ce fut précisément cette victoire de Durazzo qui le fit battre à Pharsale. Elle inspira une confiance follement présomptueuse à tous les chefs de l'armée et du conseil de Pompée. Ils se regardèrent dès lors comme triomphants. Las d'une guerre qui les éloignait trop long-temps des délices de Rome, ils accusèrent le général de la prolonger pour ses propres intérêts. Il n'eut pas la force de résister à leurs reproches, et de suivre le plan qui lui avait si bien réussi ; et au moment ou César était très embarrassé de sa situation, il vit tout d'un coup, avec autant de surprise que de joie, Pompée quitter les hauteurs et descendre en plaine pour livrer bataille. Ce fut là une faute capitale. Un moment de faiblesse lui fit perdre le fruit d'une très belle campagne et de quarante ans de gloire. Voilà ce que produit le défaut de caractère, et ce que César n'eût jamais fait. Dès ce moment Pompée ne fut plus lui-même ; et en consentant à la bataille et en la donnant, il ne fit plus rien qui fût digne ni d'un général ni d'un grand homme. On combattait encore lorsqu'il se retira dans sa tente comme un homme qui a perdu la tête. Sa fuite fut honteuse et désespérée, comme celle d'un homme qui, toujours heureux jusque-là, ne se trouve point de force contre un premier revers. Il lui restait de grandes ressources ; il n'en saisit aucune. Il pouvait se jeter sur sa flotte qui était formidable, prolonger la guerre sur mer contre un ennemi qui avait peu de vaisseaux, et remettre en balance ce qui semblait avoir été décidé à Pharsale. Ses lieutenants firent encore la guerre long-temps après lui, tandis qu'il allait comme un aventurier se mettre à la merci d'un roi enfant, conduit par des ministres barbares. Il trouva la mort en Égypte pendant que César laissait la vie à tous ceux qui tombaient entre ses mains. On sait jusqu'où il porta la clémence. On sait qu'à Pharsale même, au fort de l'action, il donna l'ordre de faire quartier à tout citoyen romain qui se rendrait, et de ne faire main-basse que sur les troupes étrangères. Après cela, comment n'être pas révolté lorsque Lucain se plaît à le représenter partout comme un tyran féroce et un vainqueur sanguinaire ; lorsqu'il le peint se rassasiant de carnage, observant ceux des siens dont les épées sont plus ou moins teintes de sang, et ne respirant que la destruction ! La poésie n'a point le droit de dénaturer ainsi un caractère connu, et de contredire des faits prouvés ; c'est un mensonge, et non pas une fiction. Il n'est permis de calomnier un grand homme ni en prose ni en vers.

Encore une observation sur cette différence de caractère entre Pompée, trop long-temps accoutumé à être prévenu par la fortune, et César, accoutumé à la maîtriser et à la dompter. L'un jette son manteau de pourpre pour s'enfuir du champ de bataille où l'on se bat encore pour lui ; et l'autre, à la journée de Munda, voyant ses vétérans s'ébranler après six heures de combat, prend le parti de se jeter seul au milieu des ennemis, ramène ainsi ses troupes à la charge, et retrouve la victoire en exposant sa vie. On conçoit, par ce contraste, lequel de ces deux hommes devait l'emporter sur l'autre.

Il n'y a guère de sujet plus grand, plus riche, plus capable d'élever l'ame, que celui qu'avait choisi Lucain. Les personnages et les évènements imposent à l'imagination, et devaient émouvoir la sienne; mais il avait plus de hauteur dans les idées que de talent pour peindre et pour imaginer. On a demandé souvent si son sujet lui permettait la fiction. On peut répondre d'abord que Lucain lui-même n'en doutait pas, puisqu'il l'a employée une fois, quoique d'ailleurs il n'ait fait que mettre l'histoire en vers. Il est vrai que les fables de l'*Odyssée* figureraient mal à côté d'un entretien de Caton et de Brutus ; mais c'eût été l'ouvrage du génie et du goût de choisir le genre de merveilleux convenable au sujet. Les dieux et les Romains ne pouvaient-ils pas agir ensemble sur une même scène, et être dignes les uns des autres ? Le Destin ne pouvait-il pas être pour quelque chose dans ces grands démêlés où était intéressé le sort du monde ? Enfin le fantôme de la Patrie en pleurs qui apparaît à César aux bords du Rubicon, cette belle fiction, malheureusement la seule que l'on trouve dans *la Pharsale*, prouve assez quel parti Lucain aurait pu tirer de la fable sans nuire à l'intérêt ni à la dignité de l'histoire.

Il est mort à vingt-sept ans, et cela seul demande grâce pour les fautes de détail, qu'une révision plus mûre pouvait effacer ou diminuer, mais ne saurait l'obtenir pour la nature du plan, dont la conception n'est pas épique, ni pour le ton général de l'ouvrage, qui annonce un défaut de goût trop marqué pour que l'on puisse croire que l'auteur eût jamais pu s'en corriger entièrement.

SECTION III.

Appendice sur Hésiode, Ovide, Lucrèce et Manilius.

Pour compléter ce qui regarde les différents genres de poèmes anciens, il faut dire un mot des poèmes mythologiques, didactiques et philosophiques d'Hésiode, d'Ovide, de Lucrèce et de Manilius.

On ne s'accorde pas sur le temps où vivait Hésiode : les uns le font contemporain d'Homère, les autres le placent cent ans après : ce qui est certain, c'est qu'il a connu du moins les ouvrages d'Homère, car il a des vers entiers qui en sont empruntés. Tous deux doivent être regardés comme les pères de la mythologie; ce qui suffirait pour en faire l'objet de cette curiosité naturelle qui nous porte à interroger l'antiquité. Elle ne nous a transmis que deux poèmes d'Hésiode, tous deux assez courts: l'un intitulé *les Travaux et les Jours;* l'autre *la Théogonie* ou *la Naissance des Dieux.* Le premier contient des préceptes sur l'agriculture, et a donné à Virgile l'idée de ses *Géorgiques.* On pourrait rapprocher *la Théogonie* des *Métamorphoses* d'Ovide, si l'ouvrage de ce dernier n'était pas si supérieur à celui d'Hésiode.

Ce n'est pas qu'à le considérer seulement comme poète, il n'ait, même pour nous, un mérite réel qui justifie la réputation dont il a joui de son temps. Il balança un moment celle d'Homère, qui, dans la suite, l'effaça de plus en plus à mesure que le goût fit des progrès; mais c'est encore beaucoup pour la gloire d'Hésiode, que cette concurrence passagère. Il n'est pas vrai, comme quelques uns l'ont écrit, qu'il ait vaincu Homère dans une joute poétique aux funérailles d'Amphidamas : il y remporta en effet une couronne; mais s'il l'avait obtenue sur un concurrent tel qu'Homère, il y avait assez de quoi s'en glorifier pour qu'Hésiode, qui rappelle dans un de ses poèmes cette couronne qu'on lui avait décernée, nommât le rival qu'il avait vaincu, et il ne le nomme pas ; c'est donc évidemment un conte qui ne fut imaginé que par les détracteurs d'Homère.

Le poème des *Travaux* et des *Jours* semble divisé en trois parties: l'une mythologique, l'autre morale, la dernière didactique. Hésiode commence par raconter la fable de Pandore; et, s'il en est l'inventeur, elle fait honneur à son imagination: c'est du moins chez lui qu'elle se trouve le plus anciennement, ainsi que la naissance de Vénus et celle des Muses, filles de Mnémosyne et de Jupiter. Après l'allégorie de Pandore vient une description des différents âges du monde, qu'Ovide a imitée dans ses *Métamorphoses*; mais l'auteur grec en compte cinq au lieu de quatre, comme on les compte d'ordinaire : l'âge d'or, l'âge d'argent, l'âge d'airain, celui des demi-dieux et des héros, qui revient à ce que nous nommons les temps héroïques, et le siècle de fer, qui est, selon le poète, le siècle où il écrit: en ce cas, il y a long-temps qu'il dure. Les écrivains, de tous les temps, ont regardé leur siècle comme le pire de tous. Il n'y a que Voltaire qui ait dit du sien :

Ah ! le bon temps que ce siècle de fer !

Encore était-ce dans un accès de gaieté ; car ailleurs il appelle le dix-huitième siècle *l'égout des siècles*. C'est un de ces sujets sur lesquels on dit ce qu'on veut, selon qu'il plaît d'envisager tel ou tel côté des objets.

Après ce début mythologique, Hésiode commence un cours de morale qu'il adresse, ainsi que le reste de l'ouvrage, à son frère Persée, avec qui il avait eu un procès pour la succession paternelle : cette morale n'est pas toujours la meilleure possible. Elle est suivie de préceptes de culture, entremêlés encore de leçons de sagesse ; car on en rencontre partout dans cet auteur. Il était grand-prêtre d'un temple des Muses sur le mont Hélicon, et l'enseignement a toujours été une des fonctions du sacerdoce. Mais ce que les Muses ne lui avaient pas dicté, c'est le morceau qui termine son poème, dans lequel il spécifie la distinction des différents jours du mois, dans un goût qui fait voir que celui de *l'Almanach de Liége* n'est pas moderne. C'est là qu'Hésiode nous apprend qu'il faut se marier le 4 du mois ; qu'on peut tondre ses moutons le 11 et le 12, mais que le 12 est infiniment préférable ; que le dixième jour est favorable à la génération des mâles, et le quatorzième à celle des femelles, et beaucoup d'autres choses de cette force, ou même d'une sorte de ridicule qu'on ne saurait citer. C'étaient sans doute les rêveries de son temps comme du nôtre; mais Homère n'en a pas fait usage.

La première moitié de *la Théogonie* n'est presque qu'une nomenclature continuelle de dieux et de déesses de tout rang et de toute espèce. On a voulu débrouiller ce chaos à l'aide de l'allégorie : on peut l'y trouver tant qu'on voudra, mais tout aussi mêlée d'inconséquences que la fable même. Le poète, dont la diction est en général douce et harmonieuse, prend tout-à-coup, vers la fin de son ouvrage, un ton infiniment plus élevé pour chanter la guerre des dieux contre les géants, tradition fabuleuse dont il est le plus ancien auteur. Cette description et celle de l'hiver dans *les Travaux et les Jours* sont, dans leur genre, à comparer aux plus beaux endroits d'Homère. La peinture du Tartare, où les Titans sont précipités par la foudre de Jupiter, offre des traits de ressemblance avec l'enfer de Milton, si frappants, qu'il est difficile de douter que l'un n'ait servi de modèle à l'autre; et c'est une chose assez singulière que la conformité des idées dans un fond que la diversité des religions devait rendre si différent.

Ovide, que je ne considère encore ici que comme auteur des *Métamorphoses*, parceque ses autres écrits appartiennent à d'autres genres dont je parlerai à leur place, Ovide a été un des génies les plus heureusement nés pour la poésie, et son poème des *Métamorphoses* est un des plus beaux présents que nous ait faits l'antiquité. C'est dans ce seul ouvrage, il est vrai, qu'il s'est élevé fort au-dessus de toutes ses autres productions; mais aussi quelle espèce de mérite ne remarque-t-on pas dans les *Métamorphoses !* Et d'abord, quel art prodigieux dans la texture du poème! Comment Ovide a-t-il pu de tant d'histoires différentes, le plus souvent étrangères les unes aux autres, former un tout si bien suivi, si bien lié? tenir toujours dans sa main le fil imperceptible qui, sans se rompre jamais, vous guide dans ce dédale d'aventures merveilleuses? arranger si bien cette foule d'évènements, qu'ils naissent tous les uns des autres? introduire tant de personnages, les uns pour agir, les autres pour raconter, de manière que tout marche et se développe sans interruption, sans embarras, sans désordre, depuis la séparation des éléments, qui remplace le chaos, jusqu'à l'apothéose d'Auguste? Ensuite, quelle flexibilité d'imagination et de style pour prendre successivement tous les tons, suivant la nature du sujet, et pour diversifier par l'expression tant de dénoûments dont le fond est toujours le même, c'est-à-dire un changement de forme ! C'est là surtout le plus grand charme de cette lecture; c'est l'étonnante variété de couleurs toujours adaptées à des tableaux toujours divers, tantôt nobles et imposants jusqu'à la sublimité; tantôt simples jusqu'à la familiarité, les uns horribles, les autres tendres, ceux-ci effrayants, ceux-là gais, riants et doux.

Toutes ces peintures sont riches, et aucune ne

paraît lui coûter. Tour à tour il vous élève, vous attendrit, vous effraie, soit qu'il ouvre le palais du Soleil, soit qu'il chante les plaintes de l'Amour, soit qu'il peigne les fureurs de la jalousie et les horreurs du crime. Il décrit aussi facilement les combats que les voluptés, les héros que les bergers, l'Olympe qu'un bocage, la caverne de l'Envie que la cabane de Philémon. Nous ne savons pas au juste ce que la mythologie lui avait fourni, et ce qu'il a pu y ajouter; mais combien d'histoires charmantes! Que n'a-t-on pas pris dans cette source, qui n'est pas encore épuisée! Tous les théâtres ont mis Ovide à contribution. Je sais qu'on lui reproche, et avec raison, du luxe dans son style, c'est-à-dire trop d'abondance et de parure; mais cette abondance n'est pas celle des mots qui cache le vide des idées; c'est le superflu d'une richesse réelle. Ses ornements, même quand il en a trop, ne laissent voir ni le travail ni l'effort : enfin, l'esprit, la grace et la facilité, trois choses qui ne l'abandonnent jamais, couvrent ses négligences, ses petites recherches; et l'on peut dire de lui, bien plus véritablement que de Sénèque, qu'*il plaît même dans ses défauts*. Quelqu'un a dit de nos jours :

> J'étais pour Ovide à vingt ans;
> Je suis pour Horace à quarante.

S'il a voulu dire qu'Horace a le goût plus sûr qu'Ovide, cela est incontestable; mais je crois qu'à tout âge on peut aimer, et beaucoup, l'auteur des

Métamorphoses. Voltaire avait une grande admiration pour cet ouvrage, et l'on sait qu'il ne prodiguait pas la sienne. Sans doute on ne peut comparer le style d'Ovide à celui de Virgile; mais peut-être fallait-il que Virgile existât pour que l'on sentît bien ce qui manque à Ovide.

Le sujet qu'a traité Lucrèce est aussi austère que celui des *Métamorphoses* est agréable. On sait que le poëme sur *la Nature des choses* n'est que la philosophie d'Épicure mise en vers, si l'on peut donner ce nom de philosophie aux rêveries de l'atomisme et de l'athéisme réunies ensemble. La poésie, d'ailleurs, ne se prête volontiers, dans aucun idiome, au langage de la physique ni aux raisonnements de la métaphysique; aussi Lucrèce n'est-il guère poète que dans les digressions; mais alors il l'est beaucoup. L'énergie et la chaleur caractérisent son style, mais en y joignant la dureté et l'incorrection. Il y a des gens qui, à cause de cette dureté même, lui ont trouvé plus de force qu'à Virgile; par une suite de ce préjugé ridicule, que la dureté tient à la vigueur; et que l'élégance est près de la faiblesse. Mais comme je ne connais point de vers latins plus forts que ceux de Virgile dans l'épisode de Cacus, ni de vers français plus forts que ceux du rôle de Phèdre, je croirai toujours que la force n'exclut ni l'élégance ni l'harmonie, et que la dureté ne suppose pas la force.

La description de la peste et celle des jouissances physiques de l'amour sont les deux morceaux les plus remarquables du poème de Lucrèce; ainsi personne n'a mieux peint que lui ce qu'il y a dans la nature et de plus affreux et de plus doux.

Le commencement de son ouvrage a été traduit en vers, dans le siècle dernier, par le poète Hainaut. Il y en a de bien faits; mais on sent qu'il serait impossible de faire passer l'ouvrage entier dans une traduction en vers : on l'a tenté de nos jours et sans succès. Le sujet s'y refuse, et c'est là le cas de traduire en prose ; car la prose est le langage du raisonnement. C'est ce qu'a fait avec beaucoup de succès feu Lagrange : sa traduction de Lucrèce est la meilleure que nous ayons dans notre langue.

Il nous reste cinq chants du poème de *l'Astronomie* de Manilius, qui, écrivant sous Tibère, paraît déjà loin du siècle d'Auguste. La physique en est fort mauvaise, et la diction souvent dure, quoiqu'il ne manque point de force poétique.

P. S. C'est à l'article de l'épopée que j'aurais dû faire mention d'Apollonius de Rhodes, auteur d'un poème grec en quatre chants, sur *l'Expédition des Argonautes*, et cette omission doit être réparée ici, parceque cet ouvrage ne mérite pas d'être oublié. Ce n'est pas que la conception en soit bonne et vraiment épique : il y a peu d'art dans le plan, qui est à la fois trop historique dans l'ordre des faits, et trop chargé d'épisodes sans effet et sans choix ; mais l'exécution n'est pas sans mérite en quelques parties. L'amour de Médée pour Jason est peint avec une vérité qui laisse souvent desirer plus de force, mais qui ne paraît pas avoir été inutile à Virgile. On voit que le chantre de Didon n'a pas dédaigné d'emprunter quelques idées d'Apollonius; mais il faut avouer aussi qu'il leur prête une force d'expression passionnée dont le poète grec est bien loin : les emprunts sont peu de chose, et la supériorité est immense.

Apollonius vivait sous Ptolémée Philadelphe. Valérius Flaccus, poète romain du temps de Vespasien, traita le même sujet de *la Conquête de la Toison d'or*, en huit livres, qui ne sont pas les chants d'un poème; car il n'y a de poésie d'aucune espèce : il est aussi loin d'Apollonius que celui-ci de Virgile.

CHAPITRE V.

De la Tragédie ancienne.

SECTION PREMIÈRE.

Idées générales sur le Théâtre des anciens.

Rien n'est si commun en tout genre que les avis extrêmes, et c'est par cette raison que rien n'est si rare que la vérité ; car elle est, comme la vertu, placée entre deux excès. On trouve encore bien des personnes instruites qui croient le théâtre grec fort supérieur au nôtre, et qui soutiennent qu'Eschyle, Sophocle et Euripide n'ont pas été surpassés, ni même égalés. Il y aura toujours parmi les érudits une classe d'hommes qui n'admirent que les anciens, parcequ'ils chérissent exclusivement l'objet de leurs études, et qu'ils ne peuvent ni traduire ni commenter les modernes. D'un autre côté, des hommes de beaucoup d'esprit, mais qui ont peu étudié l'antiquité, ou qui ne peuvent s'accoutumer à des mœurs trop différentes des nôtres, regardent la tragédie grecque comme une déclamation dramatique, et n'y voient que l'enfance d'un art que nous avons porté à sa perfection. Je crois ces deux opinions également injustes. Brumoi, littérateur assez instruit, mais qui avait plus de connaissances que de goût, tout en condamnant ces deux avis extrêmes, ne se montre pas lui-même exempt de toute prévention, et, en avouant que nous avons perfectionné le théâtre, justifie beaucoup de fautes des anciens, et veut trop souvent excuser, par la différence des temps, ce qui partout est mauvais en soi. Il proscrit les pièces d'invention, et croit trouver dans la nature de bonnes raisons pour qu'on ne puisse s'intéresser à ces sortes de pièces. *Zaïre*, *Alzire*, et plusieurs autres ouvrages d'un grand effet l'ont suffisamment réfuté. Mais Brumoi s'entendait-il bien lui-même, lorsqu'en recherchant le principe et l'objet de la tragédie, il s'exprime ainsi? « La crainte et la pitié sont les passions les » plus dangereuses, comme elles sont les plus com-» munes; car si l'une, et par conséquent l'autre, à » cause de leur liaison, *glace éternellement* les » hommes, il n'y a plus lieu à la fermeté d'âme » nécessaire pour supporter les malheurs inévita-» bles de la vie, et pour survivre à leur impres-» sion trop souvent réitérée. La tragédie corrige » la crainte par la crainte, et la pitié par la pi-» tié; chose d'autant plus agréable, que le cœur » humain aime ses sentiments et ses faiblesses; il » s'imagine donc qu'on veut le flatter, et il se » trouve infailliblement guéri par le plaisir même » qu'il a pris à se séduire. »

J'avoue que je n'ai jamais rien vu de tout cela dans la tragédie. Les paroles de Brumoi ne sont qu'un commentaire subtil et erroné du passage d'Aristote, où il est dit que *la tragédie par la terreur et la pitié, sait corriger ces deux affections de l'ame;* ce qui signifie simplement que l'illusion dramatique, en nous les faisant ressentir, leur ôte ce qu'elles ont de pénible et d'amer. Cette explication est aussi claire que plausible. Mais ce qui peut excuser ceux qui ont adopté celle de Brumoi, c'est cette fatalité invincible qui, accablant les humains de malheurs inévitables, faisait le fond de la tragédie chez les Grecs, comme elle faisait la base de leur système religieux. D'après ce principe, le spectacle des malheurs de la condition humaine, étalé sur la scène, a pu paraître une leçon qui avertissait de s'armer de courage et de patience, et de repousser également, et la crainte qui glace l'ame, et cette faiblesse plaintive qui l'amollit. Mais, quoiqu'en effet toutes les pièces grecques puissent donner cette leçon, on ne voit point qu'Aristote en fasse nulle part l'objet principal de la tragédie et le premier but de l'art dramatique. Les modernes se sont égarés en donnant une trop grande extension au passage du *maître*, et Brumoi en particulier s'efforce de prouver fort au long que si Eschyle et Sophocle n'ont pas eu précisément cette idée, *ils ont dû concevoir quelque chose d'approchant, et qu'il est impossible que ces grands hommes aient travaillé sans dessein;* comme si ce n'était pas avoir un dessein que d'assembler ses compatriotes à un magnifique spectacle pour les amuser, les intéresser et les instruire, émouvoir leur cœur en flattant leurs oreilles, et obtenir des couronnes en donnant des plaisirs.

Que veut dire Brumoi quand il prétend que *la pitié est une passion dangereuse*, qu'*elle glace éternellement les hommes* ? La plupart des vertus morales, celles surtout qui doivent être les plus précieuses à la société, parcequ'elles sont les plus nécessaires, tiennent au sentiment de la pitié. C'est ce même sentiment que la tragédie développe en nous très heureusement, bien loin de nous en guérir ; qui, loin de *glacer* le cœur, l'ouvre à toutes les impressions qui nous portent à aimer, à plaindre, à secourir nos semblables. Brumoi a commis la même faute que ceux qu'il accuse de ne pas assez distinguer la différence des temps, des nations et des mœurs. Il a oublié qu'il n'y avait plus aujourd'hui, ni de dieux oppresseurs, ni d'oracles funestes, ni de crimes nécessaires ordonnés par le ciel ; qu'ainsi la tragédie, bien loin de nous endurcir contre les infortunes d'autrui, nous attendrit sans danger, porte dans notre ame toutes les émotions qui exercent et augmentent notre sensibilité, nous touche de compassion pour le malheur, nous soulève d'indignation contre le crime, nous transporte d'admiration pour la vertu, et grave en nous de grandes et utiles vérités avec le burin de la poésie. Voilà l'objet de l'art dramatique, art beaucoup plus étendu qu'il ne l'était du temps d'Aristote, et qu'il n'a pu lui-même concevoir tout entier, parceque le plus excellent esprit ne peut pas deviner en tout l'expérience des siècles et les pas du génie.

Un principe d'erreur qu'on retrouve dans presque tout ce qui a été écrit sur la tragédie, c'est de vouloir juger en tout, sur les mêmes règles, le théâtre des anciens et le nôtre, qui, se rapprochant par les premiers principes de l'art, et par des beautés qui sont communes à l'un et à l'autre, s'éloignent par des différences essentielles dans les accessoires et les moyens. Nous portons au spectacle un esprit tout différent de celui qu'y portaient les Grecs; et ce qu'ils exigeaient de leurs auteurs dramatiques ne suffirait pas, à beaucoup près, pour faire réussir les nôtres. Une scène ou deux par acte, et des chœurs qui ne quittaient pas la scène, et se mêlaient au dialogue dans les situations les plus intéressantes, voilà tout ce que l'on demandait au poète. Tous les sujets tirés de l'histoire des Grecs les attachaient sans peine, malgré leur extrême simplicité, sans qu'il fût besoin que l'action, graduée sans cesse par des alternatives de crainte et d'espérance, ne s'arrêtant et ne se ralentissant jamais, offrît à tout moment un nouveau degré d'intérêt, un nouvel aliment à la curiosité durant le cours de cinq actes, et ne la satisfît entièrement qu'à la fin du drame. Pourquoi? c'est que parmi nous le spectacle est pour une assemblée choisie; chez eux le spectacle était pour un peuple. Une tragédie chez les Grecs était une fête donnée par les magistrats dans certains temps de l'année, aux dépens de la république, dont on y prodiguait les richesses. On rassemblait dans un amphithéâtre immense une foule innombrable de peuple, et l'on représentait devant lui des évènements célèbres, dont les héros étaient les siens, dont l'époque était présente à sa mémoire, et dont les détails étaient sus par cœur, même des enfants. Une architecture imposante, des décorations magnifiques, attachaient d'abord les yeux, et auraient suffi pour faire un spectacle. La déclamation des acteurs, assujettie à un rhythme régulier et au mouvement donné par l'orchestre, un chœur nombreux, dont les chants s'élevaient sur un mode plus hardi et plus musical, et devenaient plus retentissants par tous les moyens qui peuvent ajouter à la voix, quand ils sont suggérés par la nécessité de se faire entendre au loin dans un espace couvert de simples toiles ; l'accord soutenu entre la déclamation notée, les gestes mesurés et l'accompagnement, accord qui faisait un des plus grands plaisirs d'un peuple sensible à l'harmonie, au-delà de ce que nous pouvons imaginer ; enfin tout ce que nous savons, quoique très imparfaitement, des spectacles anciens ; les masques faits pour enfler la voix, les vases d'airain disposés pour la multiplier, tout nous fait voir qu'ils accordaient aux sens infiniment plus que nous ; que la nature, vue de plus loin sur le théâtre, était nécessairement agrandie ; qu'exagérés dans leurs moyens et dans leurs procédés, ils s'occupaient plus de réunir plusieurs sortes de jouissances que de se rapprocher d'une vraisemblance exacte, et cherchaient plus à plaire aux yeux et aux oreilles qu'à faire illusion à l'esprit.

Que l'on réfléchisse maintenant sur toutes les

différences qui se présentent entre ce système théâtral et le nôtre. Nous sommes renfermés dans des bornes locales très étroites, et les objets d'illusion, vus de plus près, doivent être ménagés avec une vraisemblance beaucoup plus rigoureuse. Nous parlons à une classe d'hommes choisis, dont le goût, exercé par l'habitude de juger tous les jours, est nécessairement plus sévère, et dont l'ame, accoutumée aux émotions, n'en est que plus difficile à émouvoir. Sans aucun objet qui puisse les distraire et flatter leurs sens, ils peuvent s'armer de toute la rigueur de leur raison, et sont encore plus disposés à juger qu'à sentir. Il n'y a là aucune distraction favorable au poète : lui seul est chargé de tout, et on ne lui fait grace de rien. Point de musique qui enchante l'oreille, point de chœur qui se charge de remplacer l'action par le chant. On ne lui permettrait pas de faire un acte avec une ode et un récit, comme il arrive si souvent aux poètes grecs. Il faut qu'il aille toujours au fait, quoiqu'il n'en ait qu'un seul à traiter pendant cinq actes; qu'il soutienne la curiosité, quoiqu'il n'ait à l'occuper que d'un seul évènement; que le drame fasse un pas à chaque scène, et tourmente sans cesse le spectateur, qui ne veut pas qu'on le laisse respirer un moment. A tant de difficultés que doit vaincre tout auteur dramatique qui veut être joué avec un succès durable joignez la difficulté bien plus grande encore, et bien plus rarement vaincue, que doit surmonter l'homme de génie qui veut être lu par ses contemporains et par la postérité; la difficulté d'être poète dans une langue moins poétique que celle des Grecs, et dans un genre où il faut cacher la poésie aussi soigneusement qu'ils la montraient, et vous verrez que les Racine et les Voltaire sont des hommes encore plus rares que les Euripide et les Sophocle.

Les chœurs établis chez les Grecs permettaient à l'auteur dramatique de s'élever à la plus haute poésie, et c'était sur la lyre de Pindare que Melpomène alors faisait entendre ses plaintes. D'un autre côté, la nature de leur idiome permettait une foule d'expressions simples et naïves, qui, dans le nôtre, seraient basses et populaires. Le poète pouvait donc tour à tour être très naturel sans craindre de paraître bas, et très sublime sans craindre de paraître enflé. Ainsi ce double avantage, tiré du langage et des mœurs, l'éloignait aisément de deux écueils dont nous sommes toujours voisins.

Les modernes en général approfondissent davantage les sentiments et les passions, s'enfoncent plus avant dans une situation théâtrale, remuent le cœur plus puissamment, et savent mieux varier et multiplier les émotions. C'est un progrès que l'art a dû faire; mais s'il a pu acquérir de l'énergie dans nos grands tragiques, ils n'ont pu surpasser les anciens pour la vérité; et dans cette partie les Grecs ne sauraient être trop étudiés ni trop admirés. De cette qualité qui les distingue naît l'extrême difficulté de les bien traduire, surtout en vers. La différence du langage en a mis une grande entre leur dialogue et le nôtre. Chez eux les détails de la vie commune et de la conversation familière n'étaient point exclus de la langue poétique : presque aucun mot n'était par lui-même bas et trivial; ce qui tenait en partie à la constitution républicaine, au grand rôle que jouait le peuple dans le gouvernement, et à son commerce continuel avec ses orateurs. Un mot n'était pas réputé populaire pour exprimer un usage journalier, et le terme le plus commun pouvait entrer dans le vers le plus pompeux et dans la figure la plus hardie. Parmi nous, au contraire, le poète ne jouit pas d'un tiers de l'idiome national : le reste lui est interdit comme indigne de lui. Il n'y a guère pour lui qu'un certain nombre de mots convenus, et le génie du style consiste à en varier les combinaisons, et à offrir sans cesse à l'esprit et à l'imagination des rapports nouveaux sans être bizarres, et ingénieux sans être recherchés. Ce secret n'est connu que de trois ou quatre hommes dans un siècle : le reste est déclamateur en voulant être poète, ou plat en croyant être naturel. C'est qu'il est bien difficile de soutenir un langage de convention, dont il n'existe aucun modèle dans la société, et d'introduire des personnages qui conversent, en se défendant une grande partie des termes de la conversation. Il faut la plus grande justesse d'esprit et une singulière flexibilité d'élocution pour démêler et saisir ces nuances délicates qui forment ce qu'on appelle le bon goût. Le goût est nécessairement un maître despotique dans une langue qui fut barbare dans son origine, et qui n'a dû sa perfection qu'à la politesse d'un siècle raffiné ; au lieu qu'on peut dire de la langue grecque que le génie a présidé à sa naissance, et que depuis il en resta toujours le maître.

SECTION II.

D'Eschyle.

Eschyle est le véritable fondateur du théâtre grec, car les tréteaux ambulants de Thespis ne méritaient pas ce nom. Eschyle était né dans l'Attique, d'une famille ancienne et illustre. Il se partagea de bonne heure entre la philosophie, la guerre et le théâtre. Il étudia les dogmes de Pythagore, se trouva à la journée de Salamine, fut blessé à celle de Marathon, et mit sur la scène, dans sa tragédie des *Perses*, ces triomphes de la Grèce, dont il avait été témoin. Son génie militaire éclatait dans ses ouvrages, et l'on appelait sa pièce des *Sept Chefs devant Thèbes*, *l'accouchement de Mars*. Sa dernière campagne fut celle de Platée, non moins glorieuse aux Grecs que les précédentes. Il se livra dès lors tout entier au théâtre, et donna, sous l'archonte Ménon, quatre tragédies qui furent couronnées, *Phinée*, *Glaucus*, *les Perses* et *Prométhée* : nous avons les deux dernières. Les traditions historiques varient sur le nombre de ses pièces. La nomenclature de Fabricius en compte près de cent. Euripide et Sophocle en composèrent encore davantage ; ce qui prouve ce que j'ai dit ci-dessus, que l'art du théâtre et celui de la poésie étaient beaucoup moins difficiles pour les Grecs que pour nous. Nos auteurs les plus féconds sont bien loin aujourd'hui de ce calcul arithmétique, qui n'est encore rien, il est vrai, si l'on remonte jusqu'à notre Hardy, qui avait fait six cents pièces. Mais Hardy est aussi loin d'égaler Eschyle, qu'Eschyle lui-même est loin de Corneille.

Aristote et Quintilien l'ont regardé comme le véritable inventeur de la tragédie. Chœrile et Phrynicus, cités par Suidas, n'étaient que des chansonniers vagabonds, imitateurs de Thespis. C'est Eschyle, dit Aristote, qui a le premier introduit *deux acteurs sur la scène, où l'on n'en voyait qu'un seul auparavant.* Qu'était-ce que des drames où il n'y avait qu'un personnage ? Quintilien s'explique plus nettement : *Eschyle est le premier*, dit-il, *qui ait fait des tragédies.* Denys d'Halicarnasse parle de même. Aucun de ces auteurs n'attribue l'invention du poëme tragique à Thespis. Horace est le seul qui ait voulu remonter jusqu'à lui, peut-être par une suite de cette disposition naturelle à chercher la plus petite origine à ce qu'il y a de plus grand.

Eschyle joignait au génie poétique un esprit inventeur dans tout ce qui regarde la mécanique et la décoration théâtrales. Il forma le célèbre Agatharque, qui écrivit un traité sur l'architecture scénique. Il imagina pour ses acteurs ces robes traînantes et majestueuses que les ministres des autels empruntèrent pour les cérémonies de la religion. Par ses soins, le théâtre, orné de riches peintures, représenta tous les objets conformément aux règles de l'optique et aux effets de la perspective. On y vit des temples, des sépulcres, des armées, des débarquements, des chars volants, des apparitions, des spectres. Il enseigna au chœur des danses figurées, et fut le créateur de la pantomime dramatique. Tous ces services rendus aux beaux-arts ne le garantirent pas de la persécution. Les prêtres lui firent un crime d'avoir mis sur la scène les mystères de la religion dans plusieurs de ses tragédies, et notamment dans ses *Euménides*, que nous avons encore, où Oreste est accusé par les Furies, et défendu par Apollon et Minerve. La populace ameutée voulut le lapider. Il se réfugia près de l'autel de Bacchus. L'Aréopage le sauva de la fureur de ses ennemis en se déclarant son juge, et le renvoya absous en considération des blessures qu'il avait reçues à Marathon. Ainsi ses talents lui auraient coûté la vie, s'il n'en avait eu d'autres que ceux d'un poète. Ce ne fut pourtant pas le chagrin le plus sensible qu'il essuya. Le danger qu'il avait couru n'avait pu le dégoûter de la poésie. Il eut l'imprudence si commune de ne pas sentir que le génie a aussi sa vieillesse, et qu'il ne faut pas l'exposer au mépris. Les ossements de Thésée ayant été portés à Athènes par Cimon, ce fut pour la ville un sujet de fêtes et de jeux. Il y eut un concours ouvert pour les poètes tragiques. Eschyle ne voulut pas manquer une occasion si solennelle. Malheureusement il avait pour concurrent un de ces hommes rares dont les premiers pas sont des triomphes : c'était Sophocle, à vingt-quatre ans. L'archonte s'aperçut qu'il y avait parmi le peuple des mouvements et des brigues qui faisaient craindre que l'esprit de parti n'influât sur le jugement puplic. Dans ce moment, Cimon et les autres généraux d'Athènes arrivaient sur le théâtre pour y faire des libations. L'archonte les pria de faire la fonction de juges. Sophocle l'emporta. Le vieux Eschyle en fut inconsolable. Il quitta sa patrie, et se retira auprès d'Hiéron, roi de Sicile, ami et protecteur des lettres, et qui avait à sa cour Épicharme, Simonide, Pindare. C'est en ce pays qu'il finit sa vie, écrasé, dit-on, par une tortue qu'un aigle laissa tomber sur sa tête chauve. Après sa mort, son fils Euphorion fit encore jouer à Athènes plusieurs pièces que son père avait laissées. Elles furent couronnées ; mais l'auteur n'était plus.

Il ne nous en reste que sept de toutes celles qu'il avait écrites : *Prométhée, les Sept Chefs devant Thèbes, les Perses, Agamemnon, les Coëphores, les Euménides*, et *les Suppliantes*. Toutes se ressentent de l'enfance de l'art, et les beautés sont plus de l'épopée que de la tragédie. On y reconnaît un génie mâle et brut, nourri de la poésie d'Homère, dont il s'avouait l'imitateur. *Mes pièces*, disait-il, *ne sont que des reliefs des festins d'Homère*. Mais dans *les Coëphores* il y a des beautés vraiment dramatiques, et dans les *Sept Chefs*, des morceaux d'une très belle poésie. Je m'arrêterai principalement sur ces deux dernières, après avoir dit un mot de chacune des autres.

Le sujet de *Prométhée* est monstrueux. Vulcain, accompagné de la Force et de la Violence, ministres de Jupiter, fait attacher sur le mont Caucase, avec des chaînes de diamant, le dieu Prométhée, que le maître des dieux veut punir, on ne sait pourquoi, d'avoir dérobé le feu du ciel, et d'avoir enseigné aux hommes tous les arts. Les nymphes de l'Océan, l'Océan lui-même, et la malheureuse Io poursuivie aussi par Jupiter, viennent tour à tour entendre les plaintes de Prométhée, que son malheur n'a point abattu, qui se vante même de savoir le seul moyen que Jupiter puisse employer pour n'être pas renversé un jour du trône des cieux, et juré que rien ne l'obligera de le révéler, à moins qu'on ne le délivre de ses chaînes. Mercure vient le sommer de dire ce secret, et lui déclare que, s'il s'obstine au silence, Jupiter va le foudroyer et le laisser en proie à un vautour qui lui déchirera les entrailles. L'inébranlable Prométhée garde le silence, et brave les menaces de celui qu'il nomme le tyran des dieux. L'arrêt s'exécute : la foudre tombe, disperse le rocher où Prométhée est enchaîné, et la pièce finit. Cela ne peut pas même s'appeler une tragédie.

Les Perses, dont le sujet est plus rapproché de la nature, n'offrent rien de plus régulier; mais on sent combien cet ouvrage devait plaire aux Athéniens. C'est la défaite des Perses à Salamine, qui occupe cinq actes en récits, en descriptions, en présages, en songes, en lamentations; nulle trace encore d'action ni d'intrigue. La scène est à Suze. Des vieillards, qui forment le chœur, attendent avec inquiétude des nouvelles de l'expédition de Xerxès. Atossa, mère de ce prince, vient leur raconter un songe qui l'épouvante. Arrive un soldat échappé de l'armée, qui raconte le désastre des Perses. Atossa évoque l'ombre de Darius, et, contre l'ordinaire des ombres, qui ne reviennent que pour révéler aux vivants quelque grand secret, celle-ci ne paraît que pour entendre de la bouche d'Atossa ce qu'elle-même vient d'apprendre de la défaite de Xerxès. Au cinquième acte, Xerxès lui-même paraît seul avec un carquois vide, qui est, dit-il, tout ce qui lui reste de cette prodigieuse armée qu'il avait amenée contre les Grecs. Il s'est sauvé avec bien de la peine. Il pleure, il gémit, et ne fait autre chose que de recommander à sa mère et aux vieillards de pleurer et de gémir. Toute la pièce d'ailleurs est remplie, comme on peut se l'imaginer, des louanges du peuple d'Athènes : il est invincible, il est favorisé du ciel, il est le soutien de la Grèce. Tout cela était vrai alors; mais le poète met ces louanges dans la bouche même des ennemis vaincus, et l'on sent combien elles en deviennent plus flatteuses. Il leur montre, pendant cinq actes, les Perses dans la terreur, dans l'humiliation, dans les larmes, dans l'admiration pour leurs vainqueurs. Avec un tel sujet, traité devant des républicains enivrés de leur gloire, et qui n'avaient pas encore appris à être difficiles, on pouvait être couronné sans avoir fait une scène tragique, et c'est ce qui arriva. Mais après la défaite entière des Athéniens en Sicile, la destruction de toutes leurs forces et la perte de cet ascendant qu'ils avaient dans la Grèce, si quelque poëte eût fait une tragédie pour leur prouver qu'ils étaient le premier peuple du monde, je doute qu'ils l'eussent couronné, car les Athéniens se connaissaient en louanges.

Agamemnon est une pièce froidement atroce. On est un peu étonné qu'un homme de lettres qui connaissait les anciens, Lefranc de Pompignan, à qui nous devons une traduction élégante d'Eschyle, porte l'enthousiasme de traducteur jusqu'à dire que ce poëte a *perfectionné l'art qu'il avait inventé*, et se récrie entre autres choses sur la beauté du caractère de Clytemnestre. « *Aga-* » *memnon*, dit-il, a le défaut de plusieurs de nos » pièces modernes. Ses premiers actes ne sont » qu'une longue exposition : l'action ne commence » qu'au quatrième. » C'est un peu tard, et je ne connais point de pièce sur notre théâtre à qui l'on ait pardonné une pareille faute. Il ajoute : « Le cin- » quième acte est du plus grand intérêt. Les per- » sonnages de Clytemnestre et de Cassandre n'y » laissent rien à desirer. » Il est vrai que les prophéties de Cassandre sont belles ; mais des prophéties sont un beau détail, et ne sont point un caractère. Quant à celui de Clytemnestre, il me semble qu'on n'y peut rien tolérer : elle est d'une atrocité qui révolte. Un grand crime n'est théâtral qu'avec une grande passion ou de grands remords. Si Clytemnestre était forcenée de jalousie comme Hermione, ou d'ambition comme Cléopâtre, je pourrais concevoir son crime ; mais elle n'est ni amoureuse, ni jalouse, ni ambitieuse. Seulement elle veut tuer son mari, et le tue. Voilà la pièce. Elle se contente de dire qu'Agamemnon a mérité la mort en faisant immoler sa fille : elle le répète trois ou quatre fois. Du reste, il ne sort pas de cette ame, que l'idée d'un semblable forfait devait au moins troubler, un seul mot de passion, un cri de fureur, un accent de violence. Il n'y a point d'exemple d'une scélératesse si tranquille, et par conséquent si froide. Elle attend son époux pour l'égorger sans être combattue un moment, et quand elle l'a assassiné, elle sort de son palais pour s'en vanter devant tout le peuple avec une insolence aussi calme qu'inconcevable. Il faut l'entendre elle-même pour juger où en était encore cet art que Pompignan veut qu'Eschyle ait *perfectionné*.

« Quand il faut se venger d'un ennemi qui doit
» nous être cher, ne faut-il pas lui tendre un piége
» qu'il ne puisse éviter ? Je méditais depuis long-
» temps cette vengeance légitime : l'occasion s'est
» présentée ; je l'ai saisie avec ardeur. Agamemnon
» ne vit plus : je l'avouerai sans crainte. Tout était si
» bien disposé, qu'il ne pouvait ni fuir ni se défen-
» dre. Il s'est trouvé pris dans un superbe voile

» comme dans des liens indissolubles. Je l'ai frappé
» deux fois, et deux fois il a gémi sous mes coups.
» Il tombe à mes pieds, je le frappe encore, et ce
» dernier coup l'envoie chez Pluton. Il expire : son
» sang rejaillit sur moi, rosée qui m'a paru plus
» douce que les eaux du ciel ne le sont pour les
» productions de la terre. J'annonce sans effroi ce
» que j'ai fait : il m'est égal que vous m'approuviez
» ou me blâmiez. Voilà le corps d'Agamemnon, le
» corps de mon époux. Je n'ai rien commis que de
» juste. Je l'ai poignardé : c'est tout ce que j'avais à
» vous dire. » (*Traduction de Lefranc de Pompignan.*)

Je ne doute pas qu'en cet endroit Brumoi ne répondît comme il fait si souvent : *Les Athéniens étaient un peuple éclairé : comment croire qu'ils aient applaudi une sottise ?* Et il conclut qu'il y a quelque raison que nous ne savons pas, et qui justifie ce qui nous paraît sans excuse. Avec cette méthode, il n'y a rien qu'on ne fît trouver bon. Mais, sans aller plus loin, les Anglais sont assurément un peuple très éclairé, et tous les jours ils applaudissent ce que nous ne supporterions pas. On en trouverait fort bien les raisons ; mais la logique de Brumoi dispense d'en chercher : ce qui est beaucoup plus court. Ici, par exemple, ne peut-on pas dire que si cette pièce fut honorée d'un prix, c'est que le théâtre était encore à moitié barbare et bien loin de la perfection où Sophocle le porta dans la suite ? Et qui ne sait qu'à cette époque, ce qui n'est qu'atroce et noir paraît énergique et grand? Malheureusement, lorsque la corruption et la décadence succèdent aux modèles et naissent de la satiété, l'on retombe, à l'autre bout du cercle, dans le même abus par où l'on avait commencé, et de nos jours ce commentaire trouverait aisément son application.

Au cinquième acte des *Coëphores*, qui ne sont autre chose que le sujet connu parmi nous sous les noms d'Électre et d'Oreste, ce dernier tue sa mère aussi froidement qu'elle a tué son époux.

Les Euménides sont la troisième pièce que la famille des Atrides ait fournie à Eschyle. Il en a suivi exactement l'histoire dans ses trois tragédies, celle d'*Agamemnon*, où ce prince est assassiné par sa femme; celle des *Coëphores*, où il est vengé par son fils; celle des *Euménides*, où Oreste est en proie aux Furies. Cette dernière est au moins aussi étrangère à nos mœurs que *Prométhée*. L'ouverture du théâtre représente les Euménides endormies à côté d'Oreste dans le temple de Delphes: c'est Apollon, protecteur de ce malheureux prince, qui est venu à bout de les assoupir, et qui lui conseille de profiter de l'occasion et de s'échapper, comme si les Furies devaient être bien embarrassées à leur réveil pour le retrouver; et puis expliquez la mythologie! Quoi qu'il en soit, Oreste trouve le conseil fort bon, et il prend la fuite. Survient l'ombre de Clytemnestre, qui trouve fort mauvais que les Furies sommeillent. En effet, l'on serait tenté de croire que ces filles de la Nuit ne devraient jamais sommeiller tant qu'il y a des coupables à tourmenter. Mais aussi c'est un dieu qui les a endormies, et leur sommeil est bien dur, car il se passe beaucoup de temps avant que Clytemnestre parvienne à les réveiller. Cette scène est curieuse : en voici une petite partie fidèlement traduite par Pompignan, mais pour cette fois condamnée par lui-même.

« Ecoutez mes plaintes, ô divinités infernales !
» écoutez Clytemnestre qui se montre à vous pen-
» dant votre sommeil ! » (*Ici les Euménides ronflent.*)

CLYTEMNESTRE.

« Vous me répondez par un vain bruit, et votre
» proie s'éloigne. Vous pouvez dormir en effet ; les
» suppliants ne vous importunent guère. » (*Les Euménides ronflent.*)

« Quel profond sommeil ! Mes douleurs ne vous
» touchent pas. Cependant le meurtrier de sa mère,
» Oreste, s'enfuit ! » (*Les Euménides ronflent.*)

« Vous dormez encore ! rien ne peut vous
» éveiller ! Ah ! noires Furies ! vous ne savez
» faire que du mal. » (*Les Euménides ronflent.*)

« La Fatigue et le Sommeil se sont unis en-
» semble pour assoupir ces monstres cruels. »
(*Les Euménides ronflent, et une d'elles s'écrie,
en rêvant :* Arrête ! arrête ! arrête !)

Un moment après elles s'éveillent enfin, et se reprochent leur négligence. Apollon veut les chasser de son temple : elles le querellent sur la protection qu'il accorde à un parricide. « Jeune

» dieu, lui disent-elles, tu as trompé de vieilles
» déesses. » Cependant Oreste s'est enfui de Delphes à Athènes, et le poète y transporte la scène au troisième acte. Ce n'est pas là, comme on voit, la règle des unités. Dispute d'Oreste avec les Furies dans le temple de Minerve; mais ce n'est pas l'Oreste que nous connaissons, car il leur parle de sang-froid et avec beaucoup de bon sens. Il ne paraît pas que ces Furies lui fassent grand mal, ni même grand' peur. Il implore la protection de Minerve, qui descend au bruit, et veut savoir de quoi il s'agit. Les Euménides accusent; Oreste se défend. Minerve s'abstient de juger une cause *qui est*, dit-elle, *au-dessus des mortels;* mais elle déclare qu'elle va remettre ce jugement à un tribunal composé des hommes les plus justes et les plus éclairés d'Athènes. Il y a ici un magnifique éloge de ce tribunal, qui n'est autre chose que l'aréopage, dont le poète attribue l'établissement à Minerve, et relève la majesté jusqu'à le faire juge des dieux et des hommes, puisque Apollon plaide devant lui pour Oreste contre les Euménides. C'est pourtant pour cette pièce que l'on voulut lapider Eschyle : il paraît que ce peuple d'Athènes était fort difficile à manier. Conclusion : Apollon déclare que « l'enfant
» est l'ouvrage du père, et non pas de la mère, qui
» n'en est que la dépositaire ; que Minerve elle-
» même est née de Jupiter seul, ce qui prouve
» qu'on peut se passer de mère, » et autres raisons de la même force, qui persuadent pourtant la moitié de l'aréopage; car, lorsqu'on va aux voix, les

suffrages pour et contre se trouvent égaux, et dans ce cas la loi absout. Voilà Oreste hors d'affaire, et le poète aussi ; mais il faut convenir que voilà une étrange pièce.

Le sujet des *Suppliantes* est aussi simple que celui des *Euménides* est extraordinaire ; mais il n'y a pas plus d'action dans l'une de ces deux pièces que dans l'autre. Ces suppliantes sont les quarante filles de Danaüs, qui ont quitté l'Égypte pour ne pas épouser les fils d'Égyptus : elles viennent avec leur père supplier Pélasgus, roi d'Argos, de leur donner l'hospitalité. Trois actes se passent à savoir s'il les recevra ou non. Au quatrième, il y consent ; au cinquième, un envoyé d'Égyptus vient les réclamer. Le roi d'Argos les refuse, et elles demeurent chez lui. Se douterait-on qu'il y eût là une tragédie ?

Le sujet des *Sept chefs* en pouvait fournir plus d'une : c'est celui de *la Thébaïde*, qu'on a tourné de tant de manières, sans en faire jamais rien de bon. « A proprement parler, dit Pompignan, il » n'y a point d'acteurs dans cette tragédie. Étéocle » ne se montre que pour écouter des récits, gronder » des femmes et expliquer des devises. Ismène et » Antigone n'arrivent sur la scène qu'après le com- » bat et la mort des deux frères ; mais il y a dans ce » poème deux personnages invisibles qui le rem- » plissent depuis le commencement jusqu'à la fin, » la Terreur et la Pitié. » *Très invisibles* en effet ; car j'avoue qu'il m'est impossible de les y voir. Mais cette pièce offre du moins de grandes beautés de détail. Les chœurs, une des parties les plus brillantes d'Eschyle, y sont d'une poésie admirable. Quant au siége de Thèbes, ce pouvait être un grand évènement pour les Grecs; mais pour nous un siége ne peut nous intéresser qu'autant que les assiégeants et les assiégés sont respectivement dans des situations critiques et attachantes. Quand il ne s'agit d'autre chose que de savoir si la ville sera prise ou non, et qui règnera d'Étéocle ou de Polynice, dont l'un ne paraît même pas, et dont l'autre ferait aussi bien de ne pas paraître, il n'y a ni terreur ni pitié. Parmi ces longs récits, ces longues descriptions, quelques morceaux choisis peuvent donner une idée du style de l'auteur, et en même temps d'un genre de beautés qui n'entrerait pas aisément dans une de nos tragédies. Souffririons-nous que l'énumération des sept chefs qui assiègent Thèbes, et la description de leur armure, occupât un acte entier? C'est pourtant ce que fait Eschyle, et cet acte est le troisième de la pièce; ce qui pour nous est encore bien plus extraordinaire. Voici la marche de cet acte. Un officier thébain rend compte à Étéocle des dispositions de l'armée des assiégeants. Il y a une attaque préparée à chaque porte, et à chacune commande un des chefs alliés de Polynice. Quand l'officier a fait la description d'un de ces chefs, le chœur implore le secours des dieux; Étéocle nomme le Thébain qui sera chargé de repousser l'attaque, et ce détail, qui recommence sept fois, remplit un acte : nous souffririons à peine qu'il remplît une scène.

> Le terrible Tydée, au bord de l'Isménus,
> Menace en frémissant la porte de Prétus.
> Le fleuve vainement s'oppose à son passage;
> Vainement le devin, que trouble un noir présage,
> Veut arrêter ses pas en attestant les dieux :
> Le guerrier, tel qu'on voit un serpent furieux
> Dont les feux du midi, sur un brûlant rivage,
> Embrasent les poisons et réveillent la rage,
> Le guerrier du devin accuse la frayeur;
> Il méprise un augure, il insulte à la peur.
> Il agite, en parlant, trois aigrettes flottantes,
> De son casque d'airain parures menaçantes;
> Frappe et fait retentir son vaste bouclier,
> Industrieux ouvrage, où brille sur l'acier
> Cet astre, œil de la Nuit, qui décrit sa carrière
> Dans des cieux étoilés que remplit sa lumière.
> Ainsi marche au combat ce guerrier orgueilleux :
> Une lance à la main et le feu dans les yeux,
> Il appelle à grands cris la guerre et le carnage;
> Semblable au fier coursier qui, bouillant de courage,
> Entend bruire de Mars les affreux instruments,
> Et répond à ce bruit par des hennissements, etc.

On croit lire *l'Iliade*, et l'épopée n'a pas un autre ton. Étéocle oppose à Tydée, Mélanippe, fils d'Astacus. L'officier continue son récit :

> A la porte d'Électre, aux assauts destinée,
> S'élève comme un roc l'énorme Capanée;
> Et que puissent les cieux, prompts à vous exaucer,
> Détourner les malheurs qu'il vous ose annoncer !
> Nul mortel ne saurait égaler sa stature.
> Audacieux géant, qu'agrandit son armure,
> Il jure que nos tours tomberont sous son bras,
> Que les dieux conjurés ne nous sauveraient pas.
> D'une voix sacrilége, il défie, il blasphème
> L'Olympe, le Destin, et Jupiter lui-même.

Il ose se vanter qu'en vain ce dieu jaloux
Armerait contre lui son foudroyant courroux.
Pour lui, tout ce fracas qui fait trembler la terre
N'est rien que du midi la vapeur passagère.
Pour jeter plus d'effroi, son bouclier d'airain
Présente un homme nu, la torche dans la main,
Et ces sinistres mots : *J'embraserai la ville.*
Contre un tel ennemi vous sera-t-il facile
De trouver un guerrier prêt à se mesurer ?
Qui l'osera combattre ?

On voit que l'usage des devises guerrières a précédé de beaucoup la chevalerie moderne. Étéocle se propose d'envoyer Polifonte à la rencontre de Capanée, et le Thébain reprend son discours :

Aux remparts de Minerve Hippomédon s'avance,
Portant, d'un bras nerveux, un bouclier immense.
Je l'ai vu, j'ai frémi ; la main de l'artisan
A gravé sur le fer un monstrueux Titan.
Typhée, en rougissant, de sa bouche enflammée
Vomit de longs torrents d'une noire fumée.
Des serpents à l'entour, formant un cercle affreux,
De leurs corps repliés entrelacent les nœuds.
Le cri de ce guerrier inspire l'épouvante;
Il a la voix, la marche et l'œil d'une bacchante, etc.

Mais plus loin, vers le nord, au tombeau d'Amphion,
Respirant le ravage et la destruction,
Le jeune Parthénope, impatient, s'élance.
Non moins présomptueux, il jure sur sa lance,
Seule divinité qu'atteste sa fureur,
Que malgré tous les dieux son bras sera vainqueur.
Brillant fils d'une nymphe, et né sur les montagnes,
Il quitta l'Arcadie et ses belles campagnes,
Lorsqu'un premier duvet, fleur de la puberté,
Ornait à peine encor sa naissante beauté.

Mais, né d'un sang divin, il n'est pas moins farouche ;
L'orgueil est dans ses yeux, l'insulte est dans sa bouche,
Et son armure même, outrageant nos remparts,
Nous retrace le monstre, horreur de nos regards,
Le Sphinx, de nos malheurs cette impure origine, etc.

C'est bien là le style de l'épopée. Voici celui de l'ode. Le chœur est formé d'une troupe de jeunes filles thébaines : épouvantées des horreurs de la guerre et du sort qui les menace si Thèbes tombe au pouvoir du vainqueur, elles adressent leur prière aux dieux.

Du plus mortel effroi nos sens sont pénétrés.
De combien d'ennemis ces murs sont entourés !
Telle du haut des airs la colombe timide
Voit d'un vol effrayant fondre l'autour rapide ;
L'infortunée, hélas ! tremble pour ses petits,
Et d'une aile impuissante elle couvre leurs nids.

Qu'allons-nous devenir ? Les héros des batailles
Ont fait voler les traits autour de nos murailles.
Dieux, protégez les murs que Cadmus a bâtis !
S'il faut qu'à l'étranger ils soient assujettis,
Si vous abandonnez cette ville si chère,
Des sources de Dircé l'eau pure et salutaire,
Dircé, fleuve sacré, pour vous si plein d'appas,
Le plus beau que Neptune épanche en ces climats,
Pouvez-vous habiter dans un plus doux asile ?
O dieux ! qui d'Agénor gardez l'auguste ville,
A nos fiers ennemis renvoyez la terreur ;
Brisez entre leurs mains les traits de leur fureur,
Et, sauveurs des Thébains, garants de notre gloire,
Recevez dans nos murs l'encens de la victoire.

Pourriez-vous voir, ô dieux ! ces remparts renommés,
Par les flambeaux de Mars en cendre consumés,
Et les filles de Thèbe, à servir destinées,

Aux pieds de leurs vainqueurs par les cheveux traînées;
Nos citoyens captifs, amenés dans Argos,
Marchant le front baissé, comme de vils troupeaux?
Quel désordre! quel bruit! ô ville malheureuse!
Tu pleures tes enfants, ta solitude affreuse.
Hélas! qu'il est cruel pour de jeunes beautés,
A qui l'Hymen gardait de chastes voluptés,
De quitter le séjour de leur paisible enfance,
D'assouvir des soldats la brutale insolence!
La mort est préférable à cet amas d'horreurs
Qu'à des murs pris d'assaut réservent les vainqueurs.

La victoire inhumaine est le signal du crime.
L'un emporte sa proie ou traîne sa victime;
Une torche à la main l'autre embrase les toits;
L'impitoyable Mars ne connaît plus de lois.
Il marche, ivre de sang, à la lueur des flammes,
Au bruit des fers, aux cris des enfants et des femmes:
Sa fureur y répond par des rugissements;
Il foule sous ses pieds les plus saints monuments.
Près de lui la Rapine, au milieu du carnage,
Dispute des débris, combat pour le partage.
Les présents de Cérès, ravis et dispersés,
Sont aux pieds des soldats au hasard entassés,
Et, debout devant eux, des captives tremblantes
Font ruisseler le vin dans les coupes sanglantes.
Le sort leur donne un maître : il faut, quel changement!
Devenir de son lit le servile ornement.
Il faut même oublier que jadis une mère
Ne les éleva pas pour ce vil ministère, etc.

Au quatrième acte, on apporte sur le théâtre les corps sanglants d'Étéocle et de Polynice, tués l'un par l'autre, et il y a ici une scène dont l'exécution est belle et pathétique, mais qui pour nous conviendrait mieux à l'opéra qu'à la tragédie. Un chœur de Thébains, et ensuite les sœurs des deux princes, Ismène et Antigone, déplorent tour-à-tour les crimes, les fureurs et la mort des deux frères, dont les cadavres sont sous leurs yeux. C'est une espèce d'ode en dialogue, un duo de plaintes et de regrets, en très beaux vers, et d'une forme très favorable à la musique, dont les développements seraient ici fort bien placés; mais tout ce qui arrête et suspend l'action est dans une tragédie un défaut réel, et c'est l'inconvénient de cette scène qui est trop prolongée, et où la même idée est répétée trop souvent, quoique sous des formes toujours poétiques. Au reste, l'auteur n'avait nulle raison pour l'abréger; car la pièce est à peu près finie. Le cinquième acte ne contenait rien autre chose que la défense de donner la sépulture à Polynice, qui est mort en combattant contre sa patrie. Il ne me reste donc, pour terminer l'extrait de cette pièce, qu'à donner une traduction de la scène dont je viens de parler.

PREMIER CHOEUR.

O frères insensés! ô princes déplorables!
Sourds aux conseils de l'amitié,
Vous avez assouvi vos haines implacables,
Et vous voilà tous deux un objet de pitié.

SECOND CHOEUR.

Ils ont de leur famille achevé la ruine;
Ils n'ont point démenti leur fatale origine.

PREMIER CHOEUR.

Malheureux! le fer seul a pu vous accorder,
Le fer, de vos débats, seul a pu décider.

L'Euménide attachée à toute votre race
Était auprès d'OEdipe; elle entendait ses cris
    Quand il a maudit ses deux fils;
Elle vient d'accomplir sa sanglante menace.

SECOND CHOEUR.

Le fer est descendu jusqu'au fond de leur cœur :
    Voyez leurs profondes blessures.

PREMIER CHOEUR.

    Le sang inondait leurs armures,
Et leur bouche mourante exhalait leurs fureurs.

SECOND CHOEUR.

    Tous deux, en immolant un frère,
    Ils poussaient des cris forcenés.

PREMIER CHOEUR.

Tous deux, en combattant, semblaient environnés
    Des malédictions d'un père.

SECOND CHOEUR.

Le deuil noircit nos tours, et nos murs ont gémi.
Ils sont tombés, nos rois, hélas! et Thèbes pleure.
Le trône armait le bras de ce couple ennemi;
La terre ouvre à tous deux leur dernière demeure.

PREMIER CHOEUR.

D'autres hériteront de ce trône odieux
    Qu'a long-temps disputé leur rage.
Le fer, de leur querelle arbitre impérieux,
    Leur a fait un égal partage.

SECOND CHOEUR.

    Tous deux n'auront de leur pays
Que la place où leurs corps seront ensevelis.

PREMIER CHOEUR.

    Ah! malheureuse entre les mères,
    La mère, épouse de son fils,
Qui mit au jour, hélas! ces deux fils sanguinaires,
    Pour être à jamais ennemis!

SECOND CHOEUR.

Fiers rivaux que n'a pu réunir la nature,
Ce sang qui fut puisé dans une source impure,
Ce sang répandu par vos coups,
Se mêle en s'écoulant, se confond malgré vous.

PREMIER CHOEUR.

De la terre exécrable ouvrage,
Ce métal exterminateur,
Le fer, présent fait à la rage,
Mars, impitoyable vengeur,
Ont ainsi partagé le funeste héritage
Qu'OEdipe à ses enfants laissa dans sa fureur.

SECOND CHOEUR.

De la grandeur ils ont senti l'ivresse,
Ils ont brigué le pouvoir, les trésors.
Dans le sein de la terre ils trouvent leur richesse,
Et leur royaume est chez les morts.

PREMIER CHOEUR.

L'Euménide, au sein des ténèbres,
Au moment où le glaive a terminé leurs jours,
Poussa des cris aigus au sommet de nos tours,
Et lamenta des chants funèbres.

SECOND CHOEUR.

Aux portes de la ville, au pied de nos remparts,
Até, menaçante, inflexible,
Vint asseoir son trophée horrible,
Et sur les combattants attacha ses regards.
Elle vit leur trépas comme elle vit leurs crimes,
Et resta satisfaite auprès de ses victimes.

ISMÈNE.

Polynice!

ANTIGONE.

Étéocle!

ISMÈNE.

O vœux toujours trompés!

ANTIGONE.

Tous deux frappent et sont frappés.

ISMÈNE.

Le sang contre le sang !

ANTIGONE.

Le frère contre un frère !

ISMÈNE.

Ah ! je succombe à ma misère.

ANTIGONE.

D'intarissables pleurs mes yeux seront trempés.

ISMÈNE.

Le malheur nous unit autant que la nature.

ANTIGONE.

Ciel ! où sera leur sépulture ?

ISMÈNE.

Où donc recevrez-vous, rivaux infortunés,
Les suprêmes honneurs qui vous sont destinés ?

ANTIGONE.

En quel endroit de cette terre ?

ISMÈNE.

Au tombeau de nos rois.

ANTIGONE.

A côté de leur père, etc.

Nous voici enfin arrivés au seul ouvrage d'Eschyle, du moins de ceux qui nous restent, où l'on trouve des beautés vraiment tragiques, vraiment théâtrales : c'est la pièce intitulée *les Coëphores*, mot qui signifie *porteurs de libations*, parceque le chœur est composé de femmes esclaves qui portent des vases et des présents funéraires. Ce n'est pas la seule fois que le chœur a donné son nom aux tragédies des Grecs. Les *Phéniciennes* d'Euripide, dont le sujet est précisément la Thébaïde, sont appelées ainsi, parceque le chœur est composé de femmes de Phénicie, et les *Trachiniennes* de Sophocle, dont le sujet est la mort d'Hercule, tirent aussi leur nom de femmes de Trachine, ville de Thessalie, où se passe la scène. Celle des *Coëphores* est dans Argos. Le sujet est la vengeance qu'Électre et Oreste veulent tirer du meurtre d'Agamemnon assassiné par leur mère Clytemnestre. Ce sujet, traité tant de fois parmi les modernes, n'a pas excité moins d'émulation chez les anciens. Il a été un objet de concurrence entre Eschyle, Euripide et Sophocle. On n'avait pas alors cette ridicule et révoltante injustice de croire que ce fût un crime de s'exercer sur un sujet déjà manié par un autre auteur. Cette noble rivalité ne passait pas pour une basse jalousie, et les Grecs, occupés de leurs plaisirs, ne calomniaient pas si maladroitement ceux qui leur en préparaient de nouveaux. Le vaste champ des arts est ouvert à tout le monde : nulle partie n'en appartient exclusivement à celui qui le premier y a porté la main; et les traces mêmes du génie, toutes respectables qu'elles sont, ne rendent point sacrilége celui qui s'avance sur la même route.

Les Coëphores sont encore une pièce très imparfaite, mais le sujet est dramatique : on commence à voir quelque idée d'une action théâtrale. Eschyle est même le premier qui ait imaginé d'introduire Oreste apportant la fausse nouvelle de sa propre mort : invention heureuse et qui a été suivie. Mais d'ailleurs il y a peu d'art dans la pièce. La reconnaissance du frère et de la sœur n'est nullement ménagée : au moment où Électre voit des cheveux sur le tombeau d'Agamemnon, elle songe à son frère et fait des vœux pour son retour ; Oreste, qui est caché dans le voisinage, se montre aussitôt et dit : *Je suis celui que vous desirez; je suis Oreste.* Égisthe et Clytemnestre ne paraissent qu'un moment et pour être égorgés. Nul développement dans les caractères, nulle suspension dans les évènements. Électre et Oreste ne sont jamais en danger, et leur danger devait être la plus grande source d'intérêt. Mais enfin le style et le dialogue sont du ton de la tragédie, et la scène qui ouvre le second acte est d'un ordre supérieur. C'était pour la première fois que Melpomène prenait un ton si élevé. On aime à voir ces premiers efforts d'un art naissant, et ce doit être une chose digne d'attention, qu'une scène d'Eschyle que le grand Racine admirait comme un des plus beaux monuments de la tragédie antique. Elle est d'abord d'un appareil très imposant, et ce n'est pas la seule fois qu'Eschyle a pu servir de modèle dans cette partie de l'art, qui consiste à donner à la représentation une pompe qui fait partie du sujet et ajoute à la situation. Électre s'avance portant des libations et des offrandes, et suivie d'un chœur de femmes esclaves, qui portent aussi des vases et des présents : c'est Clytemnestre qui a chargé Électre de ces dons funèbres, destinés à honorer le tombeau d'Agamemnon, et à fléchir, s'il se peut, son ombre irritée. Pour entrer dans l'esprit de cette scène, il faut bien se souvenir du pouvoir que les anciens attachaient aux imprécations religieuses et à la vengeance des mânes. Si Électre balance, comme on va le voir, à implorer l'ombre d'Agamemnon et à maudire ses assassins, c'est qu'elle est bien sûre que sa prière ne sera pas vaine, qu'elle sera entendue des dieux infernaux, et qu'ils se chargeront de l'exaucer. Demander la mort des coupables, c'est demander la mort de sa mère. Elle tremble, elle hésite, et le chœur la rassure et l'encourage. Parmi nous elle balancerait moins à prononcer des malédictions dont l'effet ne nous paraîtrait pas devoir être si prompt et si infaillible, et qui d'ailleurs semblent être le cri naturel des opprimés et la consolation de l'impuissance. C'est par une suite de cette même croyance qui n'est pas la nôtre, que Clytemnestre elle-même s'efforce d'apaiser, autant qu'il est possible, l'ombre de son époux massacré, et n'ose se présenter devant sa tombe qu'elle profanerait par sa présence. Elle envoie sa fille qui est innocente, et qui doit être chère à son père; et sa fille saisit ce même instant pour faire d'un sacrifice expiatoire une invocation de vengeance et de haine adressée aux divinités infernales, et dont l'effet doit tomber sur Clytemnestre. Cette idée est grande et sublime, et le moment où Électre se résout à lancer enfin ces fatales imprécations devait faire frémir les spectateurs.

ÉLECTRE, *aux femmes qui la suivent.*

Vous, qu'en mon infortune il m'est permis de voir,
Esclaves qui m'aidez dans ce triste devoir,
Quels vœux puis-je former sur le tombeau d'un père?
En épanchant les eaux du vase funéraire,
Dirai-je : « Agamemnon, c'est ton épouse en pleurs,
» Qui t'offre, par mes mains, les dons de ses douleurs !
» Aux mânes d'un époux elle offre cet hommage ! »
Non, je ne l'ose pas ; hélas ! et quel langage,
Quelle prière encore et quels souhaits pieux
Conviennent à sa fille en ces funèbres lieux ?
Parlez, qu'en ce moment vos avis m'encouragent.
Ah ! sur les meurtriers dont les présents l'outragent,
Si ma voix, appelant sa vengeance et ses coups,
De ses mânes trahis attestait le courroux !
Si mon cœur en croyait ce transport qui l'anime...
Enfin, puisque je viens pour expier un crime,
Dois-je jeter au loin ces vases odieux,
Et fuir avec horreur en détournant les yeux ?
J'implore vos conseils ; je m'y soumets sans peine.
Vous partagez ici mes malheurs et ma chaîne.
Ne craignez rien : songez que, sous les lois du sort,
L'esclave et le tyran sont égaux dans la mort.
Ne dissimulez point, et bannissez la crainte.

LE CHOEUR.

Nous sommes sans effroi, nous parlerons sans feinte.

ÉLECTRE.

J'en jure le tombeau du plus grand des mortels,
Plus auguste que moi, plus saint que les autels.
Ah ! si vous révérez la cendre de mon père,
Vous pouvez tout sur moi ; sa fille vous est chère.
Parlez.

LE CHOEUR.

En arrosant ce marbre inanimé,
Invoquez ce héros pour ceux qui l'ont aimé.

ÉLECTRE.

Et qui dois-je nommer ?

LE CHOEUR.

Les ennemis d'Égisthe.

ÉLECTRE.

Moi ?

LE CHOEUR.

Vous.

ÉLECTRE.

Moi seule, hélas !

LE CHOEUR.

Cet abandon si triste
Vous fait-il oublier qu'il est encor?... Mais non :
C'est à vous seule, Électre, à prononcer ce nom.

ÉLECTRE.

Quel est donc votre espoir ? et qui voulez-vous dire ?

LE CHOEUR.

Oreste est loin de vous, mais Oreste respire.

ÉLECTRE.

Quel jour luit dans mon cœur !

LE CHOEUR.

Ce cœur infortuné
Ne doit rien voir ici qu'un père assassiné.
Contre ses assassins...

ÉLECTRE.

Faut-il que je vous croie?

LE CHOEUR.

Demandez à grands cris que le ciel vous envoie...

ÉLECTRE.

Des juges ? des vengeurs?

LE CHOEUR.

Un dieu pour vous armé,
Ou bien quelque mortel par les dieux animé,
Qui... (gardez d'écouter des sentiments timides)
Qui verse sans pitié le sang des parricides.

ÉLECTRE.

Est-ce à moi, juste ciel! à moi qu'il est permis
De souhaiter la mort à de tels ennemis?

LE CHOEUR.

Tout est permis sans doute à qui poursuit le crime,
A qui s'en voit encor l'esclave et la victime.

ÉLECTRE.

Eh bien donc, ô Mercure! ô dieu des sombres bords!
Dont le sceptre tranquille est redouté des morts,
Va présenter mes vœux à ces dieux inflexibles
Dont mon père aujourd'hui subit les lois terribles;
A la terre, par qui tout naît et se détruit,
Qui rappelle en son sein tout ce qu'elle a produit.
O mon père! reçois cette liqueur sacrée.

(*Elle répand des libations.*)

Je t'appelle, ô grande ombre en mon cœur adorée!
Jette un œil de pitié sur tes tristes enfants;
Fais que dans ton palais ils rentrent triomphants!
Maintenant poursuivis, trahis par une mère,
Ils ne peuvent trouver d'asile sur la terre.
On a souillé ton lit, et ton épouse, ô ciel!
Y reçoit dans ses bras ton assassin cruel.
Oreste est fugitif, et moi, je suis esclave;
Et ce lâche oppresseur, Égisthe qui nous brave,
Qui s'assied sur ton trône et rit de nos soupirs,
Livrant aux voluptés ses coupables loisirs,
Riche de tes trésors, tranquille sur sa proie,
Dévore insolemment les dépouilles de Troie.
Mon père, entends ma voix : fais qu'Électre à jamais
Éloigne de son cœur l'exemple des forfaits,
Des Destins ennemis supporte les injures,
Et conserve des mains innocentes et pures.
Tels sont mes vœux pour moi, pour ton malheureux fils.
Exauce d'autres vœux contre tes ennemis,
Parais, élève-toi de ta tombe insultée;
Parais, qu'à ton aspect leur ame épouvantée

Ressente cet effroi, précurseur du trépas;
Lance sur eux ces traits que l'on n'évite pas,
Que prépare et conduit Némésis indignée;
Viens, donne-leur la mort comme ils te l'ont donnée.
Et vous, faites entendre autour de ce cercueil
Les chants de la tristesse et les hymnes du deuil.

LE CHOEUR.

Pleurons, pleurons sur notre maître,
Sur notre maître malheureux.
Pleurons sur ses enfants : ah! ses enfants, peut-être,
Ont un sort encor plus affreux.
La source de nos pleurs ne peut être tarie :
Que son ombre en soit attendrie.
Mêlons, mêlons nos pleurs à ces libations
Qu'Électre vient répandre
Sur cette auguste cendre,
Près de qui le Destin veut que nous gémissions.
O grand Agamemnon ! du séjour des ténèbres,
Entends nos cris funèbres !
Le malheur trop long-temps s'est reposé sur nous.
Que sur nos ennemis désormais il s'arrête.
Je dévoue aux enfers, à la mort, à tes coups
Leur criminelle tête.
Qui sera ton vengeur? qui nous sauvera tous?
O Mars ! de sang insatiable !
O Mars ! c'est à toi de frapper.
Descends, prends dans tes mains ce glaive inévitable,
Qui vient moissonner le coupable
Au moment qu'il croit échapper.

On peut résumer qu'Eschyle a inventé la scène, le dialogue et l'appareil théâtral; qu'il a le premier traité une action; qu'il a été grand poète dans ses chœurs; qu'il s'est élevé dans quelques scènes au ton de la vraie tragédie; qu'enfin il a eu la gloire d'ouvrir la route où Sophocle et Euripide ont été bien plus loin que lui.

SECTION III.

De Sophocle.

Il ne nous reste des nombreux ouvrages qui remplirent sa longue carrière, que sept tragédies, *les Trachiniennes*, *Ajax furieux*, *Antigone*, *OEdipe roi*, *OEdipe à Colonne*, *Electre*, et *Philoctète*.

Tout le monde sait que Sophocle a fait de belles tragédies : l'on ignore communément qu'il commanda les armées, et fut élevé à la dignité d'archonte, la première de la république d'Athènes. On a souvent rappelé ce procès intenté par l'ingratitude et gagné par le génie; cette odieuse accusation des enfants de Sophocle, qui, las d'attendre son héritage, et impatients de sa longue vieillesse, demandèrent son interdiction à l'aréopage, sous prétexte que sa tête était affaiblie. Le vieillard, pour toute défense, demanda aux juges la permission de leur lire la dernière pièce qu'il venait d'achever. C'était son *OEdipe à Colonne*, ouvrage qui devait confondre doublement ses accusateurs, puisqu'il y représente un père dépouillé par des fils ingrats. Il semblait qu'un sentiment secret lui eût dicté sa propre histoire. Il fut reconduit jusque chez lui avec des acclamations, et, plus indulgent qu'OEdipe, il pardonna à ses enfants. Il avait près de cent ans, et avait composé cent vingt tragédies lorsqu'il fut couronné devant toute la Grèce aux jeux olympiques. Il mourut dans les transports de sa joie et dans le sein de la gloire. Il n'a manqué au Sophocle de nos jours, pour être aussi heureux que l'ancien, que de mourir comme lui au milieu de son triomphe.

Je commencerai par ceux de ses ouvrages qui nous sont le moins familiers, parcequ'ils n'ont pas été encore transportés sur notre théâtre. Je finirai par ceux qu'on y a pour ainsi dire naturalisés, et sur sept, il y en a quatre, les deux *OEdipes*, *Electre* et *Philoctète*.

Le sujet des *Trachiniennes* est la mort d'Hercule, causée par la jalousie de Déjanire et la fatale robe de Nessus. Les alarmes et les inquiétudes de cette femme qui attend son époux absent depuis plus d'un an, un chœur de jeunes filles, et son fils Hyllus qui la rassurent et la consolent, forment l'exposition de la pièce. Déjanire est d'autant plus inquiète, qu'un oracle a prédit qu'Hercule périrait dans l'expédition d'OEchalie pour laquelle il est parti, ou que, désormais rendu à lui-même, il jouirait, après tant de travaux, d'un destin doux et tranquille : oracle à double sens, comme tant d'autres; car ce repos ne veut dire ici que la mort qui attend Hercule au retour, et le bûcher d'où il s'élèvera dans l'Olympe. Déjanire aime dans Hercule un héros, un libérateur et un époux. Elle se plaint que la gloire l'enlève trop souvent à sa tendresse. « Vous serez épouses quel-

» que jour (dit-elle à ces jeunes filles qui l'entou-
» rent), et vous saurez alors tout ce qu'on peut
» souffrir dans la situation où je suis. » C'est un endroit que Racine paraît avoir imité dans *Andromaque*, quand cette princesse dit à Hermione :

Vous saurez quelque jour,
Madame, pour un fils jusqu'où va notre amour, etc.

Un envoyé vient annoncer à la reine qu'il a rencontré Lycas, l'ami d'Hercule, qui précède son maître; que ce héros revient triomphant, et lui envoie les dépouilles des ennemis et les captives qu'il a ramenées. En effet, Lycas paraît un moment après, suivi de toutes ces femmes prisonnières, qui se rangent au fond du théâtre. On distingue à leur tête la jeune Iole, remarquable par sa beauté. Déjanire, à cette vue, éprouve un mouvement douloureux, qu'elle attribue à la pitié que lui inspire le sort de ces infortunées; mais le spectateur démêle déja les premières impressions de la jalousie. La reine s'occupe particulièrement de cette jeune captive; elle est touchée de sa beauté, de sa douleur modeste et noble. Elle l'interroge plusieurs fois. Iole baisse les yeux et garde le silence. La reine interroge Lycas, qui ne lui donne aucune lumière. Elle le fait entrer avec toutes les prisonnières dans l'intérieur du palais. Un homme survient, et s'offre à lui révéler un secret important : elle lui ordonne de parler. Il lui apprend que Lycas la trompe; que Lycas a lui-même avoué, en arrivant, les nouvelles faiblesses d'Hercule ; que ce héros, épris des charmes d'Iole, n'a fait la guerre à Euryte, roi d'Œchalie, que pour ravir sa fille, et qu'Iole, bien loin d'être traitée en captive, va régner en souveraine sur la Thessalie et sur Déjanire elle-même. « Malheureuse » (s'écrie-t-elle) ! quel serpent ai-je reçu dans mon » sein ! » Lycas reparaît pour prendre ses ordres, et, près d'aller rejoindre Hercule qui s'est arrêté au promontoire de Cénée pour faire un sacrifice à Jupiter, Déjanire irritée lui reproche sa perfidie ; elle sait tout, et veut tout savoir : c'est le cri de la jalousie. Elle s'emporte, elle menace. Lycas persiste à nier qu'il sache rien de ce qu'elle demande. Alors elle feint de s'apaiser par degrés : elle n'est indignée que de ce qu'on veut lui en imposer ; car d'ailleurs elle est accoutumée à pardonner aux infidélités de son époux. Enfin elle fait si bien, que Lycas ne croit plus devoir lui cacher ce qu'après tout, dit-il, son maître ne cache pas lui-même. Toute cette scène est parfaitement conduite, et l'on voit déjà un art inconnu à Eschyle. C'est alors que Déjanire, occupée tout entière des moyens d'écarter sa rivale et de regagner le cœur de son époux, se ressouvient que le sang de Nessus est un philtre qui, si elle en croit ce que lui a dit le centaure mourant, rallume l'amour près de s'éteindre. Elle teint de ce sang une robe qu'elle envoie à son mari, et qu'elle remet à Lycas. Ce n'est pourtant pas sans inquiétude et sans effroi qu'elle se résout à employer ce charme inconnu dont elle n'a pas encore fait l'épreuve ; car son caractère n'a rien d'odieux, et elle n'a pas une pensée coupable : elle n'est que jalouse et crédule. A peine Lycas est-il parti, qu'elle confie au chœur ses alarmes, ses remords, ses funestes pressentiments. Elle se rappelle que les flèches qui ont percé Nessus étaient infectées des poisons mortels de l'hydre de Lerne. Elle se livre au désespoir, et jure que, s'il faut que son mari soit victime de son imprudence, elle ne lui survivra pas un moment. Ses craintes ne tardent pas à être confirmées. Son fils Hyllus, qui était allé au-devant de son père, l'a vu revêtir la robe empoisonnée, et en a vu les horribles effets. Cette description, digne du pinceau de Sophocle, remplit le quatrième acte. Ces sortes de morceaux plaisaient infiniment aux Grecs, et occupaient chez eux beaucoup plus de place que nous ne leur en permettons aujourd'hui. Hyllus accable sa mère de reproches. Elle sort sans répondre un seul mot, et l'on apprend, un moment après, qu'elle s'est donné la mort, et que son fils lui-même, instruit de l'erreur qui l'avait rendue criminelle, a embrassé sa mère mourante, et l'a baignée de ses larmes. On apporte sur le théâtre le malheureux Hercule, que l'excès de ses maux a endormi un moment. Il se réveille bientôt, et le spectacle prolongé de ses douleurs est une sorte de situation passive qui réussirait moins parmi nous que chez les Grecs, surtout dans un cinquième acte : nous voulons aller plus rapidement au but. Au reste, on peut s'attendre que Sophocle ne met dans sa bouche que des plaintes éloquentes et dignes d'Hercule. Cicéron les a traduites en vers latins, et Racine le fils en vers français.

> Plus barbare pour moi qu'Eurysthée et Junon,
> O fille d'OEnéus! quelle est ta trahison!
> Et quels sont les tourments dont tu me rends la proie,
> Par le fatal présent que ta fureur m'envoie!
> Tu m'as enveloppé de ce voile mortel,
> Ce voile que pénètre un poison si cruel,
> Voile affreux qu'ont tissu Mégère et Tisiphone.
> Tout mon sang enflammé dans mes veines bouillonne.
> Je succombe, je meurs brûlé d'un feu caché,
> Qu'allume en moi ce voile à mon corps attaché.
> Ainsi ce que n'ont pu, dans l'horreur de la guerre,
> Centaures ni géants, fiers enfants de la terre,
> Ce que tout l'univers n'osa jamais tenter,
> Une femme le tente, et l'ose exécuter.
> Mon fils, soutiens ton nom: ton amour pour ton père
> Doit effacer en toi tout amour pour ta mère.
> Va chercher, va saisir celle qui m'a trahi,
> Traîne-la jusqu'à moi, va, cours et m'obéi.
> Cours venger... Mais hélas! que fais-je, misérable!
> Je pleure, et jusqu'ici d'un front inébranlable,
> De tant d'affreux revers j'ai soutenu l'horreur.
> Mon fils, de ce poison vois quelle est la fureur!
> Ose approcher; et vous, accourez tous ensemble,
> Peuples, que dans ces lieux mon malheur vous rassemble!
> Contemplez en moi seul tous les tourments divers.
> Ah! précipite-moi dans le fond des enfers,
> Termine par ta foudre, et ma vie et ma honte,
> Grand dieu! témoin des maux dont l'excès me surmonte,
> Qu'est devenu ce corps que j'ai reçu de toi?
> Mes membres t'offrent-ils quelque reste de moi?
> Non, cette main si faible et presque inanimée
> N'est plus la main fatale au lion de Némée.
> Est-ce donc là ce bras de Cerbère vainqueur,
> Ce bras dont le Centaure éprouva la vigueur,

Ce bras qui fit tomber le monstre d'Érimanthe,
L'Hydre contre mes coups sans cesse renaissante,
Et l'affreux surveillant de ce fruit renommé ;
Ce bras qu'aucun mortel n'a jamais désarmé, etc.?

Dans les principes du théâtre grec, cette tragédie est fort bien conduite. Pour nous le sujet aurait quelques inconvénients et demanderait à être traité différemment. La Déjanire de Sophocle est très dramatique : son Hercule ne l'est pas. Nous ne voudrions pas qu'un héros ne parût sur la scène que pour y mourir, que sa maîtresse ne fît qu'un personnage muet, et qu'en mourant il la résignât à son fils, comme fait Hercule dans Sophocle. Mithridate en fait autant pour Monime ; mais il sait qu'elle aime Xipharès, et leurs amours ont fait le nœud de la pièce. Ceux d'Iole et d'Hercule ne sont qu'en récit, et nous verrons tout à l'heure un autre exemple encore plus frappant, qui nous prouvera que l'amour n'entrait point dans le système théâtral des Grecs. Ce sujet de la mort d'Hercule a été traité plusieurs fois parmi nous, soit en tragédie, soit en opéra, et toujours sans aucun succès. Le rôle d'Hercule est très difficile à faire : ces sortes de personnages, dont la grandeur est plus qu'humaine, ne sont guère faits pour notre système tragique. Je crois pourtant qu'avec un véritable talent pour la scène, on pourrait tirer parti de ce sujet. Les rôles de Déjanire, d'Iole, du jeune Hyllus, sont susceptibles d'intérêt, surtout si la rivalité des deux femmes était traitée avec art, et que la jeune Iole, insensible à l'amour d'Hercule, en eût pour son fils. Il est pourtant vrai de dire que ces sortes d'intrigues amoureuses sont un peu épuisées, et que ces sujets anciens ne peuvent se rajeunir aujourd'hui que par la magie des couleurs poétiques.

Le sujet d'*Ajax furieux* est d'abord le désespoir de ce héros, dont la raison est aliénée par Minerve, après qu'Ulysse a remporté sur lui les armes d'Achille ; ensuite sa mort et ses funérailles. Il n'y a pas autre chose, et il n'en faut pas plus pour faire une tragédie grecque. Ne nous hâtons pas de condamner, et ne perdons pas de vue leurs mœurs et leur religion. Songeons que nous sommes pour un moment à Athènes. Quand le cinquième acte d'*Oreste*, que Voltaire avait trop fidèlement imité du grec, fut mal reçu par le public de Paris, *C'est pourtant Sophocle*, disait l'auteur à madame de Graffigny : elle lui répondit en parodiant un vers des *Femmes savantes* :

Excusez-nous, monsieur, nous ne sommes pas Grecs.

Elle avait raison. Quand on fait des tragédies en France, il faut les faire pour des Français ; et Voltaire le sentit, car il refit un autre cinquième acte. Mais ce qu'on disait à Voltaire, on ne doit pas le dire à Sophocle : on ne peut pas lui reprocher d'avoir écrit pour sa nation. Ce qui est faux et monstrueux est condamnable partout ; mais ce qui n'a d'autre défaut que d'être appuyé sur ces idées conventionnelles qui varient d'un peuple à l'autre, ne peut pas être reproché à l'auteur. Voyons l'*Ajax* d'après ce principe, et si nous n'y trouvons pas une tragédie française, nous y trouverons du moins de quoi admirer le poète grec.

La première chose à remarquer, comme n'étant pas dans nos usages, c'est l'intervention d'une divinité. Minerve est un des personnages de la pièce ; elle ouvre la scène avec Ulysse près du pavillon d'Ajax. Ce guerrier a fait, pendant la nuit, un massacre horrible de troupeaux et de ceux qui les gardaient. La déesse protectrice des Grecs dit à Ulysse que, pour les sauver de la fureur d'Ajax, elle lui a ôté la raison, au point qu'il a assouvi sur de vils animaux et d'innocents bergers la rage qu'il croyait exercer sur les Atrides et sur Ulysse. Elle veut rendre celui-ci le témoin invisible de l'état de démence où elle a réduit son malheureux rival. Elle appelle Ajax, qui sort de sa tente, et se vante d'avoir tué le fils d'Atrée et les autres rois. Quant à celui d'Ithaque, il le tient renfermé, dit-il, pour le faire périr dans un long supplice. Il rentre, et Minerve, s'adressant à Ulysse, lui dit :

> Eh bien ! des immortels vous voyez la puissance.
> Voilà ce grand Ajax, la terreur des guerriers !
> L'oubli de sa raison a flétri ses lauriers.
> Les dieux l'ont égaré : sa gloire est éclipsée.
>
> ULYSSE.
>
> Je le vois et le plains : loin de moi la pensée
> D'insulter au malheur même d'un ennemi !
> Quel affreux changement ! Mon cœur en a frémi.
> Je dois vous l'avouer, son infortune extrême,
> Par un retour secret, m'a consterné moi-même.

Que sommes-nous, hélas! nous fragiles humains,
Fantômes passagers, vains jouets des Destins!

MINERVE.

Redoutez donc ces dieux, dont vous êtes l'ouvrage,
Ne prononcez jamais un mot qui les outrage.
Que l'éclat des grandeurs ne vous puisse éblouir :
Vous voyez qu'un moment peut les anéantir.
Gardez que la valeur, le pouvoir, la richesse,
Ne vous fassent de l'homme oublier la faiblesse.
Le courage modeste est protégé des cieux,
Et le mortel superbe est en horreur aux dieux.

Cette morale religieuse et cette honorable protection que Minerve accorde aux Grecs devaient leur plaire également, et c'était un double mérite pour l'auteur. Quant à l'égarement d'Ajax, observons que les anciens et les modernes ont employé sur le théâtre l'aliénation d'esprit comme un moyen d'intérêt. Les Anglais surtout en ont fait un fréquent usage, mais avec plus de succès dans leurs romans que dans leurs drames. La folie, l'une des misères les plus humiliantes de la condition humaine, nous inspire aisément cette pitié dont nous voyons avec plaisir qu'Ulysse lui-même ne peut se défendre dans la scène de Sophocle; mais aussi n'oublions pas que la folie est tout près du ridicule. Il faut donc beaucoup d'art pour la montrer aux hommes, et surtout il faut qu'elle ne soit que passagère, et tienne à une de ces grandes passions ou de ces grandes infortunes qui peuvent troubler la raison. On sent qu'il serait trop aisé de faire déraisonner un homme pendant toute une pièce, et que ce spectacle, à la longue, ne peut être que dé-

goûtant et fastidieux. L'art consiste à jeter dans le langage confus qui convient à ces sortes d'accès des choses vraies et senties, où l'ame paraît se trahir elle-même, et se peint sans le vouloir par des mots qui s'échappent d'une tête en désordre, et nous frappent comme des éclairs dans la nuit; car la folie est comme l'enfance, elle intéresse, parcequ'elle ne trompe pas. Sophocle ne montre celle d'Ajax que dans une scène très courte, et qu'il relève, autant qu'il est possible, par la noble compassion d'Ulysse et les sages leçons de Minerve; car d'ailleurs la démence d'Ajax ne produirait sur nous aucun effet, et nous serions peu touchés de le voir rentrer dans sa tente pour aller battre de verges Ulysse, qu'il a, dit-il, attaché à une colonne. Mais ce qui est intéressant, c'est le moment où Minerve, pour le punir, permet qu'il revienne à lui-même et retrouve toute sa raison. C'est alors qu'en voyant les excès honteux où il s'est emporté, il tombe dans un désespoir digne d'un héros qui s'est avili : c'est là que son rôle devient pathétique et théâtral; sa douleur profonde intéresse, et l'on admire ensuite sa fermeté tranquille quand il se résout à mourir. Tecmesse, épouse d'Ajax, autrefois sa captive, attirée par les cris des Salaminiens qui demandent à voir leur roi, leur fait une peinture très touchante de l'état où il est réduit. « Il est revenu de sa fureur, dit-
» elle, mais son mal n'en est que plus terrible.
» Plongé dans une sombre tristesse, il me fait trem-
» bler. Il ignorait son malheur, et il le connaît. »

Mot d'une grande vérité. Elle l'entend qui appelle son fils Eurysace. « Ah, mon fils ! s'écrie-t-elle en » frémissant, il t'appelle ! » Mouvement naturel, qui peint bien tout ce qu'on peut craindre d'Ajax. Il paraît, et Sophocle le fait parler avec cette éloquence tragique que la prose dégraderait trop, et que la poésie seule peut rendre. Les anciens excellaient à peindre ces douleurs de héros, à prêter à ces personnages fameux un langage proportionné à l'idée de leur grandeur ; mais cette grandeur a besoin de la perspective du théâtre et des couleurs poétiques. La prose, trop rapprochée de nous, la dément pour ainsi dire, et fait tomber l'illusion. Cette raison seule suffirait pour faire voir combien c'est dénaturer la tragédie que de lui ôter le langage qui lui appartient. Rien ne fait moins d'honneur à notre siècle que d'avoir imaginé cette ridicule innovation. Une tragédie en prose ne peut être qu'un monstre né de l'impuissance et du mauvais goût, et il faut pardonner aux artistes de ne pas voir de sang-froid qu'on abuse à ce point de l'esprit philosophique pour attenter aux beaux-arts.

C'est aussi par ce motif que, toutes les fois que j'ai voulu donner une idée des beautés du théâtre grec, j'ai essayé de vaincre la difficulté de traduire en vers, comme j'ai fait ci-devant pour Eschyle, et comme je le ferai encore tout à l'heure pour Sophocle et Euripide.

Tecmesse, qui prévoit le funeste dessein d'Ajax, emploie, pour l'en détourner, tout ce que l'amour conjugal et maternel a de plus touchant. Il demande à voir son fils encore enfant, et ces scènes puisées dans la nature sont, comme on sait, le triomphe des poètes grecs. Tecmesse le conjure encore au nom des dieux... Il l'interrompt : « Ignorez-vous que je ne dois plus rien aux dieux ? » Cependant il commence à craindre que sa femme et ses sujets ne s'opposent à sa résolution. Il feint de céder, et sort comme pour aller se purifier dans une fontaine lustrale, et ensevelir dans la terre la fatale épée qu'il a reçue d'Hector, et dont il a fait un si honteux usage. Arrive un envoyé de Teucer, qui demande Ajax. On lui répond qu'il est absent. Là-dessus il s'écrie qu'un oracle de Calchas avait marqué ce jour comme celui que Minerve destinait à sa vengeance, et avait prédit que si dans ce jour Ajax sortait, c'était fait de lui. Tout cet acte est un peu de remplissage. Il y a des longueurs que notre théâtre ne comporte point, et l'oracle annonce trop l'événement qui va suivre. Ajax rentre. Il a enfoncé la garde de son épée dans la terre pour se précipiter sur la pointe, tandis que tout s'est dispersé pour aller le chercher. Il y a de l'adresse dans l'auteur à écarter ainsi tout ce qui pourrait s'opposer au dessein d'Ajax, et l'on reconnaît ici les vraisemblances théâtrales qu'il a observées le premier.

Pour bien juger le monologue qui termine le rôle d'Ajax, il faut se souvenir de l'importance extrême que les anciens attachaient aux honneurs de la sépulture. En être privé était pour eux un des plus cruels affronts et un des plus grands malheurs : ce n'était qu'après l'avoir reçue avec les cérémonies accoutumées que leur ombre pouvait passer le Styx et reposer dans la demeure des morts : c'était sur leurs tombeaux qu'ils recevaient encore, lorsqu'ils n'étaient plus, les hommages pieux de leurs parents et de leurs amis. Tout concourait chez eux à lier les idées de la vie présente et celles de la vie future ; et c'est ce qu'il ne faut jamais perdre de vue quand on lit les ouvrages de ces siècles reculés. Ne soyons donc pas surpris qu'Ajax, avant de mourir, mêle à ses imprécations contre ses ennemis des vœux ardents et inquiets pour le retour de son frère Teucer, de qui le héros attend les derniers devoirs. Rappelons-nous aussi que les imprécations des mourants étaient regardées comme des prédictions qui devaient être accomplies, et que par conséquent elles produisaient plus d'effet sur l'ancien théâtre que sur le nôtre.

> Oui, le glaive est tout prêt ; il va finir ma vie.
> Enfoncé dans les flancs d'une terre ennemie,
> Placé dans des rochers où l'a fixé ma main,
> Il présente la pointe où s'appuiera mon sein.
> Ce don d'un ennemi que la Grèce déteste,
> Ce fer, présent d'Hector, qui dut m'être funeste,
> Aujourd'hui seul remède aux horreurs de mon sort,
> Rend un dernier service à qui cherche la mort.
> O vous ! ô dieux puissants ! exaucez ma prière !
> Je ne demande pas une faveur trop chère ;
> Mais au moins, dans l'instant où je perdrai le jour,
> De Teucer en ces lieux, dieux, hâtez le retour !

Que Teucer me retrouve, et qu'il rende à la terre
Le cadavre sanglant de son malheureux frère,
De peur qu'un ennemi, prévenant ses secours,
Ne m'abandonne en proie aux avides vautours.
Que le fils de Maïa, qui sur les rives sombres
Des pavots de son sceptre endort les tristes ombres,
Dans le dernier sommeil suspendant mes ennuis,
Y plonge mollement mes mânes assoupis.
Vous, filles de la Nuit, déités implacables,
Qui, la torche à la main, poursuivez les coupables,
Ministres des enfers, dont le regard vengeur
Observe incessamment le crime et le malheur,
Je vous invoque ici, puissantes Euménides!
Voyez ce que m'ont fait les injustes Atrides.
Auteurs de tous mes maux, leur superbe mépris
Insulte à mon trépas : payez-leur-en le prix.
Qu'ainsi que par mes mains ma vie est terminée,
La main de leurs parents tranche leur destinée;
Que les Grecs soient punis et leur camp ravagé;
N'en épargnez aucun : tous ils m'ont outragé.
Soleil, arrête-toi dans ta course divine;
Détourne tes chevaux aux murs de Salamine;
Raconte à Télamon, chargé du poids des ans,
Et les destins d'Ajax, et ses derniers moments.
Oh! combien ce récit va frapper sa vieillesse!
Oh! qu'il va de ma mère affliger la tendresse!
J'entends ses cris perçants, sa lamentable voix...
Je te parle, ô Soleil! pour la dernière fois :
Pour la dernière fois mon œil voit ta lumière.
O mort! ô mort! approche et ferme ma paupière;
Approche : ton aspect ne peut m'épouvanter.
A jamais avec toi je m'en vais habiter
O jour! ô Salamine! ô terres paternelles!
Fleuves sacrés, et vous mes nourrices fidèles!
Noble peuple d'Athène, à mon sang allié!
Troie, où, pour mon malheur, les dieux m'ont envoyé!
Vous, que ma voix appelle à cette dernière heure,

20.

> Recevez mes adieux ; il est temps que je meure,
> Que je termine enfin ma plainte et mes revers :
> Mon ombre va chercher du repos aux enfers.

Pour nous ce monologue serait trop long dans le moment où il est prononcé, et les apostrophes paraîtraient trop multipliées ; mais voilà ce que les anciens appelaient *novissima verba,* les dernières paroles, les paroles de mort, qui avaient chez eux une sorte de sanction religieuse et redoutée. On voit qu'Ajax n'oublie rien dans ses adieux, pas même ses nourrices. Les apostrophes sont multipliées dans ce monologue : en général, elles sont plus fréquentes chez eux que parmi nous, parcequ'ils personnifiaient une foule d'êtres qui ne nous présentent que des idées purement physiques, les fontaines, les foyers domestiques, les bocages, les fleuves ; ils animaient et consacraient tout. Ils parlaient plus à l'imagination, et nous à la raison. La poésie s'accommode bien mieux de l'une que de l'autre. Aussi ceux des modernes qui se sont appliqués avec succès à la grande poésie et à la grande éloquence se sont approchés le plus qu'ils ont pu de la manière antique.

Après le morceau qu'on vient d'entendre et la mort d'Ajax, la pièce serait finie pour nous. Elle ne l'est pas pour les Grecs ; car il s'agit de savoir ce que deviendra le corps d'Ajax. Le chœur entre d'un côté, Tecmesse de l'autre ; Teucer, attendu si long-temps, se montre enfin. Il apprend le malheur de son frère. Le chœur remarque qu'Héctor, lorsqu'il fut traîné par Achille, était attaché avec le baudrier qu'il avait reçu d'Ajax, et qu'Ajax à son tour s'est percé du glaive qu'Hector lui avait donné. *Ces dons mutuels et funestes de deux ennemis ont sans doute*, dit-il, *été fabriqués par les Furies.* Toujours des idées et des présages attachés aux êtres inanimés : c'est là le langage de l'antiquité. Ménélas vient, de la part des chefs de l'armée, défendre à Teucer d'ensevelir Ajax, qui a voulu faire périr les Atrides : dispute très vive entre Ménélas et Teucer. Le premier se retire en menaçant d'employer la force. Teucer coupe de ses cheveux et de ceux d'Eurysace, et, obligé de s'éloigner un moment pour trouver un lieu propre à la sépulture d'Ajax, il ne laisse pour le garder que sa femme Tecmesse et son fils Eurysace. Il met ces restes sacrés sous la protection de la faiblesse et de l'enfance. « Périsse, dit-il, quiconque oserait toucher à ce dépôt ! Que lui et tous » les siens tombent comme cette chevelure est » tombée sous le ciseau ! » Transportons-nous dans ce siècle si différent du nôtre, et voyons si ce n'est pas un spectacle touchant que le corps du père menacé d'être enlevé par ses ennemis, et gardé par une femme et un enfant ; voyons si ce tableau, qui serait beau sur la toile, le serait moins sur le théâtre, et avouons que cette religion était poétique et théâtrale, et que Sophocle et Homère s'en sont servis en grands hommes.

Au cinquième acte, Agamemnon lui-même vient renouveler la défense de Ménélas et la querelle avec Teucer. C'est un défaut réel : c'en est, un surtout que deux scènes qui ont le même objet sans que l'action ait fait un pas. Ulysse vient à propos pour mettre fin à cette indécente contestation, portée aux plus violentes injures. Il soutient la noblesse de son caractère, et fait sentir au fils d'Atrée qu'il est indigne de s'acharner sur un ennemi mort. Agamemnon se rend, et la pièce finit.

Deux actes ont été employés à savoir si le corps d'Ajax serait enseveli. Voici une pièce entière, et ce n'est pas une des moins touchantes de Sophocle, où il ne s'agit d'autre chose que de la sépulture refusée à Polynice : c'est *Antigone*. Elle eut à Athènes trente-deux représentations, et l'auteur eut pour récompense la préfecture de Samos. Le vieux Rotrou en donna une imitation qui eut du succès dans son temps, et qui n'est pas indigne de l'auteur de *Venceslas*.

Cette pièce est la suite de *la Thébaïde*. Les deux fils d'OEdipe sont morts ; OEdipe lui-même est enseveli dans une retraite profonde. Créon règne à Athènes ; et le premier acte de son autorité est de défendre que l'on donne la sépulture à Polynice, tué les armes à la main contre sa patrie. Nous avons déja vu ce sujet faire une partie des *Coëphores* d'Eschyle, mais à peine y est-il indiqué. Il est traité supérieurement dans Sophocle. Je me bornerai à un extrait fort succinct. L'exposition est très simple, et se fait heureusement par une scène contrastée entre les deux sœurs de Polynice, Ismène et Antigone. L'une craint de désobéir et de s'attirer la colère du roi, l'autre est résolue de tout braver et de n'en croire que la voix de la nature, qui lui ordonne de rendre les derniers devoirs à son frère, que tout le monde abandonne. Nous reverrons ailleurs ce même contraste de la faiblesse et de la fermeté dans les deux sœurs d'Oreste, Électre et Chrysothémis : c'est encore une beauté dramatique dont Sophocle a donné les premiers modèles. Antigone exécute son généreux dessein ; elle est arrêtée par les gardes de Créon et menée devant le tyran ; car son caractère atroce lui mérite ce nom. Elle lui répond avec une fierté courageuse qui ne fait que l'irriter davantage. Il paraît déterminé à la faire mourir comme rebelle. Son fils Hémon, promis pour époux à Antigone, s'efforce de le fléchir ; mais, voyant que le roi est inexorable, il lui fait les reproches les plus vifs, et lui déclare que, s'il persiste dans sa cruelle résolution, il peut s'attendre à ne plus revoir son fils. Créon, plus furieux que jamais, condamne Antigone à être renfermée dans une grotte pour y mourir de faim.

A peine est-elle sortie pour aller au lieu de son supplice, que le devin Tirésias, aveugle et conduit par un enfant, vient annoncer à Créon les plus affreux malheurs en punition de sa barbarie. Créon, qui d'abord a mal reçu le vieillard, est effrayé de ses prédictions menaçantes : il balance entre la crainte qu'elles lui inspirent et la honte de révoquer ses ordres. Il cède à la fin, et sort pour aller lui-même empêcher l'exécution de sa sentence. Mais il n'est plus temps, et l'on apprend, au cinquième acte, que Créon n'est arrivé que pour voir Antigone étranglée avec ses voiles, et le prince Hémon se percer de son épée, et mourir en l'embrassant. Ce récit se fait par un officier du palais, et s'adresse à Eurydice, femme de Créon. Elle sort sans rien dire, et se tue de la même manière qu'Antigone. C'est encore un défaut sur un théâtre perfectionné. Il ne faut pas introduire un personnage uniquement pour mourir, et celui d'Euridice est ici absolument inutile, et multiplie tout aussi inutilement les meurtres dans une pièce où il y en a déja assez. Je ne m'arrêterai qu'à une réflexion que cet ouvrage doit naturellement faire naître. Si jamais il y eut un drame où l'amour dut occuper une grande place, c'est sûrement celui-ci, où un père condamne à la mort une princesse aimée de son fils, et qu'il lui avait destinée en mariage, et où ce jeune prince, après avoir inutilement essayé de sauver sa maîtresse, se donne la mort pour ne pas lui survivre. Il y a là de quoi fournir aux modernes plus d'une scène très tendre, et remplie de tous les développements d'une passion malheureuse. Eh bien! il n'en est pas même question dans la pièce de Sophocle. Rien ne prouve plus évidemment que les anciens ne regardaient point l'amour comme fait pour entrer dans la tragédie. Nous, de notre côté, prenons garde qu'une préférence trop exclusive pour les sujets d'amour n'égare notre jugement et ne borne nos plaisirs. Il n'y en a jamais trop : n'en excluons aucun. Trop de gens sont portés à regarder comme des ouvrages froids ceux où l'amour ne joue pas un très grand rôle, et nous en avons de très beaux qui n'ont point cette sorte d'intérêt. Mais quoi donc ! n'y en aurait-il plus d'autres ? L'amour est-il le seul sentiment dramatique ? La tragédie n'a-t-elle pas une foule d'autres ressorts qu'elle met en œuvre tout aussi heureusement, et souvent même avec plus de mérite ? On s'est accoutumé à un étrange abus d'expression, qui est encore de nos jours : c'est de ne reconnaître de sensibilité dans les ouvrages, que celle qui peint les sentiments tendres, comme s'il en fallait moins pour peindre les passions fortes et violentes ; c'est une sensibilité d'un autre caractère, mais qui n'a ni moins d'effet ni moins d'énergie. Un auteur peut-il être regardé comme froid lorsque, sans employer l'amour, il sait attacher, échauffer, transporter même le spectateur ? Le cinquième acte de *Cinna*, le quatrième des *Horaces*, ne vous font pas fondre en larmes, ne vous déchirent pas ? Et quoiqu'on ait vu bien des gens qui ne veulent plus reconnaître la tragédie qu'à ces seuls caractères, oseraient-ils nier que ces beaux morceaux ne donnent à notre ame une des émotions les plus vives et les plus douces qu'elle puisse éprouver, puisqu'ils l'élèvent et l'attendrissent à la fois ? Ne cherchons donc jamais à rabaisser un genre de mérite pour en élever un autre : admettons-les chacun à leur place, et que jamais une préférence ne devienne une exclusion. Laissons à l'esprit de parti cette logique trop commune : « Tel ouvrage n'est pas dans tel genre, donc il n'est pas bon. » Encore cette logique est-elle sujette à d'étranges alternatives, comme l'est toujours celle des passions. L'auteur que l'on veut décrier a-t-il fait un ouvrage touchant où il est impossible de nier les larmes, alors tout ce qu'il y a de plus commun dans le monde, c'est, dit-on, le talent de faire pleurer. En a-t-il fait un autre d'un intérêt différent, et qui remue l'ame sans la bouleverser, alors il n'existe plus d'autre mérite que de faire répandre des larmes. Les mêmes variations se représentent en d'autres genres ; et ce n'est pas la première fois que j'ai cru devoir m'élever contre toutes ces poétiques du moment, à l'usage de la haine et de l'envie. Quelle est au contraire la poétique des écrivains honnêtes et de bonne foi, celle qu'on ne peut jamais accuser de partialité ? C'est celle qui, fondée sur des principes invariables, se retrouve la même dans tous les temps, depuis Aristote jusqu'à Quintilien, et depuis Horace jusqu'à Despréaux ; qui, sans faire valoir aucune partie de l'art aux dépens de toutes les autres, démontre leur dépendance mutuelle et leurs effets différents ; qui, en distinguant les genres sans exalter l'un pour déprécier l'autre, montre ce que chacun d'eux a de mérite, en laissant à tout le monde la liberté de choisir. Voilà celle dont on ne peut se défier sans injustice. Il faut être au-dessus des petites passions pour trouver la vérité, et c'est encore un moyen de plus pour avoir l'esprit juste, que d'avoir un cœur honnête et droit.

Le sujet d'*OEdipe à Colonne* a été transporté, du moins en partie, dans une tragédie moderne, l'*OEdipe chez Admète*, de M. Ducis, et l'on aurait souhaité que l'auteur ne l'eût pas mêlé avec l'*Alceste* d'Euripide : la réunion de deux pièces étrangères l'une à l'autre doit nécessairement nuire à toutes les deux. Mais tout ce qu'il avait emprunté de Sophocle a été généralement goûté ; ce qui prouve qu'il a su imiter un homme de talent. Il a même, dans les scènes tirées du poète grec, des traits d'une grande beauté qu'il ne doit point à Sophocle, et qui en sont dignes : ces deux vers, par exemple, que prononce OEdipe dans son imprécation contre Polynice :

Je rends grace à ces mains qui, dans mon désespoir,
M'ont d'avance affranchi de l'horreur de te voir.

Le sentiment et l'expression sont d'une égale énergie. Le théâtre de l'Opéra s'est aussi emparé du même sujet, et avec beaucoup de succès : j'en parlerai ailleurs.

Une sépulture, un tombeau, voilà encore le fond que nous retrouvons ici, mais le contraste de l'ingratitude dénaturée de Polynice et de la tendresse héroïque et fidèle de ses sœurs, Ismène et Antigone ; la situation d'OEdipe, le développement de ses longues douleurs et de ses profonds ressentiments, voilà les ressorts de l'intérêt, ressorts très simples comme tous ceux qu'employaient les Grecs, et qui n'en sont pas moins puissants. A cet intérêt général s'en joignait un particulier aux Athéniens : c'est la tradition établie dans la pièce, qu'OEdipe a choisi son tombeau dans l'Attique; et les oracles, accrédités par la croyance populaire, avaient déclaré que le pays où OEdipe choisirait sa tombe serait favorisé des dieux, et deviendrait funeste aux Thébains. Ceux-ci, dans le temps où la pièce fut représentée, étaient au moment d'une rupture avec les Athéniens. Ainsi des circonstances politiques ajoutaient au mérite de l'ouvrage. L'ouverture est imposante, pittoresque et pathétique : on voit un bois sacré, un temple, une ville dans l'éloignement, et un vieillard aveugle conduit par une jeune fille. L'exposition est tout entière en spectacle et en action, comme dans l'*OEdipe roi*, que nous verro nstout à l'heure. C'est un très grand mérite dans une tragédie, parcequ'il importe beaucoup d'attacher d'abord les yeux, la curiosité et l'imagination. Ce mérite, dont tous les sujets ne sont pas susceptibles, est particulier à Sophocle, qui l'a porté au plus haut degré. Eschyle ne lui en avait point donné l'exemple, et Euripide ne l'a pas imité. Comme OEdipe cherche un asile, il est tout naturel que sa fille Antigone s'informe du lieu où elle est. Un habitant l'en instruit en détail, et par là le spectateur apprend tout ce qu'il doit savoir, que la ville que l'on découvre est Athènes, que le lieu où l'on est se nomme *Colonne*, que le temple et le bocage sont consacrés aux Euménides, que Thésée règne dans le pays. Le chœur, composé de Colonniates qui se sont rassemblés autour du vieillard étranger, l'avertit de sortir du bocage où il est entré, et où il n'est permis à aucun mortel de s'asseoir. On lui dit même que, s'il s'obstine à y demeurer, personne ne peut ni l'écouter ni lui répondre. Il sort donc de son asile, et vient se placer sur une pierre. Antigone implore l'hospitalité pour son père et pour elle. OEdipe demande que Thésée vienne le trouver, parcequ'il a, dit-il, à lui révéler des secrets importants. Il se met sous la protection des Euménides, et les prie de le recevoir et de souscrire à l'oracle d'Apollon, qui a prédit que leur temple serait le lieu où il trouverait le terme de ses malheurs, et que sa présence y deviendrait un présage funeste pour ceux qui l'avaient chassé, et heureux pour ceux qui le recevraient. Il se nomme enfin, et ce nom fait frémir tous ceux qui l'entendent. Au milieu de cet entretien, Antigone voit arriver sa sœur Ismène, qui, animée des mêmes sentiments qu'elle, a quitté Thèbes pour venir s'attacher au sort de son père. Elle leur apprend que la guerre est déclarée entre Étéocle et Polynice; que ce dernier est banni de Thèbes; que les Thébains, instruits de l'oracle qui attache de si grandes destinées au tombeau d'OEdipe, vont lui députer Créon pour le supplier de revenir à Thèbes. Le chœur alors commence à comprendre combien ce vieillard aveugle et proscrit est un personnage important, et combien les dieux et les hommes s'occupent de lui. Remarquez qu'il ne fallait rien moins pour rendre vraisemblable la démarche d'un roi tel que Thésée, qui va venir lui-même chercher un étranger suppliant, réduit à la plus extrême misère: c'est ainsi que Sophocle sait observer la vraisemblance. L'entrevue entre OEdipe et Thésée est ce qu'elle doit être : d'une part des offres sincères et généreuses, de l'autre une noble résignation. Thésée propose au vieillard de venir dans son palais ; mais OEdipe préfère de demeurer où il est, et, quoi qu'on lui dise des desseins de Créon contre lui, il ne peut croire qu'on ose employer la violence pour enlever l'hôte d'un roi tel que Thésée. Cependant, après que ce prince s'est retiré, Créon arrive avec une suite de soldats, et d'abord essaie de fléchir OEdipe ; mais, voyant qu'il n'en peut rien obtenir, il prend le parti qu'il croit le plus sûr pour le forcer de revenir à Thèbes: c'est de lui ôter ses deux derniers soutiens, ses deux filles, qu'il enlève en effet malgré les cris et les plaintes d'OEdipe et du chœur, qui, n'étant formé que de vieillards désarmés, ne peut résister à la force. Mais Thésée, qui n'est pas éloigné, met en fuite les ravisseurs, ramène les deux princesses, et fait à Créon des reproches également nobles et modérés sur l'indigne violence où il s'est emporté. Il se présente ici deux observations relatives aux progrès de l'art : l'une, qu'il ne faut pas mettre sur la scène deux personnages tels qu'Ismène et Antigone, faisant absolument la même chose, et n'ayant qu'un même objet dans la pièce, parceque c'est diviser mal à propos l'intérêt qui doit se réunir sur l'une des deux sœurs. Aussi, dans la pièce de M. Ducis, n'a-t-on vu qu'Antigone, et non pas Ismène. Deux filles vertueuses au lieu d'une, et deux appuis au lieu d'un, diminuent l'effet de la situation, bien loin de le doubler. C'est un principe d'une vérité sensible : la vertu dont on ne voit qu'un modèle nous frappe plus que celle qui est commune à deux, et l'infortune avec deux soutiens est moins à plaindre que celle qui n'en a qu'un. L'autre observation rappelle un précepte d'Aristote, qui dit que rien n'est plus froid qu'un personnage qui ne paraît dans une pièce que pour tenter une entreprise que ne réussit pas. Tel est ici Créon, qui veut enlever deux princesses, et qui, après y avoir échoué, ne reparaît plus. Cet épisode, dont il ne résulte qu'un péril passager, est donc une espèce de hors d'œuvre. Règle générale : rien de ce qui forme un nœud dans un drame, rien de ce qui met en danger les personnages, ne doit se dénouer qu'à la fin, sans quoi c'est un moyen avorté, ce qui est toujours d'un très mauvais effet au théâtre. Ici, par exemple, on sent bien que la venue de Créon et l'enlèvement des deux princesses ne sont qu'un remplissage; car il est tout simple que Créon n'ait aucun pouvoir sur l'esprit d'Œdipe, et l'on s'attend bien que Thésée ne laissera pas enlever chez lui les deux filles dont il a pris le père sous sa protection. Quel est donc le nœud véritable? C'est Polynice. Les remords du fils, soutenus des supplications de la sœur, l'emporteront-ils sur les justes ressentiments d'OEdipe, que ses deux enfants ont indignement chassé de Thèbes ? Voilà l'intérêt qui doit nous occuper. Il ne commence qu'avec le quatrième acte; mais aussi quel parti Sophocle en a tiré! Thésée annonce d'abord simplement qu'un étranger est venu embrasser l'autel de Neptune, et qu'il demande sûreté pour voir OEdipe. C'est Polynice, c'est mon frère, dit Antigone à Ismène, qui ne doute pas non plus que ce ne soit lui. Elles le disent en tremblant à leur père, qui défend d'abord qu'on l'introduise devant lui : les deux princesses engagent Thésée à joindre ses prières aux leurs, pour obtenir qu'OEdipe veuille entendre un fils suppliant. Il cède à leurs instances réitérées, mais de manière à faire comprendre que Polynice n'a rien à espérer. Il faut se rappeler ici tout ce qui fonde cette situation, pour en bien juger l'effet. OEdipe, dans les premiers transports de son désespoir, quand sa malheureuse destinée lui avait été révélée, s'était condamné lui-même à l'exil. On s'y était d'abord opposé, et il était resté à Thèbes ; mais dans la suite Polynice, sacrifiant la nature à son ambition, avait eu la cruauté de forcer son père à exécuter contre lui-même ses fatales imprécations, lorsqu'il se repentait de les avoir prononcées, et que sa douleur commençait à se calmer. C'était donc Polynice qui avait renouvelé contre son père l'arrêt de proscription, et qui l'avait, pour ainsi dire, rendu aux Furies, en l'arrachant du sein de sa patrie et de ses dieux domestiques. Depuis ce temps, OEdipe a été réduit à errer et à mendier son pain. Polynice, à son tour, banni de Thèbes, dépouillé du trône par son frère Étéocle, forcé de demander du secours à des rois alliés, et sachant combien il importe à sa cause qu'OEdipe se range de son parti, tourmenté d'ailleurs par les remords qui s'éveillent dans l'infortune, frappé d'effroi, d'horreur et de pitié à la vue de l'état où il a réduit son père et ses sœurs, est certainement dans une des situations les plus violentes où un homme puisse se trouver. Il a le plus grand intérêt à fléchir OEdipe; et tout ce qu'il voit doit lui en ôter l'espérance. Il regarde son père, et il pleure. Il fait les derniers efforts pour l'émouvoir, et n'obtient pas même de réponse. Le vieillard, assis sur la pierre, les yeux baissés, immobile, garde un morne silence. Ses deux filles, qui ont tant de droits sur son cœur, intercèdent pour le coupable, mais en vain. Le chœur alors prend la parole, et représente que Polynice est envoyé par Thésée, roi d'Attique, qui exerce l'hospitalité envers OEdipe; qu'ainsi le vieillard, tout irrité qu'il est, ne peut refuser de lui répondre. A ce grand mot d'hospitalité, si sacré chez les anciens, OEdipe sent qu'il est de son devoir de parler à celui que Thésée lui adresse; mais sa réponse est telle que ce long et terrible silence a dû la faire présumer :

> Puisqu'il ose parler, puisqu'il faut le confondre,
> En faveur de Thésée, oui, je vais lui répondre.
> Si de Thésée ici vous n'attestiez les droits,
> Polynice jamais n'eût entendu ma voix.

Mais ce coupable fils qui vient braver un père
N'en remportera pas tout le fruit qu'il espère.
Perfide, c'est toi seul, c'est toi qui m'as banni ;
Tu m'as chassé de Thèbe, et les dieux t'ont puni.
Tu ne peux maintenant, sans une honte amère,
Voir mes vêtements vils, souillés par la misère.
Ah ! fils dénaturé ! toi seul m'en as couvert.
Si tu souffres l'exil comme je l'ai souffert,
C'est de tes cruautés le prix trop légitime.
En voyant ton malheur, je rappelle ton crime.
Je vois deux fils ingrats que Némésis poursuit.
Barbare ! en quel état tous deux m'ont-ils réduit !
Errant de ville en ville, aveugle, je mendie
L'aliment nécessaire à ma pénible vie,
Et je l'aurais perdue, hélas ! depuis long-temps,
Si mes filles, prenant pitié de mes vieux ans,
Au-dessus de leur sexe, au-dessus de leur âge,
N'avaient de ma misère accepté le partage.
Je dois tout à leurs soins : leur tendre piété
Assiste ma vieillesse et ma calamité,
S'acquitte d'un devoir qui dut être le vôtre :
Voilà, voilà mon sang, et je n'en ai plus d'autre.
Va contre Thèbes, va porter tes étendards ;
Mais ne te flatte pas d'abattre ses remparts.
Vous tomberez tous deux au pied de ses murailles,
Et le champ des combats verra vos funérailles.
J'ai prononcé sur vous, en présence du ciel,
Les imprécations du courroux paternel ;
Je les prononce encor : ma voix, ma voix funeste
Appelle encor sur vous la vengeance céleste.
Mes filles, mes enfants, qui m'ont su respecter,
Hériteront du trône où vous deviez monter ;
Récompense trop juste, et que leur a promise
La Justice éternelle, au haut des cieux assise,
Et tenant la balance auprès de Jupiter.
Pour toi, fuis de mes yeux ; va, monstre ! que l'enfer
Accumule, à ma voix, sur ta tête perfide

Tous les maux qu'il prépare à l'enfant parricide !
Fuis, remporte avec toi, remporte avec horreur
Mes malédictions qu'entend le ciel vengeur.
Puisses-tu ne rentrer jamais dans ta patrie,
Exhaler sous ses murs ton exécrable vie,
Verser le sang d'un frère et mourir sous ses coups !
Et vous, dieux infernaux, vous que j'invoque tous,
Toi, plus terrible qu'eux, ministre de colère,
Ombre triste et sanglante, ô Laïus ! ô mon père !
Et toi, dieu des combats, Mars exterminateur,
O Mars ! qui dans leur sein as versé ta fureur ;
Noires divinités de ce couple barbare,
Hâtez-vous, l'heure approche, entraînez-le au Tartare.
Reporte maintenant ma réponse aux Thébains ;
Dis quels vœux j'ai formés pour deux fils inhumains.
Dis que je vais mourir ; que, pour votre partage,
Je vous laisse à tous deux cet horrible héritage.

Polynice se retire désespéré, et court accomplir les fatales prédictions de son père. On entend un coup de tonnerre, qu'OEdipe reconnaît pour le signal de sa fin prochaine. Thésée revient, et le vieillard annonce d'un ton majestueux et prophétique que les dieux l'appellent par la voix des foudres et des vents. Il se sent inspiré par eux, et va, dit-il, marcher sans guide vers le lieu où il doit expirer. « Les destins me forcent d'y arriver. Sui-
» vez-moi, mes filles ; je vous servirai de guide,
» comme vous m'en avez servi jusqu'à ce jour.
» Qu'on me laisse, qu'on ne m'approche pas. Seul,
» je trouverai l'endroit où la terre doit m'ouvrir
» son sein. C'est par là : suivez-moi ; Mercure et les
» déesses des enfers sont mes conducteurs. Cher
» Thésée, et vous, généreux Athéniens, soyez tou-

» jours heureux, et souvenez-vous d'OEdipe. » Un chœur sert d'intervalle entre sa sortie et le récit de sa mort, récit aussi rempli de merveilleux que toute la fable de cette pièce. Arrivé à l'endroit où le chemin se partage en diverses routes, il s'est assis, a quitté ses vêtements, s'est fait apporter de l'eau puisée dans une source voisine, et, après s'être purifié, s'est couvert de la robe dont on a coutume de revêtir les morts. La terre a tremblé : il a fait ses derniers adieux à ses filles, qui se frappaient la poitrine en gémissant. Une voix s'est fait entendre du ciel : « OEdipe, qu'attendez-vous ? » Il a embrassé ses filles, les a recommandées encore à Thésée, et leur a ordonné de s'écarter pour n'être pas spectatrices d'une mort dont Thésée seul, suivant l'ordre des dieux, doit être le témoin, et conserver le secret. Tout le monde s'est éloigné, et, un moment après, l'on n'a plus vu OEdipe, mais seulement Thésée, se couvrant le visage de ses mains, comme si ses regards eussent été éblouis d'un spectacle céleste. « Pour OEdipe (continue celui » qui fait ce récit) on ignore le genre de sa mort ; » mais sans doute la terre s'est ouverte pour le re- » cevoir sans douleur et sans violence. »

Il règne dans toute cette pièce une sorte de terreur religieuse, une mystérieuse horreur qui plaît beaucoup à ceux qui aiment la tragédie. Il y a des beautés éternelles ; mais je crois qu'il faudrait beaucoup d'art pour accommoder le dénoûment à notre théâtre, et n'en pas faire une scène d'opéra.

Cette race des Labdacides, si souillée de meurtres, d'incestes et de toutes sortes d'attentats, a fourni trois pièces à Sophocle. Celle qui se présentait la première, en suivant l'ordre des évènements, c'était l'*OEdipe roi*, dont je vais parler; mais je l'ai réservée, ainsi que l'*Électre*, pour réunir les deux ouvrages que Voltaire a jugés dignes de lui servir de modèles.

Le sujet d'*OEdipe roi* est si universellement connu, que je crois devoir me borner à quelques remarques sur ce que les deux pièces ont de commun et sur ce qu'elles ont de différent.

L'ouverture et l'exposition de Sophocle sont heureuses et théâtrales. Des vieillards, des enfants, un grand-prêtre, des sacrificateurs, la tête ornée de bandelettes sacrées, et des rameaux dans les mains en signe de supplications, sont prosternés au pied d'un autel qui est à l'entrée du palais d'OEdipe. Il paraît, et a voulu, dit-il, s'assurer par ses yeux de la situation de ses malheureux sujets. Le grand-prêtre prend la parole, et fait un tableau pathétique des ravages que la peste cause dans Thèbes. Les Thébains implorent les seuls appuis qui leur restent, les dieux et leur roi, ce roi si sage et si heureux qui les a délivrés du sphinx, et qui a déjà été leur sauveur avant d'être leur souverain. Il a prévenu leur demande, et envoyé à Delphes son beau-frère Créon, pour savoir ce qui attire sur Thèbes la colère du ciel. Il attend à tout moment Créon qui devrait être de retour. Ce prince paraît, et annonce que l'oracle ordonne de rechercher les auteurs du meurtre de Laïus et de venger sa mort. OEdipe s'engage à donner tous ses soins à cette recherche, et prononce par avance les plus terribles imprécations contre le meurtrier ; imprécations dont l'effet est d'autant plus grand pour le spectateur, qu'elles retombent sur celui qui les prononce. Voltaire les a rendues en beaux vers :

>Et vous, dieux des Thébains, dieux qui nous exaucez,
>Punissez l'assassin, vous qui le connaissez.
>Soleil, cache à ses yeux le jour qui nous éclaire !
>Qu'en horreur à ses fils, exécrable à sa mère,
>Errant, abandonné, proscrit dans l'univers,
>Il rassemble sur lui tous les maux des enfers,
>Et que son corps *sanglant*, privé de sépulture,
>Des vautours *dévorants* devienne la pâture !

Toute la marche de ce premier acte est parfaite. Voltaire n'a point fait usage de cette belle exposition ; et, ce qu'il y a de pis, c'est qu'au lieu de regretter le parti qu'il aurait pu en tirer, il en parle avec un mépris très injuste dans des *lettres* qui parurent à la suite de la première édition d'*OEdipe*, et que lui-même supprima dans toutes les éditions générales de ses œuvres, mais qu'on a remises dans celles qui ont paru pendant ses dernières années, et dont il avait laissé le soin à des libraires. Ce n'est pas que ces *lettres* ne soient curieuses et très dignes de l'impression, puisqu'elles contiennent une très bonne critique de son *OEdipe*, faite par lui-même, et des réflexions judicieuses sur ce sujet. Il est à présumer que quand il les retrancha, c'est qu'il sentit qu'il n'avait pas parlé d'un ton convenable de ce même Sophocle à qui depuis il rendit plus de justice dans la préface d'*Oreste*; et j'ose croire que, s'il avait relu ces *lettres* quand on les réimprima, il n'aurait pas laissé subsister les censures très déplacées qu'il hasarde contre cette exposition de l'*OEdipe* grec, qu'il eût mieux fait d'imiter. Voici comme il en parle, sans donner à l'auteur la plus légère louange.

« La scène ouvre par un chœur de Thébains » prosternés au pied des autels. OEdipe, leur libé- » rateur et leur roi, paraît au milieu d'eux. *Je suis* » *OEdipe*, leur dit-il, *si vanté par tout le monde.* » Il y a quelque apparence que les Thébains n'igno- » raient pas qu'il s'appelait OEdipe. »

Non, ils ne l'ignoraient pas; mais Voltaire ignorait la langue grecque; et faisant dire à Sophocle ce qu'il ne dit pas, il s'est exposé à tomber dans des méprises qui avertissent de ne juger que de ce que l'on sait. Que dirait-on d'un critique qui, entendant ce premier vers d'*Iphigénie*,

Oui, c'est Agamemnon, c'est ton roi qui t'éveille,

reprocherait à Racine d'avoir dit: *Je suis Agamemnon, je suis ton roi*, et ajouterait: *Il y a quelque apparence qu'Arcas connaissait son roi, connaissait Agamemnon?* On lui dirait que c'est une manière de parler très convenable et très reçue, et qu'il est tout naturel qu'Arcas étant surpris d'être éveillé par son roi, celui-ci l'assure qu'il ne se trompe pas, que c'est bien *Agamemnon*, que c'est *son roi* qui l'éveille; ce qui, pour le dire en passant, annonce déjà une situation critique qui nécessite une pareille démarche. Cette explication même est si claire, qu'on ne la croirait nécessaire que pour un étranger, moins instruit que nous des tournures de notre langue. Eh bien ! le vers d'Agamemnon est précisément celui d'OEdipe, et l'un n'est pas plus ridicule que l'autre. « Je suis » sorti (dit-il) au bruit de vos gémissements, et » n'ai pas voulu m'en rapporter à d'autres. Je suis » venu moi-même, moi, cet OEdipe dont le nom » est dans la bouche de tous les hommes. » Remarquez que l'énigme du sphinx l'avait rendu très célèbre, et que les anciens ne faisaient nulle difficulté d'avouer que leur nom était fort connu ; témoin ce que dit à la reine de Carthage le modeste Énée, de tous les héros le moins accusé d'orgueil : « Je suis le pieux Énée dont la renom- » mée s'élève jusqu'aux cieux. » Cette extrême réserve qu'imposent les bienséances sociales, et qui défend à l'amour-propre de chacun de se montrer en quoi que ce soit, de peur de blesser celui de tous, cette modestie de convention et de raffinement n'était point un devoir dans des mœurs plus simples et plus franches, et tous les héros de l'antiquité en sont la preuve. Il n'y a donc point d'orgueil dans ce qu'OEdipe dit de lui-même, comme il n'y a point de *simplicité grossière* dans la manière dont il se nomme, comme il n'y a rien de *déplacé* à faire la peinture des maux qui accablent les Thébains ; car quoique

Œdipe n'ignore pas que la peste règne dans Thèbes, ces sortes de développements naturels au malheur ne sont point hors de propos et font plaisir au spectateur, en peignant à l'imagination tout ce qu'il y a d'affreux dans la situation des personnages. Qu'on juge d'après cela si Voltaire était fondé à terminer ainsi ses critiques inconsidérées. « Tout cela n'est guère une preuve de cette per» fection où l'on prétendit, il y a quelques années, » que Sophocle avait porté la tragédie. (C'étaient » Racine et Boileau qui l'avaient prétendu.) Il ne » paraît pas qu'on ait grand tort dans ce siècle de » *refuser son admiration* à un poète qui n'emploie » d'autre artifice, pour faire connaître ses person» nages, que de faire dire : *Je suis Œdipe. Cette gros*» *sièreté* ne s'appelle plus une noble simplicité. »

On est un peu étonné que Voltaire refuse *son admiration* à Sophocle dans le temps où il lui emprunte toutes les beautés qui ont fait le succès de sa tragédie. Tout ce qu'on peut dire pour son excuse, c'est qu'alors il était très jeune, et que lui-même probablement s'était condamné depuis, puisqu'il avait jugé à propos de retrancher ces *lettres* de toutes les éditions dont il a été le rédacteur.

Il me semble aussi aller beaucoup trop loin quand il soutient que la pièce de Sophocle est finie au second acte, et que les paroles du devin Tirésias sont si claires, qu'Œdipe ne peut manquer de s'y reconnaître. Pour juger de ce reproche, voyons ce que dit le devin. C'est le chœur qui conseille au roi de le faire venir, et le roi répond que Créon lui a déja donné le même avis, qu'en conséquence il a déja envoyé deux fois chercher cet interprète des dieux si révéré dans Thèbes, et qu'il s'étonne que Tirésias tarde si long-temps. Le vieillard aveugle, à qui le ciel a donné la connaissance de ce qu'il y a de plus secret, et qui est parmi les mortels ce qu'Apollon est parmi les dieux, est amené sur la scène; et j'avoue que ce personnage me paraît mieux adapté au sujet, et produire plus de curiosité et de terreur que celui du grand-prêtre dans la pièce française, rôle beaucoup moins caractérisé que celui de Tirésias. Tous les deux tiennent d'abord le même langage, tous deux résistent long-temps avant que de parler, et ne se déterminent qu'à regret à nommer OEdipe comme le meurtrier de Laïus. Il s'emporte également dans les deux pièces, et le grand-prêtre et Tirésias sont également traités d'imposteurs. Mais voici comme Voltaire, dans la fin de la scène, a restreint son imitation :

Vous me traitez toujours de traître et d'imposteur.
Votre père, autrefois, me croyait plus sincère.

OEDIPE.

Arrête : que dis-tu ? Quoi ! Polybe ? mon père !...

LE GRAND-PRÊTRE.

Vous apprendrez trop tôt votre funeste sort :
Ce jour va vous donner la naissance et la mort.

Ce vers prophétique est admirable. Le vers de Sophocle peut faire connaître combien la langue grecque était plus hardie que la nôtre dans son expression : *Ce jour vous enfantera et vous tuera;* et le vers de Voltaire fait voir comme il faut traduire :

> Vos destins sont comblés : vous allez vous connaître.
> Malheureux ! savez-vous quel sang vous donna l'être ?
> Entouré de forfaits à vous seul réservés,
> Savez-vous seulement avec qui vous vivez ?

Jusqu'ici le poète français traduit : là il s'arrête et termine ainsi la scène :

> O Corinthe ! ô Phocide, exécrable hyménée !
> Je vois naître une race impie, infortunée,
> Digne de sa naissance, et de qui la fureur
> Remplira l'univers d'épouvante et d'horreur.
> Sortons.

Tirésias en dit beaucoup davantage : « Je vous le » dis pour la dernière fois : Cet homme que vous » cherchez, ce criminel, ce meurtrier est dans » Thèbes. On le croit étranger, mais on saura bien-» tôt qu'il est Thébain. Sa fortune va s'évanouir » comme un songe. Aveugle, réduit à l'indigence, » courbé sur un bâton, on le verra errer dans les » contrées étrangères. Quelle confusion quand il » se reconnaîtra frère de ses fils, époux de sa » mère, incestueux et parricide ! Allez, prince, » éclaircissez ces terribles paroles, et si vous les » trouvez trompeuses, je consens de passer pour » un faux prophète. »

Je conviens qu'il y a plus d'art dans le poète français, qui se borne d'abord à ne faire voir dans

Œdipe que le meurtrier de Laïus, et enveloppe le reste dans des paroles vagues et obscures qui ne peuvent faire naître que des soupçons. C'est se conformer aux règles de la progression dramatique, que de développer par degrés toutes les horreurs de la destinée d'Œdipe, et de ne le montrer incestueux et parricide qu'à la fin de la pièce. Le moderne a mieux observé ce précepte que l'ancien, et c'est en cette partie surtout *que le Français de vingt-quatre ans*, comme l'a écrit Rousseau, qui dans ce temps était juste, *l'a emporté sur le Grec de quatre-vingts*. C'est un progrès que l'art a dû faire; mais il est vrai que les paroles de Tirésias, qui en apprennent trop aux spectateurs, révèlent tout le sort d'Œdipe si clairement, qu'il faut, dit Voltaire, *que la tête lui ait tourné s'il ne regarde pas Tirésias comme un véritable prophète*. Cet arrêt me paraît beaucoup trop sévère; car enfin Œdipe qui se croit toujours et qui doit se croire fils de Polybe, roi de Corinthe, Œdipe à qui l'on n'a pas encore dit un seul mot qui puisse lui faire connaître qu'il est fils de Laïus, Œdipe peut-il deviner tout cela, parcequ'on lui a dit que le meurtrier de Laïus se trouvera le mari de sa mère et le frère de ses enfants? Ce qui est vrai, c'est qu'il devait être frappé du rapport qui se trouve entre les paroles du devin et l'oracle de Delphes, qui lui a prédit autrefois, à lui, Œdipe (comme il va l'avouer tout à l'heure à Jocaste), précisément les mêmes choses dont le menace Tirésias : ce rapport devrait l'inquiéter, et ici la critique est juste. Mais de ce qu'OEdipe ne fait pas ce qu'il y a de mieux à faire, et ne dit pas ce qu'il y a de mieux à dire, il ne s'ensuit pas que son destin soit si manifestement dévoilé, que *la pièce est entièrement finie;* et conclure que Sophocle *ne savait pas même préparer les évènements et cacher sous le voile le plus mince la catastrophe de ses pièces*, *et qu'il viole les règles du sens commun pour ne pas manquer en apparence à celles du théâtre*, c'est joindre, ce me semble, beaucoup d'injustice dans les jugements à beaucoup de dureté dans les termes.

Un tort plus grand, et qui paraît à peine concevable, c'est d'avoir lu avec tant de précipitation l'ouvrage qu'il imitait, ou d'en parler de mémoire si légèrement, qu'il trouve dans Sophocle ce qui n'y est pas, et qu'il n'y voit pas ce que tout le monde peut y voir. « Lorsque OEdipe (dit-il) ap-
» prend de Jocaste que le seul témoin de la mort de
» Laïus, Phorbas, vit encore, il ne songe seule-
» ment pas à le faire chercher. Le chœur lui-même,
» qui donne toujours des conseils à OEdipe, ne lui
» donne pas celui d'interroger ce témoin. Il le prie
» seulement d'envoyer chercher Tirésias. » Rien de tout cela n'est conforme à la vérité. C'est au troisième acte qu'OEdipe apprend de Jocaste que Phorbas est vivant, et le chœur ne peut pas lui donner là-dessus le conseil d'envoyer chercher Tirésias; car ce conseil a été donné dès le premier acte, et exécuté au second, et Jocaste ne voit OEdipe qu'après la scène où le devin a parlé au roi. Le chœur

ne peut pas lui conseiller de faire venir Phorbas ; il n'en a pas le temps, car le premier mot d'OEdipe, dès que Jocaste lui a parlé, est celui-ci : *Faites venir Phorbas au plus vite.* Jocaste s'en charge ; et avant de la quitter il lui répète encore : *Songez, je vous en conjure, à faire venir ce Phorbas qui peut seul éclaircir mon sort.* C'est par là que finit le troisième acte, et Phorbas, qui est retiré à la campagne, arrive à la scène quatrième du quatrième acte. Il ne paraît pas qu'il y ait de temps perdu, suivant les règles de la vraisemblance ; car il faut observer que les anciens n'avaient pas, comme nous, d'entr'actes proprement dits, qui laissent le théâtre vide pendant un certain temps, et permettent de supposer un intervalle tel à peu près qu'on le veut pour les évènements qui se passent derrière le théâtre. Leurs actes n'étaient séparés que par des intermèdes que chantait le chœur, qui ne quittait point la scène, et qui, par conséquent, rendait la règle d'unité de temps beaucoup plus rigoureuse que parmi nous. Aussi arrive-t-il que, dans leurs pièces, les évènements paraissent quelquefois précipités. D'après l'exposé fidèle qu'on vient d'entendre, que deviennent les critiques de Voltaire, qui reproche à Sophocle de n'avoir pas fait précisément tout ce qu'il a fait ?

Ailleurs il lui fait dire ce qu'il n'a pas dit : « On » avait prédit à Jocaste que son fils porterait ses » crimes jusqu'au lit de sa mère, et lorsque OEdipe » lui dit, On m'a prédit que je souillerais le lit de

» ma mère, elle doit répondre sur-le-champ : On » en avait prédit autant à mon fils. » Non, elle ne saurait faire cette réponse ; car elle ne dit nulle part qu'on lui ait prédit cela de son fils : elle dit seulement que ce fils, suivant l'oracle, devait être *le meurtrier de son père*. Voltaire a ajouté, il est vrai, dans sa pièce, *et le mari de sa mère*. Mais sur ce qu'il fait dire à son OEdipe, il ne doit pas juger celui de Sophocle, qui n'en a pas dit un mot. Il prétend qu'*à moins d'un aveuglement inconcevable*, la conformité qui se trouve entre les prédictions faites à son fils et celles que l'oracle a faites à OEdipe, et celles de Tirésias doit lui faire connaître manifestement la vérité. Mais Jocaste croit mort ce fils qu'elle a fait exposer ; mais OEdipe croit que Polybe est son père : mais Sophocle a eu soin de donner à Jocaste, dans tout son rôle, un mépris marqué pour les oracles, depuis qu'on a vu périr par la main de brigands inconnus ce même Laïus qui devait périr par la main de ce même fils qu'elle a exposé et qu'elle croit mort. J'ose penser encore que toute cette intrigue est fort bien nouée, que les incertitudes et les obscurités y sont suffisamment ménagées, et que ce n'est pas sans raison qu'on a regardé l'*OEdipe* comme ce que les anciens avaient fait de mieux en ce genre. Il n'y a de défaut réel que celui qui est inhérent au sujet, et qui se trouve dans le poète français comme dans le poète grec : c'est le peu de vraisemblance que Jocaste et OEdipe n'aient fait depuis si long-temps aucune recherche sur la mort de Laïus. Mais heureu-

sement ce défaut est dans l'avant-scène, et c'est à
ce propos qu'Aristote observe que, quand un sujet a des invraisemblances inévitables, il faut au
moins les placer avant l'action. Voltaire convient
lui-même qu'à moins de perdre un très beau sujet,
il faut passer par-dessus cette invraisemblance ; et
l'on remarque en général que le spectateur ne se
rend pas difficile sur ce qui a précédé l'action. Il
permet au poète tout ce que celui-ci veut supposer,
et ne se montre plus sévère que sur ce qui se passe
sous ses yeux.

A ce vice du sujet, qui n'est pas, après tout,
fort important, il faut ajouter une faute réelle,
qui est celle du poète; c'est la querelle très mal
fondée qu'OEdipe fait à Créon, et l'accusation intentée si légèrement contre lui, d'avoir suborné
Tirésias pour accuser le roi. Cet épisode très mal
imaginé remplit tout le troisième acte de Sophocle. OEdipe y tient un langage et une conduite également indignes d'un roi ; il accuse et condamne
Créon avec une témérité inexcusable, et il faut
que Jocaste obtienne de lui, avec beaucoup de
peine, de ne pas sévir contre un prince innocent.
C'est encore là un de ces incidents épisodiques qui,
ne produisant rien, sont vicieux dans tout système dramatique, parcequ'ils ne font qu'occuper
une place qu'ils ôtent à l'action principale. C'est
probablement parceque celle d'OEdipe est en elle-
même extrêmement simple, que Sophocle, pour y
remédier, est tombé dans ce défaut que Voltaire n'a
fait que remplacer par un autre, en introduisant

son Philoctète, plus étranger encore au sujet que Créon.

A l'égard du cinquième acte de Sophocle, Voltaire le trouve entièrement hors d'œuvre, et soutient que la pièce est finie quand le destin d'OEdipe est déclaré. Cela peut être vrai pour nous ; mais je ne pense pas qu'il en fût de même pour les Grecs, et ce que nous avons déjà vu de leur théâtre confirme assez cette opinion. Ce cinquième acte contient la punition d'OEdipe, la mort de Jocaste qui se tue elle-même, et les adieux que vient faire à ses enfants ce père infortuné, qui s'est condamné à l'exil et à l'aveuglement. J'avoue que je ne vois rien là que j'aie envie de rejeter ; et en supposant, ce dont je doute encore, que la scène du père et des enfants nous parût superflue au théâtre, il est sûr au moins qu'on ne peut la lire sans attendrissement. La voici. Il a recommandé ses fils à Créon qui va régner pendant leur minorité, et il demande ses deux filles qui sont encore dans l'enfance.

> Que je les touche encor de mes mains paternelles.
> Laissez-moi la douceur de pleurer avec elles,
> O généreux Créon! C'est mon dernier espoir.
> Oui, que je les embrasse, et je croirai les voir.
> Que dis-je? Vous avez exaucé ma prière ;
> Vous avez eu pitié de ce malheureux père.
> Ne les entends-je pas?
>
> CRÉON.
> J'ai prévenu vos vœux.
>
> OEDIPE.
> Ah! pour prix de vos soins, cher prince, que les dieux

Signalent envers vous leur bonté tutélaire,
Comme ils ont envers moi signalé leur colère!
Où sont-elles? Venez, venez, approchez-vous,
Mes filles, chers enfants, objets jadis si doux!
Touchez encor ces mains aux crimes condamnées,
Ces mains que contre moi j'ai moi-même tournées.
O mes filles! voyez, voyez mes maux affreux,
Ceux que je me suis faits, ceux que m'ont faits les dieux.
Vous pleurez! ah! plutôt, ah! pleurez sur vous-même;
Je vois dans l'avenir votre infortune extrême.
Quel destin vous attend au milieu des humains!
Enfants haïs des dieux, de combien de chagrins
Ils sèment sous vos pas le sentier de la vie!
Ils ont à l'innocence attaché l'infamie.
A quels jeux, quelle fête, à quel festin sacré
Oserez-vous porter un front déshonoré?
Quels spectacles pour vous auront encor des charmes?
Vous n'en reviendrez point sans répandre des larmes.
Quand l'âge de l'hymen sera venu pour vous,
Quel père dans son fils voudra voir votre époux?
Qui voudra de mon sang partager les souillures?
Celui dont je suis né teignit mes mains impures.
L'inceste m'a placé dans le lit maternel,
Et vous êtes les fruits de ce nœud criminel.
Il faudra supporter l'affront de ces reproches;
Vous verrez les mortels éviter vos approches,
Et vous arriverez au terme de vos ans,
Sans connaître d'époux, sans nourrir des enfants...

(*A Créon.*)

O vous, le seul appui qui reste à leur misère,
Vous, fils de Ménécée, hélas! soyez leur père.
Elles n'en ont point d'autre; elles sont sans secours;
La honte, l'indigence, environnent leurs jours.
Des yeux de la pitié regardez leur enfance;
Vous ne les devez pas punir de leur naissance.
Donnez-moi votre main, gage de votre foi.

(*A ses filles.*)

Et vous, qui pour jamais vous séparez de moi,
Je vous en dirais plus, si vous pouviez m'entendre ;
Mais que font les conseils dans un âge si tendre ?
Adieu, puisse le ciel, fléchi par mes revers,
Détourner loin de vous les maux que j'ai soufferts !

Peut-on douter qu'une pareille scène ne fît couler quelques larmes ? Je ne sais si je me trompe, mais il me semble qu'elle terminerait heureusement la tragédie d'*OEdipe*. Ne faut-il pas, pour que sa destinée s'accomplisse, qu'on le voie partir pour l'exil, qui est le châtiment auquel les dieux l'ont condamné ? Ses adieux, son départ, ne font-ils pas dès lors une partie essentielle de ses malheurs, qui sont l'objet de la pièce ? Il y a plus : après que le cœur a été serré douloureusement par l'horreur qu'inspire cette complication de crimes involontaires commis par l'innocence, ce poids de la fatalité qui écrase un homme vertueux, et qui est, à mon gré, un des inconvénients de ce sujet, on éprouve volontiers un attendrissement dont on avait besoin. Jusque là l'on n'a vu que des atrocités dont les dieux sont les seuls auteurs ; et les infortunes d'OEdipe semblent d'affreux mystères où la raison et la justice ont peine à se retrouver. Mais lorsque ce malheureux père, aveugle et banni, embrasse pour la dernière fois ses enfants, dont il se sépare pour toujours, la nature se reconnaît dans ce tableau : on n'entend pas la plainte d'OEdipe sans être ému de compassion, et l'on donne à ses disgraces des pleurs qu'on avait besoin de répandre.

Il ne faut point parler de l'*OEdipe* de Corneille : il n'est pas digne de son auteur, et le sujet n'y est pas même traité : il est étouffé par un long et froid épisode d'amour, qui s'étend d'un bout de la pièce à l'autre, et qui n'a pas, comme celui de Philoctète dans l'*OEdipe* de Voltaire, l'avantage d'être au moins racheté, autant qu'il peut l'être, par le mérite du style. Ce dernier a cependant emprunté de Corneille deux beaux vers, l'un qui est la peinture du Sphinx,

Ce monstre à voix humaine, aigle, femme et lion;

l'autre qui exprime heureusement l'excommunication en usage chez les anciens,

Privé des feux sacrés et des eaux salutaires.

On a cité aussi fort souvent un morceau d'une tournure très philosophique sur ce dogme de la fatalité, si cher aux anciens, et qui anéantit la liberté de l'homme. Ce morceau, quoiqu'il y ait quelques fautes de diction, est écrit et pensé avec une énergie particulière à Corneille; et Voltaire remarque très judicieusement qu'il naît du sujet, et n'est point un lieu commun comme tant d'autres, ni une déclamation étrangère à la pièce. *Des réflexions sur la fatalité*, dit-il, *peuvent-elles être mieux placées que dans le sujet d'OEdipe?* Elles contribuèrent même au succès de l'ouvrage, qui resta au théâtre jusqu'au moment où il céda sa place à celui du jeune rival de Sophocle. Lorsque la pièce de Corneille parut, on était fort occupé des querelles sur le libre arbitre, et les amateurs apprirent par cœur cette tirade, qui devint fameuse :

> Quoi ! la nécessité des vertus et des vices
> D'un astre impérieux doit suivre les caprices ;
> Et Delphes malgré nous conduit nos actions
> Au plus bizarre effet de ses prédictions !
> L'ame est donc tout esclave : une loi souveraine
> Vers le bien ou le mal incessamment l'entraîne ;
> Et nous ne recevons ni crainte ni desir
> De cette liberté qui n'a rien à choisir.
> Attachés sans relâche à cet ordre sublime,
> Vertueux sans mérite, et vicieux sans crime,
> Qu'on massacre les rois, qu'on brise les autels,
> C'est la faute des dieux, et non pas des mortels.
> De toute la vertu sur la terre épandue,
> Tout le prix à ces dieux, toute la gloire est due ;
> Ils agissent en nous quand nous pensons agir ;
> Alors qu'on délibère on ne fait qu'obéir ;
> Et votre volonté n'aime, hait, cherche, évite,
> *Que suivant que d'en haut leur bras* la précipite !
> D'un tel aveuglement daignez me dispenser.
> Le ciel, juste à punir, juste à récompenser,
> Pour rendre aux actions leur peine et leur salaire,
> Doit nous offrir son aide, et puis nous laisser faire.
> *N'enfonçons* toutefois ni votre *œil* ni le mien,
> Dans ce profond abîme où nous ne voyons rien.

Peut-être ne sera-t-on pas fâché de voir comment Voltaire a rendu précisément les mêmes idées dans un *discours* sur la liberté de l'homme.

> D'un artisan suprême impuissantes machines,

Automates pensants, mus par des mains divines,
Nous serions à jamais de mensonge occupés,
Vils instruments d'un dieu qui nous aurait trompés !
Comment, sans liberté, serions-nous ses images ?
Que lui reviendrait-il de ses *brutes* (1) ouvrages ?
On ne peut donc lui plaire, on ne peut l'offenser;
Il n'a rien à punir, rien à récompenser.
Dans les cieux, sur la terre, il n'est plus de justice,
Caton fut sans vertu, Catilina sans vice :
Le destin nous entraîne à nos affreux penchants,
Et ce chaos du monde est fait pour les méchants.
L'oppresseur insolent, l'usurpateur avare,
Cartouche, Miriwitz, ou tel autre barbare,
Plus coupable enfin qu'eux (2), le calomniateur
Dira : « Je n'ai rien fait, Dieu seul en est l'auteur,
» Ce n'est pas moi, c'est lui qui (3) *manque à ma parole,*
» Qui frappe par mes mains, pille, brûle, viole. »
C'est ainsi que le dieu de justice et de paix
Serait l'auteur du trouble et le dieu des forfaits.
Les tristes partisans de ce dogme effroyable
Diraient-ils rien de plus, s'ils adoraient le diable ?

On retrouve dans ce morceau la brillante facilité de l'auteur; mais en général il paraît avoir étendu dans des vers harmonieux ce que Corneille a resserré dans des vers énergiques; et malgré le mérite de l'imitateur, la supériorité appartient ici

---

(1) Faute de français. *Brutes* ne se dit que des animaux, *les brutes*. *Brut*, adjectif, qui signifie grossier, informe, s'écrit sans *e*, comme on le voit ici, au masculin, *un ouvrage brut*, *un diamant brut*; il ne prend l'*e* qu'au féminin, *une pierre brute*.

(2) Hyperbole trop forte.

(3) Hémistiche trop faible après ce qui précède.

tout entière à l'original, non seulement par l'invention, mais encore pour l'exécution.

Compensation faite des beautés et des défauts, il serait difficile de prononcer entre les deux *OEdipe*. Il n'en est pas de même d'*Électre* : quelque belle que soit celle de Sophocle, celle de Voltaire l'emporte de beaucoup, au jugement des plus sévères connaisseurs. Il a fait ici de Sophocle le plus grand éloge possible, en l'imitant presque en tout. Le beau caractère d'Électre, l'un des plus dramatiques que l'on connaisse; sa douleur profonde, tour à tour si touchante et si impétueuse, les regrets qu'elle donne à son père qu'elle a perdu, à son frère qu'elle a sauvé et qu'elle attend comme un libérateur; son esclavage, qui n'abat ni son courage ni sa fierté; la soif de vengeance qui l'anime sans cesse; enfin le contraste que forme le rôle de Chrysothémis, qui est l'Iphise de Voltaire, et dont la sensibilité douce et timide fait encore mieux ressortir l'élévation et l'énergie de sa sœur; les ordres d'Apollon, qui recommandent le secret à Oreste comme le ressort de toute son entreprise; le rôle du vieux gouverneur d'Oreste, qui est le Pammène de la pièce française; cette idée si théâtrale d'apporter une urne qui est supposée contenir les cendres du fils d'Agamemnon, et qui produit une scène fameuse dans toute l'antiquité par le grand effet qu'elle eut à Athènes et à Rome; ces alternatives de crainte et d'espérance, causées par la fausse nouvelle de la mort d'Oreste et par les présents qu'on a vus sur le tombeau de son père ; cette situation déchirante de la malheureuse Électre, qui croit tenir en ses mains les cendres de son frère, tandis que ce frère est sous ses yeux ; cette reconnaissance si naturellement amenée par l'attendrissement d'Oreste, qui ne peut résister aux larmes de sa sœur ; en un mot, cette simplicité d'action et d'intérêt si rare et si admirable, tout cela fait également le fond des deux pièces, tout cela est beau dans Sophocle, et plus encore dans Voltaire. Le poète français a rassemblé dans sa tragédie toutes les beautés qui appartiennent au sujet, et toutes celles que pouvait y joindre un talent tel que le sien, fortifié de ce que l'art a pu acquérir depuis Sophocle. Celui-ci n'avait pas, à beaucoup près, à fournir une carrière si longue et si difficile. Les chœurs et les récits en occupent une partie : celui de la mort d'Oreste, qui a péri, dit-on, en tombant de son char aux jeux olympiques, tient la moitié du second acte. Il faut remarquer que Sophocle a commis en cet endroit un anachronisme, puisque les jeux olympiques n'ont été établis que long-temps après l'époque où se passe l'action de la pièce. Mais les Grecs étaient si amoureux de ces sortes de descriptions, qu'ils pardonnèrent aisément au poète cette liberté, et que ce long morceau descriptif, qui nous paraîtrait fort déplacé, fut un de ceux qui attirèrent le plus d'applaudissements à l'auteur. On concevra, on excusera même cet enthousiasme, si l'on se rappelle que les Grecs regardaient, non sans raison, les jeux olympiques comme une des plus belles institutions dont ils pussent se glorifier, et qu'ils étaient très flattés d'en voir le tableau tracé sur leur théâtre par le pinceau de Sophocle. Voltaire n'a pu en faire usage, mais celui qu'il a mis au cinquième acte, et où il peint en traits si nobles et si frappants la révolution que produit Oreste en se montrant aux anciens soldats d'Agamemnon, lui appartient entièrement, et a de plus le mérite d'appartenir au sujet.

Le poète français a enchéri encore sur son modèle dans la scène de l'urne. Chez Sophocle, Électre ne voit dans son frère qu'un envoyé de Strophius qui apporte les cendres d'Oreste. Chez Voltaire, Oreste passe lui-même pour le meurtrier.

Des meurtriers d'Oreste, ô ciel ! suis-je entourée ?

dit Électre à Oreste et à Pylade ; ce qui rend la situation bien plus douloureuse et plus terrible pour elle et pour son frère. Cette scène, si heureusement imaginée par Sophocle, où Chrysothémis vient avec un transport de joie annoncer à sa sœur que sans doute Oreste est vivant, qu'il est même dans le palais, parcequ'elle a vu des offrandes et des cheveux sur le tombeau d'Agamemnon ; cette nouvelle qu'elle apporte à Électre dans l'instant même où le bruit de la mort d'Oreste, qui semble certaine, vient de la mettre au désespoir, tout cela est encore embelli par l'art de l'imitateur. Dans le grec, cette nouvelle ne fait pas la moindre impression sur Électre, qui se croit trop sûre de la mort d'Oreste, dont elle a entendu le récit qu'on a fait à Clytemnestre devant elle; elle se contente de plaindre l'erreur de Chrysothémis, et celle-ci se repent elle-même de cette fausse joie qui l'a abusée un moment. Dans l'auteur français, Électre, qui n'a pas encore les mêmes raisons de croire son frère mort, reçoit avidement cet espoir qu'on lui présente. Elle quitte la scène à la fin du second acte, toute remplie de cette joie passagère dont pourtant elle se défie. Ah! dit-elle à sa sœur en sortant avec elle:

Ah! si vous me trompez, vous m'arrachez la vie.

On prévoit de là quelle sera sa douleur quand la mort d'Oreste paraîtra confirmée. Aussi rentre-t-elle en disant:

L'espérance trompée accable et décourage:
Un seul mot de Pammène a fait évanouir
Ces songes imposteurs dont vous osiez jouir.

Ces mouvements opposés qui se succèdent, ce flux et reflux de joie et d'affliction, sont l'ame de la tragédie, et c'est une des parties de l'art où les modernes ont excellé.

Il y a une scène dont le poète français n'a point fait usage, et c'est peut-être là seule des beautés de cette pièce qu'il ne se soit point appropriée. Sophocle en avait pris l'idée dans les *Coëphores*; mais il l'a exécutée d'une manière toute différente. Elle est plus terrible dans Eschyle; dans Sophocle, elle est plus touchante. Chez lui, c'est Chrysothémis qui s'est chargée des offrandes et des expiations de Clytemnestre. Cette mère coupable est effrayée d'un songe menaçant dont elle voudrait détourner le présage. Chrysothémis trouve Électre sur son passage, lui expose les terreurs de leur mère et le dessein qui l'amène. Électre, saisie d'horreur, la conjure de se refuser à un pareil emploi.

> Ah! ma sœur, loin de vous ce ministère impie;
> Loin, loin de ce tombeau ces dons d'une ennemie!
> Voulez-vous violer tous les droits des humains?
> Avez vous pu charger vos innocentes mains
> Des coupables présents d'une main meurtrière,
> Des présents qu'ont souillés le meurtre et l'adultère?
> Voyez ce monument : c'est à nous d'empêcher
> Que jamais rien d'impur ne puisse en approcher.
> Jetez, jetez, ma sœur, cette urne funéraire,
> Ou bien, loin de ces lieux, cachez-la sous la terre;
> Et pour l'en retirer, attendez que la mort
> De Clytemnestre un jour ait terminé le sort.
> Alors reportez-la sur sa cendre infidèle :
> Allez, de tels présents ne sont faits que pour elle.
> Croyez-vous, s'il restait dans le fond de son cœur,
> Après ses attentats, une ombre de pudeur;
> Croyez-vous qu'aujourd'hui la fureur qui l'anime,
> Vînt jusque dans sa tombe outrager sa victime,
> Insulter à ce point les mânes d'un héros,
> La sainteté des morts et les dieux des tombeaux?
> Et de quel œil, ô ciel! pensez-vous que mon père
> Puisse voir ces présents que l'on ose lui faire?
> Ah! n'est-ce pas ainsi, quand il fut massacré,
> Qu'on plongea dans les eaux son corps défiguré,
> Comme si l'on eût pu dans le sein des eaux pures
> Laver en même temps le crime et les blessures?

Les forfaits à ce prix seraient-ils effacés ?
Ne le permettez pas, dieux qui les punissez !
Et vous, ma sœur, et vous, n'en commettez point d'autres :
Prenez de mes cheveux, prenez aussi des vôtres.
Le désordre des miens atteste ma douleur ;
Souvent ils ont servi pour essuyer mes pleurs.
Il m'en reste bien peu ; mais prenez, il n'importe.
Il aimera ces dons que notre amour lui porte.
Joignez-y ma ceinture ; elle est sans ornement ;
Elle peut honorer ce triste monument.
Mon père le permet ; il voit notre misère ;
Lui seul peut la finir, etc.

La naïveté des mœurs grecques se montre ici tout entière ; mais Voltaire nous y avait tellement accoutumés dans cette pièce, que ce morceau, sous sa plume, aurait pu, ce me semble, trouver place facilement. N'a-t-il pas su tirer parti même du rôle d'Égisthe, qui n'est rien dans Sophocle, puisqu'il ne paraît que pour être tué par Oreste ? Nous avons déja vu, dans plus d'une pièce grecque, qu'on ne regardait pas alors comme un défaut de ne faire venir un personnage que pour le dénoûment : aucun de nos auteurs ne se l'est permis. Cependant il ne serait pas impossible qu'il y eût tel sujet où cette marche fût raisonnable, c'est-à-dire absolument nécessaire ; car je ne connais pas d'autre manière de la justifier.

Les personnages odieux dans la tragédie servent aux moyens : les personnages intéressants servent à l'effet. C'est en conséquence de ce principe que Voltaire s'est si bien servi d'Égisthe pour jeter Oreste dans le plus imminent danger depuis la fin du quatrième acte jusqu'au dénoûment, et pour développer le grand caractère de Clytemnestre. C'est par ces deux endroits surtout qu'il est infiniment supérieur à Sophocle, et c'est ce qui mérite d'être détaillé.

Les anciens, chez qui l'intrigue est en général la partie faible, parceque, ayant d'autres ressources dans leur spectacle, ils avaient moins senti le besoin de perfectionner celle-là, les anciens ne savaient pas nouer assez fortement une pièce pour mettre dans un grand péril les principaux personnages, et les en retirer sans invraisemblance. C'est là l'effort de l'art chez les modernes, et Sophocle lui-même ne l'a pas porté jusque là. Dans son *Électre*, Égisthe est absent pendant toute la pièce: il ne revient que pour voir Clytemnestre déja égorgée, et pour se trouver pris comme dans un piége. Qu'en arrive-t-il? c'est qu'Oreste n'est jamais en danger. Je sais bien que le sort d'Électre inspire la pitié, et que sa situation et celle de son frère attendrissent l'ame et soutiennent la curiosité; mais la pitié même s'use et s'affaiblit, quand la situation est toujours la même pendant quatre actes, et n'est pas variée par des incidents qui font naître la crainte ou qui augmentent le malheur et le danger. Ce n'est pas assez que les personnages soient dans une position intéressante, il faut encore que cet intérêt aille en croissant; s'il n'augmente pas, il diminue. C'est ce progrès continuel et nécessaire qui rend la tragédie si difficile. Ainsi, dans l'*Électre* française, à peine Oreste est-il reconnu par sa sœur, qu'il est découvert par le tyran, et mis dans les fers avec Pylade et Pammène; en sorte que le spectateur, qui a respiré un moment en voyant le frère et la sœur réunis, n'en est que plus effrayé du péril qui les environne; car rien ne peut arrêter le bras d'Égisthe que Clytemnestre elle-même; et c'est ici, à mon gré, le coup de maître. Tout ce rôle de Clytemnestre est dans Voltaire une véritable création; car, dans cette foule de pièces composées sur le même sujet, on ne trouve nulle part le moindre germe de cette idée. Ni Crébillon, ni Longepierre, ni étrangers, ni nationaux, ni anciens, ni modernes, n'avaient imaginé que cette femme, qui avait assassiné son mari, pût défendre contre le complice de son crime le fils dont elle-même doit tout craindre. Les remords sont indiqués dans Sophocle, mais très faiblement; et dans Voltaire tout est gradué, développé, achevé avec une égale supériorité.

S'il n'a point fait entrer dans sa pièce cette plainte éloquente d'Électre lorsqu'elle tient l'urne entre ses mains, c'est que l'étendue de ce morceau, proportionnée aux mœurs et aux convenances du théâtre d'Athènes, eût trop ralenti une scène dont l'action est plus vive et plus forte dans la pièce française que dans la grecque; et la traduction de cette espèce d'élégie dramatique fera ressortir davantage la différence du génie des deux théâtres, en prouvant que les beautés de l'un ne pouvaient pas toujours convenir à l'autre.

J'ai déja dit que l'expression vraie et ingénue

des affections de la nature devait être beaucoup plus facile dans la poésie grecque que dans la nôtre; et c'est une raison de plus pour que l'on juge avec quelque indulgence les efforts que j'ai faits dans ces différents essais de traduction, où j'ai tâché de me rapprocher de la simplicité antique, autant que me l'a permis la noblesse, quelquefois peut-être un peu trop superbe, de notre langue poétique.

O monument sacré du plus cher des humains !
Cher Oreste, est-ce toi que je tiens dans mes mains?
O toi ! dont mes secours ont protégé l'enfance,
Toi que j'avais sauvé dans une autre espérance,
Est-ce ainsi que, pour moi depuis long-temps perdu,
Mon frère à mes regards devrait être rendu ?
Je devais donc de toi ne revoir que ta cendre !
Ah ! qu'il eût mieux valu, dans l'âge le plus tendre,
Périr avec ton père, hélas ! et du berceau
Descendre à ses côtés dans le même tombeau !
Et maintenant tu meurs, ô victime chérie !
Sous un ciel étranger et loin de ta patrie,
Loin de ta sœur !... et moi, je n'ai pu sur ton corps
Prodiguer les parfums, les ornements des morts !
D'autres ont pris pour toi les soins que j'ai dû prendre ;
D'autres sur le bûcher ont recueilli ta cendre !
Ces débris précieux, on les porte à ta sœur,
Dans une urne vulgaire enfermés sans honneur !
O malheureuse Électre ! ô frivoles tendresses !
Inutiles travaux et trompeuses caresses !
Soigner tes premiers ans fut mon plus doux plaisir,
Et de mes propres mains j'aimais à te nourrir.
M'occupant de toi seul, j'ai rempli près d'un frère
Le devoir de nourrice, et d'esclave et de mère.
— Où sont-ils ces beaux jours, ces jours si fortunés !

Ah ! la mort avec toi les a donc moissonnés !
Oreste ! tu n'es plus !... et je n'ai plus de père !
Me voilà seule au monde ; et ma barbare mère
Avec mes ennemis jouit de ma douleur !
Vainement à mes maux tu promis un vengeur.
Oreste a dans la tombe emporté mon attente ;
Et qu'est-il aujourd'hui, rien qu'une ombre impuissante !
Que suis-je, hélas ! moi-même, après t'avoir perdu,
Qu'une ombre, qu'un fantôme aux enfers attendu !
Mon frère, reçois-moi dans cette urne funeste ;
D'Électre auprès de toi reçois le triste reste.
Les mêmes sentiments unissaient notre sort ;
Soyons encor tous deux réunis dans la mort.
La mort est secourable et la tombe tranquille :
Ah ! pour les malheureux il n'est point d'autre asile.

Il est honorable pour la mémoire de Sophocle, qu'en voulant trouver le chef-d'œuvre de l'ancienne tragédie, il faille choisir entre deux de ses ouvrages, l'*OEdipe roi* et le *Philoctète*. Je ne sais si un intérêt particulier fait illusion à mon jugement ; mais j'étais admirateur du second long-temps avant que j'eusse songé à en être l'imitateur, et ma prédilection pour cet ouvrage était connue. Il y a dans l'*OEdipe*, je l'avoue, un plus grand intérêt de curiosité ; il y a dans le *Philoctète* un pathétique plus touchant. L'intrigue du premier se développe et se dénoue avec beaucoup d'art : c'est peut-être un art encore plus admirable d'avoir pu soutenir la simplicité de l'autre ; peut-être est-il encore plus difficile de parler toujours au cœur par l'expression des sentiments vrais que d'attacher l'attention et de la suspendre, pour ainsi dire, au fil des évènements. Vous avez vu d'ailleurs qu'on pouvait faire à l'*OEdipe* des reproches assez graves : d'abord la nature du sujet, qui a quelque chose d'odieux, puisque l'innocence y est la victime des dieux et de la fatalité ; mais surtout la querelle d'OEdipe avec Créon, épisode de pur remplissage, sans intérêt et sans motif; au lieu que dans le *Philoctète*, sujet encore plus simple que l'*OEdipe*, Sophocle a su se passer de tout épisode. On n'y peut remarquer qu'une scène inutile, celle du second acte, où un soldat d'Ulysse, déguisé, vient par de fausses alarmes presser le départ de Pyrrhus et de Philoctète : ressort superflu, puisque celui-ci n'a pas de desir plus ardent que de partir au plus tôt. Cette scène alonge inutilement la marche de l'action, et j'ai cru devoir la retrancher. Mais à cette seule faute près, si l'on considère que la pièce faite avec trois personnages, dans un désert, ne languit pas un moment ; que l'intérêt se gradue et se soutient par les moyens les plus naturels, toujours tirés des caractères qui sont supérieurement dessinés ; que la situation de Philoctète, qui semblerait devoir être toujours la même, est si adroitement variée, qu'après s'être montré le plus à plaindre des hommes dans l'île de Lemnos, après avoir regardé comme le plus grand bonheur possible que l'on voulût bien l'en tirer, c'est pour lui, dans les deux actes suivants, le plus grand des maux d'être obligé d'en sortir ; que cette heureuse péripétie est si bien fondée en raison, que le spectateur change d'avis et de sentiment en même temps que le personnage; que ce personnage est en lui-même un des plus théâtrals qui se puissent concevoir, parce qu'il réunit les dernières misères de l'humanité aux ressentiments les plus légitimes, et que le cri de la vengeance n'est chez lui que le cri de l'oppression; qu'enfin son rôle est d'un bout à l'autre un modèle parfait de l'éloquence tragique, on conviendra facilement qu'en voilà assez pour justifier ceux qui voient dans cet ouvrage la plus belle conception dramatique dont l'antiquité puisse s'applaudir.

On avait regardé comme un défaut, du moins pour nous, l'apparition d'Hercule, qui produit le dénoûment : cette critique ne m'a jamais paru fondée. Certes, ce n'est point ici que le dieu n'est qu'une machine. Si jamais l'intervention d'une divinité a été suffisamment motivée, c'est sans contredit en cette occasion; et ce dénoûment, qui ne choque point la vraisemblance théâtrale, puisqu'il est conforme aux idées religieuses du pays où se passe l'action, est d'ailleurs très bien amené, nécessaire et heureux. Hercule n'est rien moins qu'étranger à la pièce; sans cesse il est question de lui : la possession de ses flèches est le nœud principal de l'intrigue; le héros est son compagnon, son ami, son héritier; Philoctète a résisté et a dû résister à tout : qui l'emportera enfin de la Grèce ou de lui? et qui tranchera plus dignement ce grand nœud qu'Hercule lui-même? De plus, ne voit-on pas avec plaisir que Philoctète, jusqu'alors inflexible, ne cède qu'à la voix d'un demi-dieu, et d'un demi-dieu son ami? C'est bien ici qu'on peut appliquer le précepte d'Horace, qui peut-être même pensait au *Philoctète* de Sophocle quand il a dit :

Nec deus intersit, nisi dignus vindice nodus.

« Ne faites pas intervenir un dieu, à moins que
» le nœud ne soit digne d'être tranché par un
» dieu. »

D'après ces raisons et ces autorités, j'ai osé croire que ce dénoûment réussirait parmi nous comme il avait réussi chez les Grecs, et je ne me suis pas trompé.

Brumoi s'exprime très judicieusement sur ce sujet, et en général sur les différents mérites de cette tragédie, qu'il a très bien observés. « Les dieux
» font entendre que la victoire dépend de Philoc-
» tète et des flèches d'Hercule; mais comment dé-
» terminer ce guerrier malheureux à secourir les
» Grecs, qu'il a droit de regarder comme les au-
» teurs de ses maux? C'est un Achille irrité qu'il
» faut regagner, parcequ'on a besoin de son bras,
» et l'on a dû voir que Philoctète n'est pas moins
» inflexible qu'Achille, et que Sophocle n'est pas
» au-dessous d'Homère. Ulysse est employé à cette
» ambassade avec Néoptolème : heureux contraste
» dont Sophocle a tiré toute son intrigue; car
» Ulysse, politique jusqu'à la fraude, et Néopto-
» lème, sincère jusqu'à l'extrême franchise, en font
» tout le nœud, tandis que Philoctète, défiant et
» inexorable, élude la ruse de l'un, et ne se rend
» point à la générosité de l'autre; de sorte qu'il

» faut qu'Hercule descende du ciel pour dompter
» ce cœur féroce et pour faire le dénoûment. On ne
» peut nier qu'un pareil nœud ne mérite d'être dé-
» noué par Hercule. »

Après des réflexions si justes, on est un peu étonné de trouver le résultat qui les termine. « *A suivre le goût de l'antiquité*, on ne peut re-
» procher à cette tragédie aucun défaut considé-
» rable. » Non, pas même *à suivre le goût moderne*: ici l'un et l'autre sont d'accord. « Tout y est lié,
» tout y est soutenu, tout tend directement au
» but: c'est l'action même telle qu'elle a dû se pas-
» ser. Mais, à en juger par rapport à nous, *le trop*
» *de simplicité* et le spectacle d'un homme *aussi*
» *tristement malheureux* que Philoctète, ne peu-
» vent nous faire *un plaisir aussi vif que les mal-*
» *heurs plus brillants et plus variés du Nicomède* de
» Corneille. »

Voilà un rapprochement bien étrange et un jugement bien singulier. Quant au *trop de simplicité*, passons que cette opinion, assez probable alors, ne pût être démentie que par les succès. On en disait autant du sujet de *Mérope* avant que Voltaire l'eût traité, et je n'ai pas oublié ce qu'il m'a raconté plus d'une fois des plaisanteries qu'on lui faisait de tous côtés sur cette tendresse de Mérope pour son *grand enfant*, dont il voulait faire l'intérêt d'une tragédie. Mais que veut dire Brumoi sur ce rôle de Philoctète, *si tristement malheureux?* Si j'ai bien compris dans quel sens ces mots peuvent s'appliquer à un personnage dramatique, il me semble qu'ils ne peuvent convenir qu'à celui qui serait dans une situation monotone et irrémédiable : c'est alors que le malheur afflige plus qu'il n'intéresse, parcequ'au théâtre il n'y a guère d'intérêt sans espérance. Mais Philoctète n'est nullement dans ce cas, et ni l'un ni l'autre de ces reproches ne peut tomber sur ce rôle, reconnu si éminemment tragique. Enfin, de tous les ouvrages que l'on pourrait comparer au *Philoctète*, *Nicomède* est peut-être celui qu'il était le plus extraordinaire de choisir. Quel rapport entre ces deux pièces, quand le principal mérite de l'une est d'abonder en pathétique, et que le grand défaut de l'autre est d'en être totalement dépourvue! Qu'est-ce que ces *malheurs si brillants et si variés* de Nicomède? A quoi donc pensait Brumoi? Nicomède n'éprouve aucun *malheur*; il est triomphant pendant toute la pièce; il est, à la cour de son père, plus roi que son père lui-même, et il ne paraît qu'un moment en danger. Son rôle est *brillant*, il est vrai, mais ce n'est assurément point par le *malheur*. On peut aussi, sans manquer de respect pour le génie de Corneille, s'étonner du *plaisir vif* que procure, selon Brumoi, ce drame, qui est en effet le moins tragique de tous ceux où l'auteur n'a pas été absolument au-dessous de lui-même ; ce drame dans lequel il y a en effet quelques traits de grandeur, mais pas un moment d'émotion.

Le grand intérêt du rôle de Philoctète n'avait pas échappé à l'un des plus illustres élèves de l'antiquité, Fénélon, qui du chef-d'œuvre de Sophocle a tiré le plus bel épisode du sien : c'est encore un des morceaux du *Télémaque* qu'on relit le plus volontiers. Fénélon s'est approprié les traits les plus heureux du poète grec, et les a rendus dans notre langue avec le charme de leur simplicité primitive, en homme plein de l'esprit des anciens, et pénétré de leur substance. Mais il faut observer ici une différence très remarquable entre la tragédie grecque et l'épisode du *Télémaque*, c'est que, dans l'une, Philoctète ne parle jamais d'Ulysse qu'avec l'expression de la haine et du mépris; et dans l'autre, ce même Philoctète, racontant, mais long-temps après, tous ses malheurs au fils d'Ulysse, semble condamner lui-même ses propres emportements, et représente Ulysse comme un sage inébranlable dans son devoir, et un digne citoyen qui faisait tout pour sa patrie. Rien ne fait plus d'honneur au jugement et au goût de Fénélon; rien ne fait mieux voir comme il faut appliquer ces principes lumineux et féconds sur lesquels doit être fondé l'ensemble de tout grand ouvrage, et qui sont aujourd'hui si peu connus. Il sentait combien l'unité de dessein était une chose importante; que, dans un ouvrage dont Télémaque était le héros, il fallait se garder d'avilir son père, et que d'ailleurs Philoctète, dont les ressentiments devaient être adoucis par le temps, pouvait alors être capable de voir, sous un point de vue plus juste, la sagesse et le patriotisme d'Ulysse.

C'était sans doute une nouveauté digne d'attention, de voir sur le théâtre de Paris une pièce grecque, telle à peu près qu'elle avait été jouée sur le théâtre d'Athènes. Nous n'avions eu jusque là que des imitations plus ou moins éloignées des originaux, plus ou moins rapprochées de nos convenances et de nos mœurs; et je pensais depuis long-temps que le sujet de *Philoctète* était le seul de ceux qu'avaient traités les anciens qui fût de nature à être transporté en entier et sans aucune altération sur les théâtres modernes, parcequ'il est fondé sur un intérêt qui est de tous les temps et de tous les lieux, celui de l'humanité souffrante. Mais quand je songeais, d'un autre côté, que j'allais présenter à des Français une pièce non seulement sans amour, mais même sans rôle de femme, je sentais qu'il y avait là de quoi effaroucher bien des gens. La seule tentative qu'on eût faite en ce genre, soutenue du nom et du génie de Voltaire dans toute sa force, n'avait pas réussi de manière à encourager ceux qui voudraient la renouveler. *La Mort de César*, si estimée des connaisseurs, n'avait pu encore s'établir sur notre théâtre; elle ne s'en est mise en possession que depuis que *Philoctète* nous eut un peu accoutumés à cette espèce de nouveauté. C'est en vain que les étrangers nous reprochaient, et avec raison, la préférence trop exclusive que nous donnions aux intrigues amoureuses, et d'où naît dans nos pièces une sorte d'uniformité dont les auteurs d'*Athalie* et de *Mérope* s'étaient efforcés de nous affranchir. Ces grands hommes, dont le goût était si exquis et si exercé, étaient les seuls qui eussent paru sentir tout le mérite de cette antique simplicité : elle doit devenir aujourd'hui d'autant plus recommandable, qu'elle peut servir d'antidote contre la contagion qui devient de jour en jour plus générale. Atteints de la maladie des gens rassasiés, nous voudrions rassembler tous les tableaux dans un même cadre, tous les intérêts dans un drame, tous les plaisirs dans un spectacle ; transporter l'opéra dans la tragédie, et la tragédie sur la scène lyrique : de là cette perversité d'esprit qui précipite tant d'écrivains dans le bizarre et le monstrueux. On ne songe pas assez qu'il faudrait prendre garde de ne pas user à la fois toutes les sensations et toutes les jouissances, ménager les ressources afin de les perpétuer, admettre chaque genre à sa place et à son rang, n'en dénaturer aucun, et ne pas les confondre tous ; ne rejeter que ce qui est froid et faux, et surtout éviter les extrêmes, qui sont toujours des abus.

Racine le fils, à qui son père avait appris à étudier les anciens et à les admirer, mais qui n'avait pas hérité de lui le talent de lutter contre eux, a essayé, dans ses *Réflexions sur la poésie*, de traduire en vers quelques endroits de Sophocle, et en particulier de *Philoctète*. Je ne crains pas qu'on m'accuse d'une concurrence mal entendue : tel est mon amour pour le beau, que, si la version m'avait paru digne de l'original, je l'aurais, sans balancer, substituée à la mienne. Mais ceux qui entendent le grec verront aisément combien le fils du grand Racine est loin de Sophocle. Ses vers ont de la correction, et quelquefois de l'élégance; mais ils manquent le plus souvent de vérité, de précision et d'énergie : ses fautes même sont si palpables, qu'il est facile de les faire apercevoir à ceux qui ne connaissent point l'original. Je me bornerai à un seul morceau fort court, mais dont l'examen peut servir à faire voir en même temps combien les anciens étaient de fidèles interprètes de la nature, et combien Racine le fils, qui les aime et qui les loue, les traduit infidèlement. Je choisis l'entrée de Philoctète sur la scène; voici d'abord la version en prose littérale :

« Hélas ! ô étrangers ! qui êtes-vous, vous qui
» abordez dans cette terre où il n'y a ni port ni
» habitation ? Quelle est votre patrie ? Quelle est
» votre naissance ? A votre habit je crois reconnaî-
» tre la Grèce, qui m'est toujours si chère ; mais je
» voudrais entendre votre voix. Eh ! ne soyez point
» effrayés de mon extérieur farouche ; ne me crai-
» gnez point, mais plutôt ayez pitié d'un malheu-
» reux, seul dans un désert, sans appui. Parlez : si
» vous venez comme amis, que vos paroles répon-
» dent aux miennes ; c'est une grace, une justice
» que vous ne pouvez me refuser. »

Voilà Sophocle : ce langage est celui qu'a dû tenir Philoctète : rien d'essentiel n'y est omis, et il n'y a pas un mot de trop. Voici Racine le fils :

Quel malheur vous conduit dans cette *île sauvage*,
Et vous force à chercher ce *funeste rivage* ?
Vous, que sans doute ici la tempête a jetés,

De quel lieu, *de quel peuple êtes-vous écartés ?*
Mais quel est cet habit *que je revois paraître ?*
N'est-ce pas l'habit grec *que je crois reconnaître ?*
Que cette vue, ô ciel ! chère à mon souvenir,
Redouble en moi *l'ardeur de vous entretenir !*
Hâtez-vous donc, parlez. Qu'il me tarde d'entendre
Les sons qui m'ont frappé dans l'âge le plus tendre,
Et cette langue, hélas ! que je ne parle plus !
Vous voyez un mortel qui, de la terre exclus,
Des hommes et des dieux satisfait la colère.
Généreux inconnus, d'un regard moins sévère
Considérez *l'objet de tant d'inimitié,*
Et soyez moins saisis d'horreur que de pitié.

Ces vers, considérés en eux-mêmes, ont de la douceur, et en général ne sont pas mal tournés ; mais jugez-les sur l'original et sur la situation, et vous serez étonnés de voir combien de fautes pires que des solécismes, combien de chevilles, d'inutilités, d'omissions essentielles. D'abord, quelle langueur dans les huit premiers vers, qui tombent tous deux à deux, et se répètent les uns les autres ! Quelle uniformité dans ces hémistiches accouplés, *cette île sauvage, ce funeste rivage, que je revois paraître, que je crois reconnaître !* Ce défaut serait peut-être moins répréhensible ailleurs ; mais ici c'est l'opposé des mouvements qui doivent se succéder avec rapidité dans l'ame de Philoctète, et que Sophocle a si bien exprimés. Où sont ces interrogations accumulées qui doivent se presser dans la bouche de cet infortuné qui voit enfin des hommes ? Les retrouve-t-on dans ces deux vers si froids et si traînants :

> Quel malheur vous conduit dans cette *île sauvage*,
> Et vous force à chercher ce *funeste rivage ?*

Supposons un souverain dans sa cour, recevant des étrangers : parlerait-il autrement ? Ce tranquille interrogatoire ressemble-t-il à ce premier cri que jette Philoctète : « Hélas ! ô étrangers ! qui êtes-vous ! » Ce cri demande du secours, implore la pitié et peint l'impatience de la curiosité. Rien ne pouvait le suppléer, et les deux premiers vers de Racine le fils sont une espèce de contre-sens dans la situation.

> .... *De quel peuple êtes-vous écartés ?*

Ailleurs cette expression pourrait n'être pas mauvaise ; ici elle est d'une recherche froide, parceque tout doit être simple, rapide et précis : « Quel est votre nom ? Quelle est votre patrie ? » Voilà ce qu'il fallait dire : tout autre langage est faux.

> *Mais quel est* cet habit ? ....

Que ce *mais* est déplacé ! Et pourquoi interroger hors de propos quand la chose est sous les yeux ? Sophocle dit simplement : « Si j'en crois l'appa-
» rence, votre habit est celui des Grecs. » Et qu'est-ce que *l'ardeur de vous entretenir ?* Il est bien question d'entretien ! c'est le son de la voix d'un humain que Philoctète brûle d'entendre. Sophocle le dit mot pour mot : « Je veux entendre votre voix : » Quelle différence !

> .... Qu'il me tarde d'entendre

> Les sons qui m'ont frappé dans l'âge le plus tendre,
> Et cette langue, hélas ! que je ne parle plus !

Ces vers ne sont pas dans le grec, mais ils sont dans la situation, ils sont bien faits ; cependant il eût mieux valu ne pas ajouter ici à Sophocle, et le traduire mieux dans le reste. Ce qu'on lui donne ne vaut pas ce qu'on lui a ôté. Il eût mieux valu ne pas commencer par mentir à la nature, ne pas omettre ensuite ce mouvement si vrai et si touchant : « Ne soyez point effrayé de mon aspect ; » ne me voyez point avec horreur. » C'est qu'en effet, dans l'état où est Philoctète, il peut craindre cette espèce d'horreur qu'une profonde misère peut inspirer. Le traducteur a reporté cette idée dans le dernier vers ; mais une idée ne remplace pas un mouvement.

> *Généreux inconnus, d'un regard moins sévère*
> Considérez *l'objet de tant d'inimitié.*

Tout cela est vague et faible, et n'est point dans Sophocle. Philoctète ne les appelle point *généreux*, car il ne sait point encore s'ils le seront, et tout ce qu'il dit peint la défiance naturelle au malheur ; et si leur *regard est sévère*, pourquoi les suppose-t-il *généreux ?* ce sont des chevilles qui amènent des inconséquences. Pourquoi leur parle-t-il *de tant d'inimitié ?* Toutes ces expressions parasites ne vont point au fait, ne rendent point ce que dit et doit dire Philoctète : « Ayez » pitié d'un malheureux abandonné dans un désert, » sans secours et sans amis. »

Cette analyse peut paraître rigoureuse : elle n'est pourtant que juste; elle est motivée, évidente, et porte sur des fautes capitales. C'est en examinant dans cet esprit la poésie dramatique que l'on concevra quel est le mérite d'un Racine et d'un Voltaire, qui, dans leurs bons ouvrages, ne commettent jamais de pareilles fautes. C'est ainsi que l'on concevra en même temps pourquoi il n'est pas possible de lire une scène de tant de pièces applaudies un moment par une multitude égarée, et dont les succès scandaleux nous ramènent à la barbarie.

Il me reste à parler des chœurs que j'ai supprimés. On sait ce qu'ils étaient chez les Grecs ; des morceaux de poésie lyrique, souvent fort beaux, qui tenaient à leur système dramatique, mais qui ne servaient de rien à l'action, quelquefois même la gênaient. Je les ai retranchés tous, comme inutiles et déplacés dans une pièce faite pour être jouée sur la scène française. Cette suppression, quoique indispensable, n'a pas laissé que de choquer beaucoup un *amateur des anciens* (1), qui m'en fit une verte réprimande, et se plaignit encore de quelques autres torts qu'il prétendait que j'avais faits à Sophocle. Je ne répondis point alors à cette diatribe ; mais aujourd'hui qu'elle me fournit l'occasion de nouveaux éclaircissements sur le théâtre des anciens comparé au

---

(1) L'abbé Auger, mort depuis, et qui alors ne se nomma pas.

nôtre, je vais discuter en peu de mots les observations de *l'auteur anonyme*.

Il me reproche de *n'avoir pas des idées tout-à-fait justes sur la simplicité des anciens drames : sans doute*, dit-il, *ils étaient simples, mais non pas nus et sans action.*

Pour que ce reproche fût fondé, il faudrait que j'eusse dit ou insinué quelque part que *les drames grecs étaient nus et sans action;* mais je ne l'ai jamais dit ni pensé. Vous avez vu que j'établissais une différence très grande entre Eschyle et ses deux successeurs, précisément parceque les pièces du premier étaient dénuées d'*action* et d'intrigue, et que les deux autres, plus savants dans l'art, ont mis dans leurs ouvrages ce qui manquait à ceux d'Eschyle. J'ai ajouté, il est vrai, que les chœurs tenant une grande place dans les tragédies grecques, et ne pouvant avoir lieu chez nous, ces pièces, fidèlement traduites, ne pouvaient fournir aux modernes que trois actes, et j'ai avoué que nous avions porté plus loin que les anciens l'art de la contexture dramatique, et mieux connu les ressources nécessaires pour soutenir une intrigue pendant cinq actes : je crois tout cela incontestable. Si j'ai parlé dans un autre endroit de cette *simplicité si nue* de Philoctète, cela ne voulait pas dire qu'il fût *sans action;* car une pièce *sans action* est essentiellement mauvaise, et ne mérite ni d'être traduite ni d'être jouée. J'ai voulu dire seulement que Philoctète était la pièce la plus simple des Grecs, qui n'en ont guère que de très simples, et qu'il n'y en a pas une dans Euripide ni dans Sophocle où l'on ne trouve des incidents plus variés, plus de personnages agissants et plus de spectacle.

A l'égard des chœurs supprimés, je pourrais trancher la question en un mot, en m'appuyant sur l'usage établi parmi nous, et rappelant au critique ce que tout le monde sait, qu'une pièce avec des chœurs ne serait pas jouée, et que, si les comédiens voulaient exécuter ces chœurs, le public se moquerait d'eux. C'est précisément ce qui arriva à la première représentation de l'*OEdipe* de Voltaire : il avait, par complaisance pour le savant Dacier, laissé subsister un chœur qui ne récitait que quatre vers : le public se mit à rire, et il fallut retrancher du théâtre ces quatre vers que l'auteur a conservés dans toutes les éditions :

O mort ! nous implorons ton funeste secours, etc.

Mais le critique, qui, à l'exemple de Dacier, ne veut pas qu'on ôte rien aux anciens, ne se rendra peut-être pas à l'autorité de l'usage ; il voudra des raisons. Eh bien ! il faut lui en donner, et il suffira de lui présenter des observations qui lui paraîtront décisives, s'il les soumet à un examen impartial et réfléchi.

D'abord, il faut se rappeler que la tragédie et la comédie chez les Grecs ne furent, dans la première origine, rien autre chose que ce que nous appelons un chœur. La scène et le dialogue ne furent inventés que dans la suite, et ce fut à Eschyle qu'on en eut l'obligation. C'est ce que Boileau a si bien exprimé dans l'*Art poétique*.

> Eschyle dans le chœur jeta les personnages,
> D'un masque plus honnête habilla les visages, etc.

Mais comme rien n'est plus naturel aux hommes de tous les pays qu'un grand respect pour toute origine antique, il est probable que l'on conserva d'abord les chœurs, parcequ'ils étaient anciens, et qu'on les crut de l'essence de la tragédie, quoiqu'il soit facile de démontrer que s'il y a des occasions où l'on peut admettre un chœur sur la scène, il y serait le plus souvent très déplacé. Quant à nous, dont les premières pièces ont été dialoguées, nous n'avons pas eu la même vénération pour les chœurs; et de plus, une raison péremptoire et prise dans la nature des choses a dû les bannir de notre théâtre tragique : c'est que l'exécution en est impossible dans le système de la tragédie déclamée. Comment l'anonyme ne s'est-il pas souvenu que chez les anciens les chœurs, ainsi que le dialogue, étaient chantés? Or, qui ne voit que dans ce cas, assujettis à l'harmonie et à l'unité d'effet, ils pouvaient produire un plaisir de plus, comme dans nos opéra; au lieu que des chœurs parlés ne peuvent former qu'une confusion de sons, une cacophonie ridicule et désagréable, essentiellement contraire aux lois du théâtre, où rien ne doit blesser les sens?

Examinons maintenant ce que dit l'anonyme des

fonctions du chœur chez les anciens, et ce qu'il voudrait que j'en eusse fait dans *Philoctète*.

« Le chœur contribuait beaucoup au spectacle et » à remplir la scène. »

Oui, mais plus souvent encore il nuisait en blessant la vraisemblance.

« C'était un des personnages de la pièce; il en » faisait une partie intégrante, et ne pouvait en être » séparé. »

On vient de voir pourquoi il n'en est pas de même parmi nous, chez qui la tragédie n'est point chantée, et je ne vois pas ce qu'on peut répondre. L'anonyme cite le vers d'Horace :

Actoris partes chorus, officiumque virile, etc.

Il n'avait qu'à continuer à transcrire tout ce morceau de l'*Art poétique,* qui regarde le chœur : il n'en faut pas davantage pour prouver ce qu'il avait de défectueux, et combien nous sommes fondés à ne pas l'admettre sur un théâtre perfectionné. Voici donc ce que dit Horace : « Que le chœur » tienne la place d'un personnage et en remplisse » les fonctions; qu'il ne chante rien entre les actes » qui ne tienne au sujet; qu'il favorise les bons et » leur donne des conseils utiles; qu'il réprime la » colère et encourage la vertu; qu'il loue la frugalité, l'équité, conservatrices des lois qui assurent » la tranquillité des états; qu'il garde les secrets » confiés, et qu'il prie les dieux de secourir les malheureux et d'humilier les superbes. »

Cette morale est excellente; mais n'est-il pas

évident que ce personnage moraliste est à peu près étranger à la pièce, puisqu'il ne partage ni les intérêts ni les passions d'aucun personnage, et que lui-même n'en a d'aucune espèce? Or, rien n'est plus contraire à tout système théâtral bien entendu. Horace veut qu'*il garde les secrets*. Et qu'est-ce que des secrets confiés à une assemblée ? Cela rappelle ce vers d'une comédie :

On ne le saura pas : le public est discret.

Un seul exemple peut faire voir quels étaient les inconvénients de ce chœur que l'on n'osait jamais bannir de la scène. Phèdre, devant un chœur de femmes, se livre à tous les emportements d'une passion qu'elle a tant de peine à avouer à sa nourrice, et qu'elle voudrait se cacher à elle-même. Il n'y a guère d'invraisemblance plus forte, et voilà ce que peuvent produire l'habitude et le préjugé chez les nations les plus éclairées.

Prenons la supposition la plus favorable. Peut-être l'anonyme aurait-il désiré que j'eusse conservé les chœurs, non pas dans les entr'actes pour les y faire parler tous ensemble, mais dans les scènes où ils se seraient mêlés au dialogue, apparemment par l'organe d'un seul interlocuteur. Je réponds que, dans cette supposition même, je n'aurais rien gagné ni pour le spectacle ni pour l'action : pour le spectacle, parcequ'une poignée de soldats grecs toujours en scène n'offre ni pompe ni variété; pour la scène, parceque cet interlocuteur supposé n'aurait été qu'un confident ordinaire; et quand une scène de confident n'est pas nécessaire à l'exposition des faits ou au développement des situations, c'est un défaut réel qu'il faut soigneusement éviter sur notre théâtre, où l'on ne craint rien tant que la langueur. C'est par cette raison que, dans toute la pièce, je n'ai fait usage d'aucun confident, d'aucun interlocuteur subalterne, parceque j'ai vu qu'il n'y avait pas un seul moment où ils pussent faire autre chose que répéter ce qu'avaient dit les principaux personnages.

« Un soldat vient annoncer *froidement* que Phi-
» loctète approche. »

Je ne vois pas comment il l'aurait annoncé *chaudement*.

« Cela vaut-il ce cri confus et lamentable qu'on
» doit entendre dans l'éloignement, et qui doit
» faire frissonner le spectateur. »

Je me suis bien gardé de faire entendre un cri. Quel effet auraient produit ensuite les cris que pousse Philoctète dans l'accès de douleur qui le saisit? *Non bis in idem*. Il ne faut pas employer deux fois le même moyen. Si l'on veut montrer Philoctète souffrant à la fin de la scène, il ne faut pas le montrer tel en arrivant; car alors il n'y aurait plus de progression.

Voilà ce que l'étude réfléchie des effets du théâtre, observés depuis cent cinquante ans, a pu enseigner aux modernes; voilà cette perfection des détails et des accessoires qu'ils ont pu ajouter à ce bel art que les anciens leur ont appris ; et voilà, en un mot, ma justification pour le peu de changements et de retranchements que je me suis permis.

L'anonyme finit par un aveu aussi singulier qu'ingénu : c'est qu'*il n'a aucune connaissance de notre théâtre.* J'aurais cru que cette connaissance était nécessaire pour juger ce qu'avait dû faire un auteur qui transportait une pièce grecque sur le théâtre français.

Plus j'admirais Sophocle, plus je me suis cru obligé de faire, autant qu'il était en moi, ce qu'il eût fait s'il eût travaillé pour nous. La fin du dernier acte, par exemple, exigeait un retranchement assez important. Après que Philoctète, par un mouvement naturel et irrésistible, s'est jeté sur ses flèches pour en percer Ulysse au moment où il l'aperçoit, Sophocle prolonge en dialogue une scène qui ne comportait plus que de l'action, et Ulysse et Philoctète se parlent encore long-temps avant qu'Hercule paraisse. Ici c'eût été une faute inexcusable. J'ai réuni ces deux moments, et j'ai fait paraître Hercule précisément lorsque l'action est dans son point le plus critique, lorsque Philoctète n'a plus rien à entendre, et qu'Ulysse n'a plus rien à dire ; lorsque enfin, malgré les efforts de Pyrrhus, la flèche fatale est près de partir : c'est alors que le tonnerre gronde et que l'intervention nécessaire d'un dieu peut seule arrêter la vengeance et la main de Philoctète. C'est ainsi que ce dénoûment, qui semblait hasardé sur notre scène, a paru former un spectacle frappant et un coup de théâtre d'un grand effet.

Cependant l'anonyme regrette encore les adieux de Philoctète dans Sophocle, « ces adieux si tou- » chants qui terminent si bien la pièce, et que l'au- » teur du *Télémaque* n'a eu garde d'omettre. » Vraiment je les regrette aussi, et si j'avais fait un poème, je ne les aurais pas retranchés. Mais quand le nœud principal est coupé, quand le spectateur n'attend plus rien, des apostrophes accumulées à la lumière, à la caverne, aux nymphes, aux fontaines, à la mer, au rivage, peuvent fournir des vers harmonieux, et n'être pour nous qu'un lieu commun qui alonge inutilement la pièce. *Omne supervacuum*, etc.

On a reproché au fils d'Achille de se plier à la dissimulation, et même de savoir à son âge trop bien dissimuler. Mais que l'on songe qu'il avait ordre de suivre en tout les conseils d'Ulysse, et que, s'il ne les suit pas, il perd tout espoir de prendre Troie et de venger son père. Sont-ce là de faibles motifs pour Pyrrhus? Les leçons d'Ulysse sont si bien tracées, qu'il ne faut pas une grande expérience pour les suivre; et pourtant combien Pyrrhus résiste avant de s'y rendre! et avec quel plaisir on voit ensuite ce jeune homme revenir à son caractère qu'il n'a pu forcer qu'un instant, et céder à la pitié après avoir cédé à la politique! Que le moment où il rend les flèches à Philoctète est noble et attendrissant! et que c'est bien là le tableau de la nature, telle que Sophocle savait la peindre!

Je crois qu'il a marqué aussi beaucoup de jugement en s'écartant de la tradition reçue, qui attribuait la blessure de Philoctète à l'une de ces flèches terribles qui tomba sur son pied, pour le punir d'avoir violé son serment en révélant le lieu de la sépulture d'Hercule. Sophocle a bien fait, ce me semble, de rejeter cette tradition, comme peu honorable pour son héros, et d'y substituer le serpent du temple de Chrysa.

A l'égard de son style, j'aurais été assez payé de mon travail par ce seul plaisir que l'on ne peut goûter qu'en traduisant un homme de génie. Il est doux d'être soutenu par le sentiment d'une admiration continue, et c'est alors que l'on jouit de ce qu'on ne saurait égaler.

FIN DU PREMIER VOLUME.

TABLE DES MATIÈRES.

INTRODUCTION. — Notions générales sur l'art d'écrire, sur la réalité et la nécessité de cet art, sur la nature des préceptes, sur l'alliance de la philosophie et des arts de l'imagination, sur l'acception des mots de *goût* et de *génie*. PAGE 1

PREMIÈRE PARTIE.
ANCIENS.

LIVRE PREMIER. POÉSIE.   27

  CHAPITRE PREMIER. Analyse de la Poétique d'Aristote. Ibid.

  CHAP. II. Analyse du Traité du sublime de Longin.   66

  CHAP. III. De la langue française, comparée aux langues anciennes.   102

  CHAP. IV. De la poésie épique chez les anciens.   147

    SECTION PREMIÈRE. De l'épopée grecque.   Ibid.

    Homère et l'Iliade.   164

    L'Odyssée.   201

    SECTION II. De l'épopée latine.   211

    Lucain.   223

    SECTION III. Appendice sur Hésiode, Ovide, Lucrèce et Manilius.   246

Chap. V. De la tragédie ancienne. 255

Section première. Idées générales sur le théâtre des anciens. Ibid.

Section II. D'Eschyle. 264

Section III. De Sophocle. 293

FIN DE LA TABLE.

www.ingramcontent.com/pod-product-compliance
Lightning Source LLC
Chambersburg PA
CBHW060617170426
43201CB00009B/1049